収入支出観の会計思考と論理

上野清貴

同文舘出版

序　文

　本書の目的は，会計の体系を首尾一貫して統一的・論理的に説明することである。具体的には，会計観としての資産負債観（asset and liability view）および収益費用観（revenue and expense view）に代えて，「収入支出観」（Einnahme und Ausgabe Auffassung）によって会計を統一的・論理的に説明することである。

　従来，会計観として資産負債観と収益費用観があり，これらは米国財務会計基準審議会（FASB）が 1976 年に公表した『討議資料』によってはじめて明示された。そして，その後の FASB および国際会計基準審議会（IASB）の会計基準において，資産負債観が有力な地位を占めつつある。しかし，現実の会計は資産負債観によって統一されておらず，収益費用観も適用されており，いわば資産負債観と収益費用観の混合形態となっている。

　これは，資産負債観も収益費用観もともに問題点を抱えており，単独では会計の体系を統一的に説明できないことを意味している。会計を統一的に説明するためには別の会計観が必要であり，さらには会計の本質に戻る必要がある。それが本書で提唱しようとしている収入支出観である。

　収入支出観とは，会計を収入および支出を中心として見，利益も 1 期間における収入と支出の差額として測定しようとする利益観である。この会計観をはじめて提唱したのがシュマーレンバッハ（Schmalenbach）であり，彼の動的貸借対照表論は収入支出観の萌芽であるということができる。そして，収入支出観の完成型に向けて，シュマーレンバッハの会計理論を展開したのが，ワルプ（Walb）の給付・収支損益計算論であり，これをさらに展開し，一応完成させたのがコジオール（Kosiol）の収支的貸借対照表論である。

　本書は，主としてコジオールの収支的貸借対照表論を参考とし，彼の収入支出観を中心として，会計の体系を統一的・論理的に説明しようとするものである。この目的を達成するために，本書は以下のことを論述する。そして，これらが本書の概要となる。

(2)

　まず，第1章「会計観としての収入支出観」は，本書のいとぐちとして，収入支出観の意味を明らかにし，収入支出観が会計の体系を統一的・論理的に説明しうる可能性を示唆することを目的とする。そのためにまず，資産負債観と収益費用観の意味を明らかにし，これらの会計観の問題点を指摘する。これを踏まえて次に収入支出観に焦点を当て，この会計観の概要を説明し，最後に収入支出観が会計の体系を統一的・論理的に説明しうることを提示する。

　第2章「収入支出観の萌芽―シュマーレンバッハの動的貸借対照表論―」は，まずシュマーレンバッハが動的貸借対照表を提唱する理由を明らかにし，その利益概念を確認する。次に彼の提唱する動的貸借対照表の構造を説明する。その場合，シュマーレンバッハの『動的貸借対照表論』は旧版と新版との間で思考の相違がみられるので，それらを別々に説明する。そして最後に，旧版と新版を比較することによって彼の会計思考を再検討するとともに，彼の動的貸借対照表論が収入支出観の萌芽であることを指摘する。

　第3章「収入支出観の展開―ワルプの給付・収支損益計算論―」は，シュマーレンバッハ会計理論の展開として，まずワルプの提唱する給付・収支損益計算論を説明し，次に彼の示した具体的な計算例を解説し，これらに基づいてこの会計理論のいくつかの特質を明らかにする。そしてさらに，これらの特質を批判的に検討するという方法で，給付・収支損益計算論に内在する固有の問題点を解明し，これらの問題点を総括することによって，収入支出観のさらなる完成に向けて検討すべき課題を示唆する。

　第4章「収入支出観の再展開―コジオールの収支的貸借対照表論―」は，収入支出観の完成を目指して，まずコジオールの提唱する収支的貸借対照表論を概説し，次にこの会計理論を具体的な計算例によって説明し，さらに収支的貸借対照表論の特質を解明する。そして最後に，収支的貸借対照表理論の展望を述べ，それに基づいてこの会計理論をさらに理論的に拡張する可能性を示唆する。

　第5章から第7章は，収入支出観が会計の体系を首尾一貫して統一的に説明できることの証明である。

　第5章「収入支出観と購入時価会計」は，まず収入支出概念の時制的拡張としての購入時価を説明し，次にこの拡張された購入時価による収支的購入時価

会計を解説する。そしてさらに，この会計理論の理解を確実にするために収支的購入時価会計を具体的な計算例によって説明する。最後に，収入支出観に基づく購入時価会計の特質を解明し，収入支出観の普遍性を指摘する。

第6章「収入支出観と売却時価会計」は，第5章と同じ論述過程であり，まず収入支出概念の時制的拡張としての売却時価を説明し，次にこの拡張された売却時価による収支的売却時価会計を解説する。そしてさらに，この会計理論の理解を確実にするために収支的売却時価会計を具体的な計算例によって説明する。最後に，収入支出観に基づく売却時価会計の特質を解明し，収入支出観の普遍性を指摘する。

第7章「収入支出観と資金会計」は，収入支出観が様々な資金会計を統一的に説明できることを証明するために，まずコジオールの収支的貸借対照表論における運動貸借対照表および変動貸借対照表を拡張し，次にこの拡張された運動貸借対照表および変動貸借対照表によって様々な種類の資金会計を説明する。これによって収入支出観による資金会計のほとんどが明らかになるので，さらに収入支出観による会計の典型であるキャッシュ・フロー会計を説明する。そして最後に，収入支出観に基づく資金会計およびキャッシュ・フロー会計の論理を解明し，収入支出観の普遍性を改めて指摘する。

第8章「収入支出観の公理化」は，収入支出観の公里システムを明らかにするために，まず公理システムを一般的に説明し，次にコジオールによって展開された収入支出観の公理システムを各計算段階に応じて詳述し，さらにこの公理システムの特質を解明する。そして最後に，この公理システムに基づく収入支出観をさらに展開することによって，会計観としての収入支出観が会計の体系を統一的・論理的に説明しうることを改めて指摘する。

そして，第9章「収入支出観の論理構造」は，本書の総括として収入支出観の論理構造を明らかにするために，まず論理学における構文論，意味論および語用論を説明し，これを会計理論に適用した場合に，会計理論の構文論は会計構造論であり，意味論は会計概念論に相当し，語用論の中心は会計目的論であることを述べる。これを踏まえて次に，収入支出観における会計目的論，会計概念論および会計構造論について言及し，会計目的論を中心としたそれらの相互関係を明らかにして，収入支出観の論理構造の全体像を浮き彫りにする。

(4)

　そして最後に，このような収入支出観が会計の体系を首尾一貫して統一的・論理的に説明できることを改めて指摘する。同時に，これらの考察に基づいて，今後，会計を収入支出観から見ていくべきであり，会計理論構築や会計基準設定に際して，収入支出観を基礎におくべきことを強調する。

　以上が本書の概要であり，これらによって本書の目的がおおむね達成されるように思われる。

　最後に，出版事情の厳しい中で，本書の出版を快くお引き受けいただいた同文舘出版代表取締役社長の中島治久氏および同取締役編集局長の市川良之氏に感謝申し上げたい。特に，市川良之氏には長年にわたり親密なお世話をいただいた。ここに改めて衷心より謝意を表する次第である。

　　　2018 年 5 月 10 日

　　　　　　　　　　　　　　　　　　　　　　　　　　上野　清貴

目　　次

序　　文　　　　　(1)

第1章　会計観としての収入支出観─────────────3
Ⅰ　はじめに……………………………………………………………3
Ⅱ　資産負債観と収益費用観…………………………………………4
　　1　資産負債観と収益費用観の意味　　4
　　2　資産負債観と収益費用観の問題点　　7
Ⅲ　収入支出観…………………………………………………………18
　　1　収入支出観の概要　　18
　　2　収入支出観の論理性と説明可能性　　24
Ⅳ　む　す　び…………………………………………………………27

第2章　収入支出観の萌芽──────────────29
　　　　─シュマーレンバッハの動的貸借対照表論─
Ⅰ　はじめに……………………………………………………………29
Ⅱ　静的・動的・二元的貸借対照表…………………………………30
Ⅲ　利益の概念…………………………………………………………33
　　1　共同経済的利益　　33
　　2　全体利益の部分としての期間利益　　34
　　3　給付と費用の差としての利益　　36
　　4　計算の確実な利益　　38
Ⅳ　旧版における動的貸借対照表の構造……………………………39
　　1　経済性の尺度としての収入と支出　　39

2　収入支出と給付費用との関係　　40

　　3　動的貸借対照表の構成要素　　43

　　4　損益勘定の構成要素と貸借対照表との共同作用　　45

　Ⅴ　新版における動的貸借対照表の構造……………………………47

　　1　利益の概念と損益計算　　47

　　2　動的貸借対照表の構成要素　　49

　　3　損益勘定の構成要素と貸借対照表との共同作用　　52

　Ⅵ　旧版・新版比較と会計思考の再検討……………………………53

　　1　給付と収益　　53

　　2　未解決項目としての支払手段と資本金　　54

　　3　独立項目としての支払手段と資本金　　57

　　4　貸借対照表における非利益計算性　　58

　Ⅶ　む　す　び………………………………………………………59

第3章　収入支出観の展開─────────────────63
　　　　　─ワルプの給付・収支損益計算論─

　Ⅰ　はじめに…………………………………………………………63

　Ⅱ　給付・収支損益計算論……………………………………………65

　　1　給付と収支の対流　　65

　　2　損益の二面的計算　　67

　　3　簿記記帳規則　　71

　　4　損益勘定と残高勘定　　74

　Ⅲ　給付・収支損益計算論の具体的計算例…………………………76

　Ⅳ　給付・収支損益計算論の特質……………………………………81

　　1　対流関係性　　82

　　2　損益法的損益計算性　　84

　Ⅴ　給付・収支損益計算論の問題点…………………………………86

　　1　対流関係性　　86

目　　次　（7）

　　　2　財政状態表示不可能性　88
　Ⅵ　む　す　び……………………………………………………………90

第4章　収入支出観の再展開 ―――――――――――――93
　　　　　―コジオールの収支的貸借対照表論―

　Ⅰ　はじめに……………………………………………………………93
　Ⅱ　収支的貸借対照表論…………………………………………………94
　　　1　収支的貸借対照表論の概要　95
　　　2　収支的貸借対照表論の計算表体系　99
　　　3　収支的貸借対照表論の全体システムとしての複式簿記　102
　Ⅲ　収支的貸借対照表論の具体的計算例……………………………105
　　　1　具体的計算のための取引事例　105
　　　2　取引事例の仕訳　108
　　　3　組織的単式簿記　113
　　　4　複式簿記　114
　Ⅳ　収支的貸借対照表論の特質………………………………………117
　　　1　収支概念の全会計対象への拡張　117
　　　2　徹底的なフロー思考　121
　　　3　資産負債観と収益費用観の統合概念　123
　Ⅴ　む　す　び…………………………………………………………124

第5章　収入支出観と購入時価会計 ―――――――――127
　Ⅰ　はじめに……………………………………………………………127
　Ⅱ　収入支出概念による購入時価………………………………………129
　　　1　収入支出観における価値種類　129
　　　2　概念的拡張としての取得原価　130
　　　3　時制的拡張としての時価　132

Ⅲ　収支的購入時価会計‥‥‥‥‥‥‥‥‥‥‥‥‥‥‥‥‥‥‥‥136

　　1　従来の購入時価会計　136

　　2　収入支出観による購入時価会計　139

Ⅳ　収支的購入時価会計の具体的計算例‥‥‥‥‥‥‥‥‥‥‥‥143

　　1　具体的計算のための取引事例　143

　　2　取引事例の仕訳　148

　　3　組織的単式簿記　151

　　4　複式簿記　154

Ⅴ　む　す　び‥‥‥‥‥‥‥‥‥‥‥‥‥‥‥‥‥‥‥‥‥‥‥‥‥‥157

第6章　収入支出観と売却時価会計─────────161

Ⅰ　はじめに‥‥‥‥‥‥‥‥‥‥‥‥‥‥‥‥‥‥‥‥‥‥‥‥‥‥161

Ⅱ　収入支出概念による売却時価‥‥‥‥‥‥‥‥‥‥‥‥‥‥‥‥162

　　1　収入支出観における価値種類　162

　　2　概念的・時制的拡張としての時価　163

Ⅲ　収支的売却時価会計‥‥‥‥‥‥‥‥‥‥‥‥‥‥‥‥‥‥‥‥165

　　1　従来の売却時価会計　165

　　2　収入支出観による売却時価会計　169

Ⅳ　収支的売却時価会計の具体的計算例‥‥‥‥‥‥‥‥‥‥‥‥171

　　1　具体的計算のための取引事例　172

　　2　取引事例の仕訳　176

　　3　組織的単式簿記　179

　　4　複式簿記　182

Ⅴ　む　す　び‥‥‥‥‥‥‥‥‥‥‥‥‥‥‥‥‥‥‥‥‥‥‥‥‥‥185

第7章　収入支出観と資金会計─────────────189

Ⅰ　はじめに‥‥‥‥‥‥‥‥‥‥‥‥‥‥‥‥‥‥‥‥‥‥‥‥‥‥189

目　　次　(9)

Ⅱ　運動・変動貸借対照表の拡張……………………………………190
Ⅲ　資金会計の諸相………………………………………………………197
　　1　資金貸借対照表の基本型　198
　　2　資金貸借対照表の混合型　200
Ⅳ　キャッシュ・フロー会計……………………………………………213
　　1　損益作用的資金会計とキャッシュ・フロー会計　213
　　2　全体的キャッシュ・フロー会計　218
Ⅴ　む　す　び………………………………………………………………223

第8章　収入支出観の公理化─────────────229

Ⅰ　はじめに………………………………………………………………229
Ⅱ　公理システム…………………………………………………………230
Ⅲ　収入支出観の公里システム…………………………………………233
　　1　収入支出による運動計算　233
　　2　資産負債を伴う在高計算　242
　　3　運動と在高を伴う変動計算　246
　　4　収益費用計算　248
Ⅳ　収入支出観の公理システムの特質…………………………………253
　　1　シュヴァイツァーの公理システム　253
　　2　井尻の公理体系　258
　　3　コジオールの公理システムの特質　260
　　4　資金計算および財務フロー計算　267
　　5　過去計算および将来計算　270
Ⅴ　む　す　び………………………………………………………………273

第9章　収入支出観の論理構造─────────────275

Ⅰ　はじめに………………………………………………………………275

Ⅱ　論理学と会計理論……………………………………………………276

　　1　論理学における構文論・意味論・語用論　　276

　　2　会計理論における構文論・意味論・語用論　　279

　　3　語用論の体系としての会計理論　　281

Ⅲ　会計目的論……………………………………………………………284

Ⅳ　会計概念論……………………………………………………………289

　　1　会計構成要素の概念　　289

　　2　勘定の言語的性質　　293

Ⅴ　会計構造論……………………………………………………………297

　　1　会計等式　　297

　　2　計算表・財務諸表　　299

Ⅵ　会計理論統合の検証…………………………………………………302

Ⅶ　む　す　び……………………………………………………………306

参考文献————————————————————————309

索　　引————————————————————————311

収入支出観の会計思考と論理

第 1 章

会計観としての収入支出観

I はじめに

　本書の目的は，会計の体系を首尾一貫して統一的・論理的に説明することである。具体的には，会計観としての資産負債観（asset and liability view）および収益費用観（revenue and expense view）[1]に代えて，「収入支出観」（Einnahme und Ausgabe Auffassung）によって会計を統一的・論理的に説明することである。

　従来，会計観として資産負債観と収益費用観があり，これらは米国財務会計基準審議会（FASB [1976]）によってはじめて明示された。そして，その後のFASB および国際会計基準審議会（IASB）の会計基準において，資産負債観が有力な地位を占めつつある。しかし，現実の会計は資産負債観によって統一されておらず，収益費用観も適用されており，いわば資産負債観と収益費用観の混合形態となっている。

1　近年，資産負債観は「資産負債アプローチ」とよばれ，収益費用観は「収益費用アプローチ」とよばれて説明されているが，両者は異なった概念であり厳密に区別しておかなければならない。会計観としての資産負債観および収益費用観は会計の本質に対する見方であり，資産負債アプローチおよび収益費用アプローチはこの会計の本質に接近するための方法つまりアプローチを意味している。会計の体系を統一的・論理的に説明しようとする場合，会計の本質それ自体に目を向けなければならない。それゆえ，以下では，会計観という場合，「資産負債観」および「収益費用観」の名称を用いることにする。

これは，後述するように，資産負債観も収益費用観もともに問題点を抱えており，単独では会計の体系を統一的に説明できないことを意味している。会計を統一的に説明するためには別の会計観が必要であり，さらには会計の本質に戻る必要がある。それが本書で提唱しようとしている収入支出観である。本章は本書のいとぐちとして，収入支出観の意味を明らかにし，収入支出観が会計の体系を統一的・論理的に説明しうる可能性を示唆することを目的としている。

　この目的を達成するために，以下ではまず，資産負債観と収益費用観の意味を明らかにし，これらの会計観の問題点を指摘する。これを踏まえて次に，収入支出観に焦点を当て，この会計観の概要を説明する。そして最後に，収入支出観が会計の体系を統一的・論理的に説明しうることを提示したい。

II　資産負債観と収益費用観

　上述したように，従来，2つの会計観の存在が指摘されてきた。1つは資産負債観であり，他は収益費用観である。これらは会計を基本的・統一的に説明しようとする意図を有しており，会計において最も重要な要素である「利益」に対する見方の相違を示すものである。本節では，この資産負債観および収益費用観の意味を明らかにし，これらの会計観の問題点を明らかにすることとする。

1　資産負債観と収益費用観の意味

　まず，資産負債観について FASB は次のように説明している。ある人々は利益を1期間における企業の純資源の増加測度とみる。それゆえ，彼らは利益を主に資産および負債の増加および減少に関して定義する。利益の積極的要素—収益—はその期間における資産の増加および負債の減少として定義される。利益の消極的要素—費用—はその期間における資産の減少および負債の増加として定義される。

資産および負債—企業の経済的資源および将来他の企業（個人を含む）に資源を譲渡するその債務—はこの利益観における鍵概念である。その提唱者によれば，資産および負債の属性の測定およびそれらの変動の測定が，財務会計における基本的な測定過程である。他のすべての要素—所有主持分ないし資本，利益，収益，費用，利得および損失—は，資産および負債の属性測度の差額もしくは変動として測定される（FASB［1976］para.34）。

そして，この考えに基づいて，資産負債観における会計の各構成要素は次のように正式に定義されている（FASB［1976］paras.91, 149, 194）[2]。

(1)　資産は経済的資源の財務的表現である。資産は，過去の取引または事象の結果として，ある特定の企業に正味キャッシュ・インフローを直接的または間接的にもたらすと期待される将来の経済的便益である。

(2)　負債は，過去の取引または事象の結果として，ある特定の企業が将来他の企業に経済的資源を譲渡する債務の財務的表現である。

(3)　1期間の利益は，資本それ自体の変動を除いた，その期間における企業の純資産の変動である。

(4)　収益は，資本それ自体の増減を除いた，資産の増加または負債の減少（または両者の組み合わせ）である。

(5)　費用は，資本それ自体の増減を除いた，資産の減少または負債の増加（または両者の組み合わせ）である。

これらの定義において重要なことは，企業の経済的資源を表さない項目は資産ではないということであり，企業が将来他の企業に経済的資源を譲渡する債務を表さない項目は負債ではないということである。そしてさらに，利益およびその他の構成要素は，企業の経済的資源の変動もしくは将来他の企業に経済的資源を譲渡する債務のみから生じるということである。この見解では，経済的資源を表さない項目は資産ではなく，債務を表さない項目は負債ではないので，利益は資産と負債の変動のみから生じることになる。したがって，ここで

2　なお，この資産負債観および次の収益費用観において，資本の定義について特別に述べていないが，それは，資本が両者の会計観において同じ概念であると思われるからである。FASB は資本を次のように述べている。所有主持分または資本は，企業の資産と負債の差額によって定義される。資本は純資産に等しい（FASB［1976］para.188）。

は，利益は期末の純資産から期首の純資産を控除したものであると考えられる。

　これに対して，収益費用観は次のように説明されている。ある人々は利益を，アウトプットを獲得して有利に販売するためにインプットを使用することにおける，ある企業の効率の測度とみる。彼らは利益を主に1期間における収益と費用との差額として定義する。その提唱者たちは，収益および費用の概念が資産および負債の概念よりも正確に定義でき，妥当な会計をより明確に示唆しうるように定義できると主張する。

　収益および費用―企業の利益稼得活動からのアウトプットおよび利益稼得活動へのインプットの財務的表現―はこの利益観における鍵概念である。収益および費用は，その期間の収入および支出においてではなく，その期間のアウトプットおよびインプットにおいて認識される。ある提唱者は，その目的がある企業の収益力を測定することであると主張する（FASB［1976］para.38）。

　さらに，収益費用観においては，収益および費用の認識の時が1期間の収益からその収益を稼得するための費用を控除する時になるならば，利益は正確に測定されることになる。その提唱者によれば，1期間における努力（費用）と成果（収益）とを関連づけて収益および費用を測定し，それらの認識時を決定することが，財務会計における基本的な測定過程である。彼らは通常財務会計，とりわけ利益測定を費用収益対応の過程として述べる（FASB［1976］para.39）。

　このように，ここでは，収益および費用が支配的な概念であるので，資産および負債の測度は一般に利益計算過程の必要条件によって決定される。それゆえ，収益費用観を反映する貸借対照表は，資産および負債もしくは他の要素として，企業の経済的資源や他の実体に資源を譲渡する債務を表さない項目を含みうる。

　そして，この考えに基づいて，収益費用観における会計の各構成要素も正式に次のように定義されている（FASB［1976］paras.91, 149, 194）。

（1）　資産は上記の定義に次のものを加えたものである。すなわち，資産は，企業の経済的資源を表さないが期間利益を測定するために収益と費用を適正に対応させるのに必要なある「繰延費用」も含む。

第1章 会計観としての収入支出観　7

(2)　負債は上記の定義に次のものを加えたものである。すなわち，負債は，経済的資源を譲渡する債務を表さないが期間利益を測定するために収益と費用を適正に対応させるのに必要なある「繰延収益」および「引当金」も含む。

(3)　1期間の利益は，その期間の収益に費用を対応させた結果である。

(4)　収益は，財の販売および用役の提供から生じる。収益は，棚卸資産以外の資産の売却または交換からの利得，投資によって稼得された利息および配当金，および資本出資と資本修正からのものを除いた1期間における所有主持分の他の増加も含む。

(5)　費用は，その期間の収益から控除しうる（収益に対して適正に対応される）すべての費消原価（歴史的原価，カレント取替原価または機会原価）を含む。

　これらの定義において重要なことは，期間利益の計算が最初に来るのであり，適正な利益計算が資産，負債および他の関連する諸概念の定義によって妨げられるべきではないということである。そしてさらに，利益は収益と費用に関して定義され，これらの要素はさらに経済的資源や債務とは独立にもしくは部分的に独立に定義されるので，資産や負債の定義から派生しないということである。ここでは，利益は1期間の収益から費用を控除したものであると考えられる。

2　資産負債観と収益費用観の問題点

　以上によって明らかなように，会計構成要素の概念規定に関して，資産負債観と収益費用観とでは，利益観の相違を背景として構成要素のとらえ方がまったく異なっている。そこで，次に考察すべきは，これらの会計観のうちどちらが会計の体系を統一的・論理的に説明できるかという問題である。しかし，残念ながら，両者とも会計の体系を統一的・論理的に説明することができないといわざるをえない。その理由は以下のとおりである。

(1)　収益費用観の問題点

まず，収益費用観に関してである。収益費用観では，諸要素の重要な概念は収益と費用であるが，それらを統一的に定義する一貫した概念が示されていないことに気づく。というのは，それらの定義は1つの中心的な概念によって行われてはおらず，列挙形式で行われているからである。このような状況では，収益と費用を具体的に定義しなければならない場合，現行の会計実務や会計慣習に頼らざるをえないが，その場合，首尾一貫した定義に欠ける可能性がある。というのは，会計実務や会計慣習が変更されると，定義も変更されることになるからである。

このことは，収益費用観における資産と負債の定義についても同じである。ここでも，これらの定義は列挙形式で行われており，統一的な概念が示されていない。しいて，これを統一的に解釈しようとするならば，次のようになろう。すなわち，資産は未だ収益に対応されていない原価であり，ペイトン＝リトルトンのいう「未決状態の対収益賦課分」（Paton and Littleton [1940] p.25）を意味する。そして，この意味からするならば，負債は未だ収益として認識されていない部分であり，「未決状態の収益分」を意味することになろう[3]。

このような解釈ないし定義においては，資産と負債の定義が収益と費用の定義に依存していることが明らかである。しかしながら，基礎となる収益および費用の定義それ自体に確固としたものがないのであるから，それから派生する資産および負債の定義も，首尾一貫性に欠けざるをえないのも当然である。

さらに，収益費用観では，収益を財の販売および用役の提供から生じるアウトプットないし成果であるとし，費用を収益から控除しうる費消原価たるインプットないし努力であるとするので，ここでの収益と費用は，原理的に操作性の観点から疑問視されざるをえない。というのは，「成果」および「努力」という概念は抽象的な概念であり，現実世界との対応関係を見出しにくいために，会計的測定が困難となる概念であるからである。それゆえ，このような操作性のない概念を中心におく収益費用観は，会計の構成要素を定義するには不

3　しかしながら，これとても資産および負債の完全な説明とはいえない。というのは，常識的に考えて，現金等の貨幣性資産は「未決状態の対収益賦課分」とはとうていいえないし，借入金等の負債は「未決状態の収益分」とは考えられないからである。

適当であり，会計を統一的に説明するには不適切であるということになる。

(2)　資産負債観の問題点

　これに対して，資産負債観は一見して会計の体系を統一的・論理的に説明できるようにみえる。資産負債観では，会計構成要素の中心概念は資産であり，これを基礎として，利益や他の構成要素を定義している。すなわち，負債は負の資産項目であり，利益は純資産の増加額であり，収益は資産の増加であり，費用は資産の減少である。そして，資産それ自体は，企業にキャッシュ・インフローをもたらすと期待される将来の経済的便益であると規定されている。これによって，資産負債観における諸定義は，論理の一貫性と操作性を備えているということができる。

　しかし，これらを詳細に検討してみると，資産負債観には次のような問題点があることに気づく。資産負債観では，資産および負債は独立概念であり，他の会計構成要素は従属概念であることがわかる。これは，論理学的観点からすると，資産および負債と他の構成要素との間には言語の階層が異なるということであり，言語レベルの相違があるということである。そこで，言語レベルが異なる場合，会計構成要素の概念定義にどのような問題が生じるかを考察してみよう。

　一般に，言語には階層性があり，すべての言語は対象言語とメタ言語に区別される。これに関して，永井は次のように説明している。言語には対象言語とメタ言語の区別がある。対象言語は対象＝存在者について語る言語である。メタ言語は対象＝存在者について語る言語ではなく，言語について語る高次の言語である。すると対象言語はメタ言語の対象となっている。そこで，「対象言語」は「対象について語る言語」という意味と，「メタ言語の対象になっている言語」という意味との二重の意味を含んでいる。メタ言語はさらに高次のメタ言語の対象になる。

　対象についての思考を対象的思考とよび，思考についての思考を反省的思考あるいは反省とよぶことにすれば，対象的思考の言語が対象言語で，反省的思考の言語がメタ言語である。言語によって了解されている表現の意味についてさらに反省的に語る言語はメタ言語であり，特に意味論的言語である（永井

［1979］68 頁）。

　すなわち，言語は階層性を有しており，対象言語とは言語外の対象について考察する言語であり，メタ言語とは対象言語について語る言語であり，反省的思考に対応し，反省的思考の媒体となる言語である。換言すれば，対象的思考・認識（第 1 次的思考・認識）を表現する言語を対象言語といい，反省的思考・認識（第 2 次的思考・認識）を表現する言語をメタ言語という。第 2 次的思考・認識はさらに反省されて第 3 次的思考・認識となる。同様の繰り返しでいくらでも高次の反省的思考・認識が可能である。

　それらの媒体となる言語の方からいえば，対象言語を起点として，第 2 次的言語であるメタ言語は，さらに一段高次の第 3 次的言語としてのメタメタ言語となり，同様に繰り返していくらでも高次のメタ言語が構成可能である。これが言語の階層性である。そして，対象言語で構成される理論を対象理論といい，メタ言語以上の高次の言語で構成される理論をメタ理論という（永井［1974］24 頁）。

　この言語の階層性を資産負債観における会計の各構成要素に当てはめてみるならば，そこにおける資産および負債は会計が認識すべき言語外の経験対象，つまり財および用役を対象としており，これらは対象言語に属することは明らかである。これに対して，資本は対象言語たる資産と負債との差額と定義したものにほかならず，言語外の対象について何ら語らずに対象言語について語っているので，メタ言語に属することになる。

　さらに，利益はといえば，これはこのようなメタ言語としての資本について語っており，期末資本から期首資本を控除した額と定義されているので，さらに一段高次のメタメタ言語に属するのである。これらと同じことが収益および費用についてもいうことができる。そこにおける収益は対象言語たる資産の増加または負債の減少と定義されており，やはり言語外の対象について何ら語らずに対象言語について語っているので，メタ言語に属することになる。同様に，費用は対象言語たる資産の減少または負債の増加と定義されているので，メタ言語に属するのである。

　現実の会計を行うためには，これらの会計構成要素に複式簿記を適用しなければならない。そこで，これらの言語を複式簿記の勘定記入に適用すると，対

象言語に属する会計構成要素の勘定は「対象勘定」となり，メタ言語に属する会計構成要素の勘定は「メタ勘定」となる。これらは笠井によって命名されたものである。笠井によれば，勘定によって記録される対象は決して一様ではなく，経済活動（事実）という会計の経験対象を直接的に記録する勘定と，そのような経済活動を記録する勘定を対象としつつ，それを整理する勘定という2種の勘定が識別されるのである。会計の経験対象そのものに直接関わっている前者が対象勘定であり，この対象勘定を対象として会計の経験対象に直接関わらない後者がメタ勘定である（笠井 [1994] 434 頁）。

そして，このメタ勘定の特質は次の3点にあるとされる（笠井 [1994] 436-438 頁）。

(1) そこに記録された数値が，対象勘定間の差引き計算によって，もしくはある対象勘定に記入したものを再度記入することによって算出される。

(2) この勘定は，財・用役という会計の経験対象と直接的な関連をもっていない。

(3) この勘定は，もっぱらある計算目的を遂行するために用いられ，その計算目的を遂行しさえすれば，すでに機能を果たしたことになるので，個々の構成要素は示されない。

「メタ勘定」とは，このうち主として第2の特質に基づいて命名されたものであり，対象勘定を対象としてある計算目的の見地から再整理することにより生じた勘定である。それゆえ，経済活動の把握それ自体とはまったく切り離され，純粋に計算目的の達成に専念することになる。つまり，経済活動の把握と計算目的の遂行という，勘定の記録機能と計算機能の2局面が分離し，メタ勘定はそのうちの計算目的遂行という局面のみを分担するのである。したがって，論理的には，この計算目的勘定は経済活動そのものに関する情報を一切含んでいなくてもよいのである。

これらのことを要約すると，対象勘定とは，会計が認識すべき経験対象たる企業の経済活動を対象とする勘定である。そして，その特質は，経験対象たる企業の経済活動を一対一の対応関係によって反映するということである。これに対して，メタ勘定とは，ある計算目的のもとに対象勘定について説明する勘定である。その特質は，ある対象勘定から他の対象勘定を差引き計算すること

によって，もしくはある対象勘定に記入したものを再度記入することによって，経験対象たる企業の経済活動を逐一把握せずに一括して把握するということにある。ここで，前者のメタ勘定性を「差引き計算性によるメタ勘定性」とよび，後者のメタ勘定性を「再記性によるメタ勘定性」とよぶことにする。

　このことを前提として資産負債観における各構成要素の勘定をみてみると，資産勘定および負債勘定はやはり会計が認識すべき言語外の経験対象たる財および用役を対象としており，これらは対象言語に属する勘定，すなわち対象勘定であることは明らかである。これに対して，資本勘定，利益勘定，収益勘定および費用勘定は，経験対象たる財および用役の変動を逐一把握せず，一括して把握するにすぎない。換言すれば，これらの勘定は財および用役の変動を直接対象とはしておらず，これらの変動を直接対象としている資産勘定および負債勘定を対象としているのである。この意味で，資本勘定，利益勘定，収益勘定および費用勘定は対象勘定ではなく，メタ勘定に属することになるのである。

　それでは，これらの勘定がメタ勘定に属することの直接的な原因はどこにあるのであろうか。まず資本勘定についていうと，それは資産勘定から負債勘定を差し引いた結果認識されたからであり，利益勘定に関しては，このようにして認識された期末資本から期首資本を差引き計算したからにほかならない。したがって，資本勘定および利益勘定は差引き計算性によるメタ勘定性の性格を有しているということができる。この場合，資本勘定はメタ勘定に属するが，利益勘定はメタメタ勘定に属することはいうまでもない[4]。

　これに対して，収益勘定および費用勘定は資本勘定や利益勘定の場合のように差引き計算の結果としてあるのではない。これらの勘定がメタ勘定に属する原因は，むしろ，損益取引を資産勘定および負債勘定に記入するのみならず，

4　資産負債観では，利益を「1期間における企業の純資産の変動」と定義しているので，本章では，それを資本の増加と解し，具体的には期末資本から期首資本を控除して算定されるとしたのであるが，一般に，利益は収益から費用を控除しても算定される。これを勘定計算に関して述べると，利益は収益勘定から費用勘定を差し引いて計算されることになる。したがって，この場合にも利益勘定は差引き計算性によるメタ勘定性の性格を有しており，さらに，収益勘定および費用勘定はメタ勘定であるので，これらの差額である利益勘定はやはりメタメタ勘定に属することになる。これについては再述する予定である。

それを収益勘定および費用勘定に再度記入することによるのである。この場合，主体はあくまでも資産勘定および負債勘定であり，収益勘定および費用勘定はこれらの勘定を再記したものにすぎない。この意味で，収益勘定および費用勘定は再記性によるメタ勘定性という特質を有しているということができるのである。

このように，資産負債観における各会計構成要素の間に言語レベルの相違がある。このような相違がある場合，会計を論理的に考えていく上で，様々な問題が生じることになる。それらのうちで特に重要と思われるのは，資産負債観において損益計算が真に可能かどうかという問題と，資産負債観における貸借対照表が企業の財政状態を真に表示できるかどうかという問題である。それではまず，前者の問題から考察してみよう。

資産負債観では，利益は「1期間における企業の純資産の変動」と定義されており，これは取りも直さず資本の増加のことであるので，具体的には利益は期末資本から期首資本を控除して計算されることになる。これはいわゆる財産法による損益計算にほかならない。しかし，この損益計算の背後には収益から費用を控除して利益を計算するいわゆる損益法による損益計算が予定されている。そこで，両者を別々に考察する必要がある。

財産法的損益計算では，利益は貸借対照表において計算されることになるが，そこでは，期末資産から期末負債を控除することによってまず期末資本を算定し，この期末資本から期首資本を控除することによって利益が算定される。これを勘定形式で示し，各項目に言語レベルを付すと，図表1-1のような貸借対照表が形成されることになる。

図表1-1　財産法的損益計算（1）

貸借対照表

期末資産（対象勘定）	期末負債（対象勘定）
	期首資本（メタ勘定）
	利益（言語レベル不明）

これらのうち，期末資産と期末負債は同じ対象勘定に属するので，同じ言語

レベルにあり，期末資産から期末負債を控除することは論理的に可能である。
しかし，期首資本はメタ勘定に属する項目であるので，前二者とは言語レベル
が異なり，期末資産から期末負債を控除し，さらに期首資本を控除することは
不可能である。というのは，言語レベルの異なる項目を比較することは，論理
的に不可能であるからである。事実，図表 1-1 で示したように，これによって
算定された利益がどの言語レベルに属し，何を意味しているのかがまったく不
明なのである。このように考えてくると，資産負債観における財産法的損益計
算は，真の意味における利益を計算できないと結論づけざるをえない。言語レ
ベルの異なる項目，つまり対象勘定とメタ勘定とを比較して利益を計算するこ
とは不可能であるからである。

　そこで，資産負債観において論理的に整合した財産法的損益計算を行うため
には，つまり同じ言語レベルにおいて損益計算を行うためには，笠井が行って
いるように（笠井［1989］194 頁），期末資産から期末負債を控除して算定する期
末資本勘定をまず作成し，この期末資本勘定と従来の期首資本勘定とを貸借対
照表において対比させる必要がある。というのは，この期末資本勘定はメタ勘
定に属するので，期首資本勘定と同じ言語レベルとなり，両者の比較が論理的
に可能となるからである。したがって，財産法的損益計算を論理的に行うため
には，期末資本勘定というメタ勘定を計上しなければならない。いま，この損
益計算を勘定形式で示し，各項目に言語レベルを付すと，図表 1-2 のようにな
る。

図表 1-2　財産法的損益計算（2）

貸借対照表

期末資本（メタ勘定）	期首資本（メタ勘定）
	利益（メタメタ勘定）

　これが資産負債観における財産法的損益計算の本来の姿であり，これまでこ
れを前提として，利益勘定をメタメタ勘定として性格づけたのである。しかし
ながら，この貸借対照表は，後で詳述するように，貸借対照表の主要な任務で
ある財政状態を表示できないという重大な欠陥を有している。したがって，こ

のような貸借対照表を財務諸表として作成し，利益を計算することの意味は，損益計算が唯一の会計目的であるということでもない限り，あまりないのである。

　それでは次に，損益法的損益計算に目を向けることにしよう。これは損益計算書において行われ，収益から費用を控除することによって利益が算定されることになる。いま，これまでと同様に，損益法的損益計算を勘定形式で示し，各項目に言語レベルを付すと，図表1-3のようになる。

図表1-3　損益法的損益計算

損益計算書

費　　用（メタ勘定）	収　　益（メタ勘定）
利益（メタメタ勘定）	

　ここで問題となるのは，収益勘定および費用勘定の性格であり，それらはメタ勘定に属するということである。すなわち，収益勘定および費用勘定は，その性格上，対象勘定たる資産勘定および負債勘定の増減を再度記入したものにほかならず，これらの対象勘定を対象としたメタ勘定であるのである。これらのメタ勘定の特質は，経験対象たる財および用役の変動を一対一の対応関係によってその原因別に反映するのではなく，収益額および費用額を一括して把握することにある。

　したがって，このような収益勘定および費用勘定によって作成された損益計算書は，収益および費用の原因別計算ができず，明細な損益計算ができないということになる。損益計算書において独立的に損益計算を行うためには，収益および費用の原因別計算が是非とも必要であり，資産負債観における損益法的損益計算は構造的にそれを行うことができないのであるから，それらは真の意味で損益計算を行っているとはいえないのである。そして，真の意味における損益計算を行えないということは，資産負債観の重大な欠陥を意味することになるのである。

　それでは次に，資産負債観における貸借対照表が会計のもう1つの重要な目的である企業の財政状態を表すことができるかどうかという第2の問題を考察

してみよう。この問題を考えるためには，図表1-1の貸借対照表にもう一度注目する必要がある。この貸借対照表をみると，上述したように，言語レベルの異なる項目が混在している。すなわち，期末資産および期末負債は対象勘定に属し，期首資本はメタ勘定に属するのである。そして，利益の言語レベルは不明である。

このような言語レベルの異なる項目を収容する貸借対照表にはいくつかの問題点が内在しており，これまではそのうちの差引き計算性（減法性）を問題としたのであるが，財政状態表示に関してここで問題となるのは，期首資本のメタ勘定性，期末負債と期首資本との加法性，および期首と期末の2時点計算性である。一般に，企業の財政状態を表示するという場合，その構成要素である資産，負債および資本は言語外の経験対象を表していなければならず，各項目は加算できなければならず，さらに，状態表示である以上，1時点計算でなければならないからである。

これらの要件を個別に検討していくと，資産負債観における貸借対照表はすべての条件を満たしていないことが判明する。まず，この貸借対照表における期首資本の性格はメタ勘定であり，経験対象たる財および用役を対象とはしておらず，対象勘定たる資産勘定および負債勘定を対象とした勘定である。したがって，このような経験対象を含まない項目を収容している貸借対照表は経験対象表としての財政状態表示機能を遂行しているとはいえないのである。

また，貸借対照表の貸方項目における期末負債と期首資本には，加法性がない。というのは，期末負債は対象勘定に属するのに対して，期首資本はメタ勘定に属しているので，言語レベルの異なる項目を加算することは論理的に不可能であるからである。事実，これらの項目を加算するとするならば，その結果算定されたものがどの言語レベルに属し，何を意味しているのかが不明なのである。そして，このように加算不可能な項目が混在している貸借対照表は，企業の財政状態を表しているということはできないのである。

さらに，この貸借対照表は期首の項目と期末の項目とが混在していることに気づく。資産および負債は期末項目であり，資本は期首項目である。これは，財産法的損益計算を行うために，期末資産から期末負債を控除して期末資本をまず算定し，これから期首資本を控除して企業の利益を計算しようとする会計

目的に起因しているのであるが，状態表示という観点からすると，問題となるのである。一般に，状態とはある特定時点の有様を意味しており，2時点の状態は論理矛盾であるからである。したがって，この貸借対照表はその論理矛盾を犯しており，このことから，それは財政状態を表示していないといわざるをえないのである。

　これらのことから，資産負債観において，貸借対照表は企業の財政状態を表示できないことが明らかとなったが，その根本原因は，この貸借対照表には対象勘定とメタ勘定という言語レベルの異なる項目が混在していることにあり，さらに，期首項目と期末項目という時点の異なる項目が混在していることにある。そこで，これらの欠陥を排除し，論理的に整合した貸借対照表を作成するためには，すべての項目を同じ言語レベルおよび同じ時点に統一する必要があるが，これを行ったものが前述の図表1-2における貸借対照表にほかならない。

　これはすべての項目をメタ勘定および期末時点に統合したものであるが，しかしながら，この貸借対照表にもいくつかの重大な欠陥が内在している。まず，ここにおけるすべての項目はメタ勘定に属する項目であるので，財政状態表示の基本要件である経験対象を表していないということである。また，この貸借対照表には，期末資産と期末負債との差額である期末資本を計上した関係上，財政状態表示に必須な項目である資産勘定および負債勘定が含まれていない。

　さらに，厳密にいえば，この貸借対照表は同じ言語レベルで統一されていないのである。というのは，期首資本および期末資本はメタ勘定に属するが，それらの差額として算定された利益はもう1つ言語レベルの高いメタメタ勘定に属することになるからである。したがって，この貸借対照表においても言語レベルが統一されておらず，論理的に整合したものではないのである。つまり，図表1-1の貸借対照表と同じ問題が生じるのである。

　以上によって明らかなように，資産負債観における貸借対照表は，どのように考えても企業の財政状態を表示できない。現代の会計が企業の財政状態表示をもう1つの重要な目的としていることからすれば，それを遂行できないこの資産負債観は，重大な欠陥を有していると結論づけざるをえないのである。

Ⅲ 収入支出観

　それでは，本章の考察対象である収入支出観に焦点を移すことにしよう。改めて，収入支出観とは，会計を収入および支出を中心として見，利益も1期間における収入と支出の差額として測定しようとする利益観である。

　この会計観をはじめて提唱したのがシュマーレンバッハ（Schmalenbach）であり，彼の動的貸借対照表論は収入支出観の萌芽であるということができる。そして，この収入支出観を発展させたのがワルプ（Walb）の給付・収支損益計算論であり，さらにこれを一応完成させたのが，コジオール（Kosiol）の「収支的貸借対照表論」（pagatorische Bilanztheorie）である。本節では，コジオールの所論を参考にして収入支出観の概要を説明し，さらにこの収入支出観が会計の体系を統一的・論理的に説明しうることを示唆したい。

1　収入支出観の概要

　コジオールの「収支的貸借対照表論」はもっぱら収支事象の記帳に由来し，それゆえ，シュマーレンバッハおよびワルプの基本的思考を統一し，これらの試みの首尾一貫した仕上げにおいて，体系的に完結した簿記理論，勘定理論，貸借対照表論および評価論として損益計算の包括的な理論を統一的な収支的基礎に基づいて示すものである。

　コジオールは収入支出観に基づく組織的単式簿記（systematischen einfachen Buchhaltung）を提唱する。そこにおいて，計算関係として，現金計算（Barrechnung），前計算（Vorrechnung）および償還計算（Tilgungsrechnung），戻し計算（Rückrechnung）および後計算（Nachverechnung）が問題となる。そして，これらを勘定形式で表すと5種類の勘定が成立し，それらは図表1-4のようになる（Kosiol [1970a] S.293-294）。

　さらに，このような計算関係に基づいて，コジオールの組織的単式簿記では，いくつかの計算表ないし貸借対照表が作成される。それは，収支的運動貸借対照表（Bewegungsbilanz），収支的変動貸借対照表（Veränderungsbilanz）お

第1章 会計観としての収入支出観　19

図表1-4　組織的単式簿記における勘定タイプ

現金（Kasse）

現金収入	現金支出

債権（Forderungen）	債務（Schulden）

前 収 入	償還支出	償還収入	前 支 出

在庫（Vorräte）	留保（Reservate）

戻し収入	後 支 出	後 収 入	戻し支出

および収支的在高貸借対照表（Beständebilanz）である。

　ここまでは収支的貸借対照表論における組織的単式簿記であるが，計算システムないし簿記システムを完成させるために，コジオールはこれに加えて収益および費用を計上する複式簿記を構想する。そこにおける複式簿記は，理論的に組織的単式簿記のさらなる展開として説明される。

　これらを以下で少し詳細に論述することとする。

(1)　収支的貸借対照表論

　収支的貸借対照表論の出発点として，コジオールは，シュマーレンバッハやワルプと同様に，全体損益計算から始める。全体損益計算は，全体損益＝現金収入の合計－現金支出の合計（利益配当を除く）という規則によって，純現金計算（現金計算）の形式で企業の全存続期間の損益を決定する。

　しかし，実務においては，全体損益計算に比して，当面の中間計算および中間成果が必要となる。このために，その理論的推論は全体期間をある数の部分期間に思惟的に分解することから出発する。これらの部分期間に対して，その期間に対応する全体損益の部分，つまり期間損益を決定するために，期間損益計算が行われる。それゆえ，期間損益の合計＝全体損益という関係が妥当する（Kosiol [1970a] S.281）。

　期間損益計算において，損益を収入および支出によって決定するために，コジオールは収支概念を全会計対象に拡張する。そこでは，組織的単式簿記において，現金計算のみならず，前計算および償還計算，戻し計算および後計算を期中において行うことによって，現金収支および計算収支をとらえる。すなわ

ち，それはすべての会計対象を収入および支出によって常時把握し，収支概念を全会計対象に拡張する。

ここにおいて，現金計算は文字どおり収入支出計算であり，そこには損益作用的収入および支出と損益非作用的収入および支出が計上される。損益作用的収入は「収益収入」とよばれ，損益作用的支出は「費用支出」とよばれる。そして，その他の計算は収支概念を拡張した計算収支によって行われる。

まず，前計算および償還計算に関して，例えば売掛金や貸付金等の債権が発生する場合，それらは「前収入」として計上され，それらの債権が決済される場合，それらは「償還支出」として計上される。これに対して，買掛金や借入金等の債務が発生する場合，それらは「前支出」として計上され，それらの債務が決済される場合，それらは「償還収入」として計上される。その場合，売掛金の発生は損益作用的前収入となり，買掛金の発生は損益中性的前支出となる。貸付金や借入金の発生は損益には関係しない相関的前収支となる。

戻し計算および後計算に関して，例えば商品や備品等の資産（在庫）を購入する場合，損益作用性を相殺するために，それらは「戻し収入」として計上され，それらの資産が費消される場合（売上原価，減価償却費），それらは「後支出」として計上される。したがって，戻し収入は損益非作用的であり，後支出は損益作用的ということになる。この後支出は費用支出となる。

また，例えば前受金（留保）を受け取る場合（前受収益），損益作用性を相殺するために，それは「戻し支出」として計上され，後に売上等の収益が実現する場合，それは「後収入」として計上される。したがって，戻し支出は損益非作用的であり，後収入は損益作用的ということになる。この後収入は収益収入となる。

これらを勘定形式で表すと5種類の勘定が成立し，それらは前述した図表1-4のようになる。なおこの場合，債務にはいわゆる他人資本および自己資本が含まれる。

(2) 収支的貸借対照表論の計算表体系

このような計算関係に基づいて，コジオールの組織的単式簿記では，いくつかの計算表ないし貸借対照表が作成される。それは，収支的運動貸借対照表，

図表 1-5 収支的運動貸借対照表

収入	収支的運動貸借対照表	支出
I 現金収入		I 現金支出
1 損益作用的現金収入		1 損益作用的現金支出
（現金収益収入）		（現金費用支出）
2 留保収入		2 在庫支出
3 債務収入		3 債権支出
4 決済収入		4 決済支出
II 計算収入		II 計算支出
1 前収入		1 前支出
a) 損益作用的前収入		a) 損益作用的前支出
b) 期間中性的前収入		b) 期間中性的前支出
（留保前収入）		（在庫前支出）
c) 相関的前収入		c) 相関的前支出
2 償還収入		2 償還支出
3 戻し収入		3 戻し支出
4 後収入		4 後支出

残高＝期間損益

収支的在高貸借対照表および収支的変動貸借対照表である。

収支的運動貸借対照表は，会計期間末において，様々な種類の収支によって構成される当該期間のすべての収入（借方）および支出（貸方）を包含するものである。これは，貸借対照表のある側の他の側に対する収支余剰として期間損益（期間利益または期間損失）を示す。コジオールは，収支的運動貸借対照表を貸借対照表の原型とよぶ。

収支的運動貸借対照表は，図表 1-5 のように表される（Kosiol [1970a] S.285-286）。

運動貸借対照表における損益決定は，理論的観点において場合によっては前期からの繰越高とは完全に独立している。すべての期首在高は原則として全体から切り離され，それゆえ損益中性的である。

それに対して，実務的理由から，繰越高を貸借対照表の継続性を保持するために算入することが必要である。この実務的に広く行われている在高貸借対照表は，第2の貸借対照表形式として，繰越高の総括からおよびそれに対応する

運動量から，正および負の構成要素の同時的残高計算のもとで生じる。これは収支的在高貸借対照表とよばれる。というのは，それは収支的事象の記帳から生じ，それによって全体的な貸借対照表在高が収支的特質を担うからである。

収支的在高貸借対照表は，図表1-6のように表される（Kosiol［1970a］S.287-288)[5]。

図表1-6　収支的在高貸借対照表

資産	収支的在高貸借対照表	負債
Ⅰ　収入在高	Ⅰ　支出在高	
1　現金在高（現金預金）	1　債　　務（支出見越）	
2　債　　権（収入見越）		
Ⅱ 支出対価	Ⅱ 収入対価	
3　在　　庫	2　留　　保	

残高＝期間損益

当該期間の収支運動（フロー量）から出発して，第3の貸借対照表として，運動貸借対照表における相互に対応する収支の残高計算によって，収支的変動貸借対照表が生じる。残高は収入余剰もしくは支出余剰の形式における運動差額である。それは，期末在高と期首在高との間で決定される在高差額と内容的に等しい。それゆえ，変動貸借対照表を内容的に運動差額貸借対照表もしくは在高差額貸借対照表として説明することができる。

収支的変動貸借対照表は，図表1-7のように表される（Kosiol［1970a］S.287-

---

[5]　コジオールはこの在高貸借対照表を別のところで次のように示しており（Kosiol［1970b］S.152)，これにより，上述したことがより明瞭に理解される。

資産（収入余剰）	在高貸借対照表	負債（支出余剰）
1　現金在高（現金）：		
現金収入の余剰		
2　名目（貨幣）債権の在高：	4　名目（貨幣）債務の在高：	
前収入の余剰	前支出の余剰	
3　（実質債権を含む）実質財の在高：	5　実質債務の在高：	
戻し収入の余剰	戻し支出の余剰	

残高＝期間損益

288)。

図表 1-7　収支的変動貸借対照表

収入余剰 （資産増加・負債減少）	収支的変動貸借対照表	支出余剰 （負債増加・資産減少）
現金収入余剰（現金在高増加） 前 収 入 余 剰（債権増加） 償還収入余剰（債務減少） 戻し収入余剰（在庫増加） 後 収 入 余 剰（留保減少）		現金支出余剰（現金在高減少） 償還支出余剰（債権減少） 前 支 出 余 剰（債務増加） 後 支 出 余 剰（在庫減少） 戻し支出余剰（留保増加）

残高＝期間損益

(3)　収支的貸借対照表論の全体システムとしての複式簿記

　これまで説明してきたのは，収支的貸借対照表論における組織的単式簿記であるが，計算システムないし簿記システムを完成させるために，コジオールはこれに加えて収益および費用を計上する複式簿記を構想する。

　複式簿記は，コジオールの見解によれば理論的に組織的単式簿記のさらなる展開として説明される。その場合，特定の費用計算および収益計算において損益の源泉を明らかにする努力は，ある補完的簿記システムの展開に導く。その出発点として，経営的事象の生産的視点，過程的視点および損益的視点がさらなる計算のメルクマールとして選ばれる。その方法は形式的に，貸借対照表領域においてこれまで一方的に記帳した損益作用的事象に種類的に分類された費用勘定および収益勘定を反対記帳することにある（反対記帳の一般原則）。

　これらの損益勘定は全体として，純粋な収支系列のほかに第2の計算領域として厳密な（狭い）意味で純粋な損益系列を構成する。その計算において，損益系列は，貸借対照表に対して必然的に同じ額で左右を逆にした損益計算書によって，利益および損失計算をもたらす。したがって，収益収入の反対記帳によって収益が損益計算書に計上され，費用支出の反対記帳によって費用が損益計算書に計上される。さらに，この反対記帳は収益収入および費用支出の原因計算として，収益および費用を独立的に把握することになる。

2 収入支出観の論理性と説明可能性

以上が収支的貸借対照表論に基づく収入支出観の概要であるが，このような収入支出観が会計を統一的・論理的に説明しうることを解明したい。そのために，前述した資産負債観および収益費用観と対比する意味で，改めて，収入支出観の意味とその会計構成要素を明らかにしよう。

既述のように，収入支出観とは，会計を収入および支出を中心として見，利益も1期間における収入と支出の差額として測定しようとする利益観である。そこにおける会計の各構成要素は次のように定義することができる。

(1) 収入は，現金収入と計算収入からなり，計算収入は前収入，償還収入，戻し収入および後収入から構成される。

(2) 支出は，現金支出と計算支出からなり，計算支出は前支出，償還支出，戻し支出および後支出から構成される。

(3) 資産は収入余剰であり，それは現金収入余剰，前収入余剰および戻し収入余剰から構成される。

(4) 負債および資本は支出余剰であり，それは前支出余剰および戻し支出余剰から構成される。

(5) 1期間の利益は，その期間における収入の支出に対する余剰である。

(6) 収益は，損益作用的収益収入およびその反対記帳要素である。

(7) 費用は，損益作用的費用支出およびその反対記帳要素である。

これらの定義において重要なことは，会計の構成要素はすべて収入および支出によって構成されており，したがって，利益も1期間における収入から支出を控除して決定されるということである。そして，その特徴は，収支概念を全会計対象へ拡張したことおよび徹底的なフロー思考であることである。

そこでは，現金計算のみならず，前計算および償還計算，戻し計算および後計算を期中において行うことによって，現金収支および計算収支（前収支，償還収支，戻し収支，後収支）をとらえる。すなわち，それはすべての会計対象を収入および支出によって常時把握し，収支概念を全会計対象に拡張するのである。

また，徹底したフロー思考性に関して，収入支出観の会計において，最も重

要なそして基本的な計算表は運動貸借対照表である。運動貸借対照表は，会計期間末において，様々な種類の収支によって構成される当該期間のすべての収入（借方）および支出（貸方）を包含するものである。これは，貸借対照表のある側の他の側に対する収支余剰として期間損益を示す。

　この運動貸借対照表は貸借対照表の原型とよばれる。というのは，残高計算されていない（フロー量ともよばれる）収入および支出それ自体における貸借対照表の本来の内容がここにみられ，運動貸借対照表の形式がこの収支資料から直接導き出されるからである。それゆえ，運動貸借対照表は典型的なフロー思考に基づく貸借対照表である。

　収入支出観による会計において，フロー思考は運動貸借対照表だけではない。これから導き出される変動貸借対照表もフロー思考により作成されるということができる。変動貸借対照表は，当該期間の収支運動（フロー量）から出発して，運動貸借対照表における相互に対応する収支の残高計算によって生じる。残高は収入余剰もしくは支出余剰の形式における運動差額である。それゆえ，変動貸借対照表を内容的に運動差額貸借対照表として説明することができる。ここに，変動貸借対照表のフロー思考性がある，

　さらに，収入支出観における在高貸借対照表もフロー思考性を有しているということができる。在高貸借対照表は，繰越高の総括からおよびそれに対応する運動量から，正および負の構成要素の同時的残高計算のもとで生じる。これは収支的在高貸借対照表とよばれる。というのは，それは収支的事象（フロー事象）の記帳から生じ，それによって全体的な貸借対照表在高が収支的特質を担うからである。この収支的特質はフロー概念にほかならず，したがって，在高貸借対照表もフロー思考により作成されるのである。

　このようにみてくると，収入支出観における会計は徹底的なフロー思考であり，首尾一貫してフロー思考性を有しているということができるのである。

　この収入支出観は会計の体系を統一的・論理的に説明できるように思われる。収入支出観では，会計構成要素の中心概念は収入および支出であり，これを基礎として，利益や貸借対照表の構成要素を定義している。すなわち，資産は収入余剰であり，負債および資本は支出余剰であり，利益は収入の支出に対する余剰額であり，収益は損益作用的収益収入であり，費用は損益作用的費用

支出である。そして，収入および支出は具体性および操作性のある概念であり，これにより，収入支出観における諸定義は，論理の一貫性と操作性を備えているということができる。

さらに，収入支出観における各会計構成要素はすべて対象勘定であるということが明らかとなる。収入支出観の最も重要なそして基本的な計算表である運動貸借対照表は，事実の経験対象を表している。すなわち，そこにおける現金収入勘定，計算収入勘定（前収入勘定，償還収入勘定，戻し収入勘定，後収入勘定），現金支出勘定および計算支出勘定（前支出勘定，償還支出勘定，戻し支出勘定，後支出勘定）は，すべて経済活動という会計事実の経験対象を直接的に記録する勘定なのである。

さらに，収入支出観では，損益計算書における収益勘定および費用勘定も対象勘定であるということができる。収入支出観において，収益勘定および費用勘定は収益収入勘定および費用支出勘定を反対記帳したものであるが，前述の資産負債観のように，単に収益収入勘定および費用支出勘定を再度記入したものではない。この反対記帳は収益収入および費用支出の原因計算として，収益および費用を独立的に把握するのである。したがって，収入支出観における損益計算書の収益勘定および費用勘定も対象勘定であるのである。

このことから，収入支出観では，取引記録から計算表の作成に至るまでにおいて，すべての勘定が対象勘定であり，収入支出観は対象勘定の体系であるということができる[6]。ここに，収入支出観の論理性があり，会計を統一的に説明しうる説明可能性があるのである。

6　ただし，収入支出観においてただ1つメタ勘定が存在する。それは利益勘定である。利益は運動貸借対照表において収入から支出を控除して決定され，実質的には，収益収入から費用支出を控除して算定される。また，損益計算書において，利益は収益から費用を控除して決定される。したがって，利益勘定は「差引き計算性によるメタ勘定性」を有し，メタ勘定ということになる。しかし，利益勘定はどの会計観においてもメタ勘定であり，これは利益勘定の会計固有の性質である。

Ⅳ む す び

　以上本章では，会計観としての資産負債観および収益費用観に代えて，収入支出観が会計の体系を統一的・論理的に説明しうる可能性を示唆することを目的として，まず資産負債観および収益費用観の意味を明らかにし，これらの会計観の問題点を指摘した。次に，これを踏まえて，収入支出観に焦点を当て，収入支出観の概要を説明するともに，この会計観が会計の体系を統一的・論理的に説明しうることを示した。

　まず，収益費用観に関して，そこにおける各会計構成要素の定義に首尾一貫性がなく，操作性もないということから，収益費用観は会計の構成要素を定義するには不適当であり，会計を統一的に説明するには不適切であると結論づけた。

　また，資産負債観に関して，そこにおける各会計構成要素の勘定では，資産勘定および負債勘定は会計の経験対象を直接的に記録する対象勘定に属するけれども，資本勘定，利益勘定，収益勘定および費用勘定は対象勘定を対象として会計の経験対象に直接関わらないメタ勘定に属することを明らかにした。そして，資産負債観において，各会計構成要素の間にこのような言語レベルの相違があるがゆえに，真の論理的意味で損益計算を行っているとはいえず，貸借対照表は企業の財政状態を表示できないことを指摘した。

　これらに対して，収入支出観では，各会計構成要素の中心概念は収入および支出であり，これを基礎として，利益や貸借対照表の構成要素を定義しているので，収入支出観における諸定義は，論理の一貫性と操作性を備えているということを解明した。そしてさらに，収入支出観における各会計構成要素はすべて対象勘定であることを明らかにし，これによって，収入支出観は会計の体系を統一的・論理的に説明できると結論づけた。

　以上が本章の概要であるが，最後に，収入支出観は資産負債観と収益費用観の統合した会計観であるということを指摘したい。上述したように，収入支出観の特徴は，収支概念の全会計対象への拡張であり，運動貸借対照表に代表される徹底的なフロー思考にある。そこでは，会計対象は資産および負債であるが，資産および負債をストック概念としてとらえず，資産の入りおよび出なら

びに負債の入りおよび出としてフロー概念でとらえ，さらにそれらを収入および支出概念で把握する。

　そして，この収入支出観の主要な会計目的は期間損益計算である。これは，組織的単式簿記において収益収入および費用支出を含む収入および支出に基づいて算定され，全体システムとしての複式簿記では収益収入および費用支出を反対記帳する収益および費用に基づいて算定される。

　これらを会計観からみると，収入支出観は会計対象としては資産および負債を対象とした資産負債観であり，計算目的としては収益および費用の算定を目的とした収益費用観である。そして，収入支出観はこれらを収入（収益収入）および支出（費用支出）で統一的に説明することによって統合しているということができる。すなわち，収入支出観は資産負債観と収益費用観を統合した会計観であるということができるのである。

　ただ，本章のこれまでの論述は，暗黙のうちに取得原価会計を念頭においていた。収入支出観がさらに会計の体系を統一的に説明しうるためには，他の会計システム，とりわけ公正価値会計等の現代会計も統一的に説明できなければならない。

　これに関して結論的に述べるならば，収入支出観はこれも可能であるように思われる。すなわち，収入支出観は，収支概念を過去だけではなく，現在および将来に拡張することによって，現代会計を統一的に説明できる可能性があるように思われる。公正価値（購入時価および売却時価）は現在の収入支出に基づく評価概念であると解することができるし，現在価値はまさに将来の収入支出を現在に割り引いたものである。したがって，この考えに基づいて，収支概念を拡張することができる。そして，収支概念を時制的に拡張しても，収入支出観の会計構造は変わらないと予測できる。すなわち，収入支出観はすべての評価概念および会計システムと結びつくことができるのである。

　それゆえ，このことをこれから現実的かつ具体的に証明しなければならず，それが本書の目的であるが，これに関しては，収入支出観の歴史的展開とともに，次章以降で詳細に行うこととする。まず，次章から数章にわたり，このような収入支出観の思考がどのように生まれ，これがどのように展開されてきたのかを説明することにする。

第2章

収入支出観の萌芽
―シュマーレンバッハの動的貸借対照表論―

I　はじめに

　本書において，会計の体系を首尾一貫して統一的・論理的に説明するという目的のもとに，提唱しようとするのが会計観としての「収入支出観」（Einnahme und Ausgabe Auffassung）である。これは会計を収入および支出を中心として見，説明する会計観であり，利益も1期間における収入と支出の差額として測定しようとする利益観である。収入支出観はドイツ会計において提唱された理論であり，シュマーレンバッハ（Schmalenbach），ワルプ（Walb）およびコジオール（Kosiol）の系譜を有するものである。

　彼らは収入支出観に基づいて会計を説明しようとする点に共通性をもつが，それぞれその説明方法が異なっている。そのため，これらの相違を明らかにし，どの収入支出観が会計の体系を統一的に説明できるかを解明しなければならないが，その場合，まずシュマーレンバッハの収入支出観から検討する必要がある。彼はこの会計観の先駆者であるからである。

　シュマーレンバッハは，収入支出観に基礎をおく動的貸借対照表論を展開した。そこで，以下ではまず，彼が動的貸借対照表を提唱する理由を明らかにし，その利益概念を確認する。次に，彼の提唱する動的貸借対照表の構造を説

明する。その場合，シュマーレンバッハの『動的貸借対照表論』は旧版と新版
との間で思考の相違がみられるので，それらを別々に説明する。そして最後
に，旧版と新版を比較することによって，彼の会計思考を再検討するととも
に，シュマーレンバッハの動的貸借対照表論が収入支出観の萌芽であることを
指摘する。

Ⅱ　静的・動的・二元的貸借対照表

　シュマーレンバッハによれば，貸借対照表には，静的貸借対照表，動的貸借
対照表および二元的貸借対照表がある。

　貸借対照表がある商人の財産または経営にある資本を算定する任務を有す場
合，これによって，貸借対照表にある状態を示す任務を与えることになる。こ
の状態を示すのは，ある短期間のみ，あるいはある時点の状態であっても問題
ではない。そのような貸借対照表は静的貸借対照表（statische Bilanz）とよば
れる。

　損益計算に役立つ貸借対照表は，まったく別の機能を有する。運動を数字的
に表示するために，ある運動から一瞬の時をとらえてその時の状態を示す点に
おいて，この貸借対照表もある状態を示すものである。しかし，ここでは状態
を認識するのが問題ではなく，多くのそのような瞬間と瞬間との間に起こる運
動の認識が問題となる。ここで把握しようとする運動は，この場合，様々な力
の作用であり，さらに一方では給付の作用であり，他方では力の費消すなわち
費用の作用である。この力の作用の認識に役立つ貸借対照表は，動的貸借対照
表（dynamische Bilanz）とよばれる。

　二元的貸借対照表（dualistische Bilanz）は，貸借対照表の規則が静的要求な
らびに動的要求によって決定される場合に存在する。例えば，ある人が一方で

1　シュマーレンバッハの『動的貸借対照表論』（*Dynamische Bilanz*）は，第1版から第13
版に及んでいる。これらを分類する方法として，従来，2つのものがある。1つは，第1
版から第3版までを初版，第4版から第7版までを中版，第8版から第13版までを終版
とするものである。他は，第1版から第7版までを旧版とし，第8版から第13版までを
新版とするものである。本章はこのうち，後者の分類に基づいて説明することとする。

は損益計算に特有の経過勘定を用い，同時に設備において時価を用いる場合，彼の貸借対照表は二元的なものとされる（Schmalenbach [1939] S.79-80）。

これらの貸借対照表のうち，シュマーレンバッハはまず二元的貸借対照表を非科学的とする。すなわち，二元的貸借対照表は，偶然にそして１つの貸借対照表への期待に反して完全な方法で財産ならびに損益を算定することを証明する場合にのみ，科学として正当化することができる。しかし，この証明は二元論者によって試みられず，それはまさにその非科学的立場を示している。

その証明が一般に試みられる場合，財産表示に向けられた貸借対照表はどのような形でなければならないのかを明らかにする必要がある。さらに，それは損益貸借対照表としてどのような形態をとるべきかをみなければならないであろう。そして，第３に，この２つの貸借対照表は調和するかどうかを検討しなければならない（Schmalenbach [1939] S.80）。これらが二元論者によって行われていないのである。

シュマーレンバッハはまた，静的貸借対照表には限界があるとする。その理由は次のようである。財産計算に関して時価のみを考慮することになるということに同意されたとしても，これら個々の財産項目に対してどのように時価を得るかを，問わなければならない。この問題は評価論に属するものである。そして，評価制度に関する特に基本的な原則は，経済単位を全体として評価しなければならないということである。

ある企業の財産を形成する企業の価値は，この企業が有用な物を作り，有用なサービスを行うのにふさわしいことから生じる。この業務に，建物，機械，工具および原料等の関連物が属するならば，その適合性およびそれにともなう価値は結合的なものである。機械がそれのみで原料なしで何も製造できないように，それが企業に結合されている間はそれ自体価値をもたないのである。

全経営を個々に市場に出すことによってその機械が結合から切り離されてはじめて，その機械が独立して再び個別的な価値を得るのである。その場合，価値は様々であり，例えば企業から分離した機械はその適合性によって，それゆえその価値によって様々に支払われる。したがって，その構成要素がある経済単位に結合された企業の価値は，その個々の部分の価値を加算することによって決定することができない。その場合，原価で評価するか時価で評価するかは

同じことであり，どちらも誤りである（Schmalenbach［1939］S.82-83）。

　すなわち，貸借対照表上の財産は企業の価値を表すものでもなく，表さなければならないものでもない。また，財産を財産群の総価値と解する場合，貸借対照表はこの総価値を示す手段ではないことを認めなければならない，とシュマーレンバッハはいうのである[2]。したがって，静的貸借対照表には限界があることになる。

　これらのことから，貸借対照表の静的な目的設定と動的な目的設定が競合する場合，シュマーレンバッハは動的目的設定をとるとする。その理由は，第1に，上述したように，財産計算の手段としての年次貸借対照表は根本的な欠点をもつことであり，したがって，この目的設定は不満足に終わらざるをえないからである。第2に，よい財産計算は重要であるけれども，よい損益計算はさらに重要であるからである。

　シュマーレンバッハによれば，商人の国家経済的職務は，裕福であることでもなく，また裕福になることでもない。自分の財産をたびたび数える人は，非生産的な仕事を行っている。しかし，商人はその損益をしばしば測定しなければならず，継続して測定しなければならない。なぜならば，商人の国家経済的任務は，財を作り，財を運び，財を保管し，そして最後の費消者にこれを提供することであり，しかもこれらをすべて経済的に有効に行い，彼の仕事によって財自体を費消することにあるからである。剰余価値は費用（Aufwand）と収益（Ertrag）との間に存在しなければならない。剰余価値は事実それ自体から発生する（Schmalenbach［1939］S.85）。

2　シュマーレンバッハによれば，財産の価値は，それが結合する全体を表す限り，その結合性においてのみ計算または評価されるべきである。そのようなある企業に結合する財産の価値は，将来の利益に向かうものである。正確にいえば，それは解散の際の売却額を含むすべてのこれらの利益の総額に等しい。つまり，すべての利益と処分額の割引現在価値に等しいのである（Schmalenbach［1939］S.101）。すなわち，企業の価値は将来キャッシュ・フローの割引現在価値である，と彼は主張する。

Ⅲ　利益の概念

　動的貸借対照表を目的設定し，利益測定を重視するシュマーレンバッハの提唱する利益概念は，端的にいえば，経済性の表現としての利益概念である。そして，その具体的な内容は，共同経済的利益であり，全体利益の部分としての期間利益であり，給付と費用の差としての利益であり，そして，計算の確実な利益であるということができる。

1　共同経済的利益

　シュマーレンバッハによれば，利益には共同経済的利益（gemeinwirtschaftlicher Gewinn）と私経済的利益（prifatwirtschaftlicher Gewinn）がある。このうち，彼は共同経済的利益を主張する。彼はこれを次のように述べる。

　私と方向を同じくする経営経済学者は，共同経済の機関としての経済的経営のみに関心を有している。私経済的営利機関としての経営に，私は魅力を感じない。まさにこの理由から，私にはこの学問分野は「私経済学」（Privatwirtschafts-lehre）にとどまらない。その名称は私の見解にまったく矛盾する。この方向の経営経済学者は，思慮分別なしに，国家経済学者と思っている。

　したがって，われわれの経営経済学の意識は，誰が所得または財産を得たか否か，いかにして得たかをみるのではない。われわれの学問の意識はもっぱら，いかにそしてどのように経営がその共同的生産力を示すかを研究することにある。

　この考えにしたがう場合，そこから2つのことが生じる。第1に，われわれは，経営経済的活動がどの程度共同経済的に生産的であるかを結果的に判断しなければならない。そして，第2に，経営費用の計算に際して，経営が市場から財を受け入れたときの国民経済的価格ではなく，国民経済的価値を計算に用いなければならず，経営給付の計算に際してもこれに応じて処理しなければならない。

　したがって，われわれは，私経済的利益が本来われわれの測定しようとする

最終目的となるのではなく，われわれが私経済的利益のみが必要な確実性と計算者の好意をもつものであることを知って，これを計算目的として採用するのである（Schmalenbach［1939］S.94-95）。それゆえ，シュマーレンバッハが探求している本来的利益は私経済的利益ではなく，共同経済的利益であるということになる。[3]

2 全体利益の部分としての期間利益

シュマーレンバッハは，利益を考える場合，全体利益計算から始め，全体利益計算の部分としての期間利益計算を考える。その説明は次のようである。

存続期間の短い企業と長い企業がある。個々の投機や当座取引のように短期しか存続しない企業に対して，その全営業が終わってはじめて損益計算を行っても原則として十分である。そのような利益は「全体利益」（Totalgewinn）とよばれる。それは完結し終了した営業による利益である。

しかし，長期にわたる，すなわち多年または無限を期して設立された企業では，別の方法の利益計算を必要とする。そのような企業において，経営が終わってからではなく，経営過程の途中において損益を検討して，経営が順調であるか順調でないかを把握し，不経済なものを除去し，経済的なものを発展させることができなければならない。そのような経営過程中における利益計算は，比較可能な数字を得るために，均一期間により繰り返し行われる。そのような利益計算は「期間利益計算」（periodische Gewinnrechnung）とよばれる。

期間利益を部分利益の結果とみると，つまり全体利益の部分とみると，一致（Kongruenz）が利益計算の目的となり，期間利益の合計＝全体利益として形式的に表現される一致の思考によって，期間利益の限定に関して出発点と統制が得られるのである。

3　ただ現実には，計算の確実性という観点から，シュマーレンバッハは私経済的利益を採用する。共同経済的利益を探求する場合，会計対象の評価基準は国民経済的価値としての時価となる。これに対して，私経済的利益を探求する場合，その評価基準は国民経済的価格としての取得原価となる。シュマーレンバッハの考えでは，時価の測定は困難であり不確実であるが，取得原価の測定は容易であり確実である。このことから，彼は確実性をとり，結果として，私経済的利益を採用することになる。

全体利益の計算は期間利益の計算よりもはるかに簡単である。企業はその活動の開始に際して貨幣または貨幣で評価される財貨を市場から獲得し，企業がその活動を終えるときに，これらの財貨を市場に戻す。それゆえ，全体利益計算は，貨幣価値のある財貨を貨幣と同一視すると，損益計算であるのみならず，原則として同時に収入支出計算（Einnahme- und Ausgaberechnung）である。存続年数を期間に分解することによってはじめて，期間の変わり目になお未解決の力があるので，収入支出計算と損益計算との間に差異が生じ，それゆえ同時に困難が生じるのである。

損益計算と収入支出計算との相違は，第1に，経営に入ってくる財および力が直ちにそこにおいて費消されるのではなく，一部が貯蔵されることによって生じ，他方では，反対給付が先に行われないで力の費消が行われることによって生じる。さらに，同じ期間に収入とならない給付が行われることによって生じ，最後に未だ給付とみられない収入もあることによって生じる。

第2に，収入支出計算において，企業主の資本提供ならびに利益分配を含んだ資本引出しが含まれるが，これは全体計算において必要な限り相殺される。また，貸付金の授受その他の信用取引は，全体計算では相殺されるが，期間計算では相殺されない（Schmalenbach [1939] S.96-97）。

全体利益と期間利益の合計との一致の原則（Grundsatz der Kongruenz）は，収入支出計算から離反することによって一般に重大な障害を受ける。この関係を理解するためには，全体利益計算が実際に行われるとすると，それは原則として同時に損益計算でありかつ収入支出計算であると考えることが重要である。期間計算は確かに収入支出計算ではないが，それは常に収入支出計算への終結を求めている。

一致の原則は継続性の原則（Grundsatz der Kontinuität）と同一のものではないが，ある程度まで用いられる。一致の原則は継続性を前提とするが，継続性は一致の原則を前提としない。

継続性の原則は，経営が他に行ったすべての給付，および経営が外から受け入れたすべての給付が，すでに締め切られた期間に計算されたか，または後の期間に計算されることになっており，それゆえいかなる給付もそのまま放置されないことを意味する。商業計算において継続性を保障するのは貸借対照表で

あり，それは収入支出計算と損益計算との間の未解決項目を保持することによって行われる。つまり，貸借対照表は，これらの項目が2つの期間間でいつのまにか失われないように配慮するのである。上述したように，継続性は一致の原則の前提である。というのは，記帳の完全が得られない場合，期間損益計算の完全が達成されないからである（Schmalenbach［1939］S.98-99）。

　すなわち，シュマーレンバッハは全体利益計算から考察を始め，全体利益計算の部分としての期間利益計算を考え，期間利益の合計＝全体利益という一致の原則を導き出す。そして，この全体利益は純粋に収入支出計算によって導き出されるとともに，一致の原則の前提が継続性の原則ということになる。さらに，ここで重要なことは，全体利益は収入支出計算によって導き出されるので，その部分計算としての期間利益計算は収入支出計算を基礎としているということである。

3　給付と費用の差としての利益

　シュマーレンバッハは利益概念として，上述したように共同経済的利益を重視し，期間利益は給付の費用に対する超過分であるとする。この事情を，彼は次のように述べている。

　われわれが共同経済的に本質的な給付から出発しないで企業の私経済的収益から出発するならば，さらに期間利益を全体利益の部分とみるならば，期間利益は期間的に計算された収益（Ertrag）の原価（Kost）に対する超過分である。これに代えて，われわれが入り来る財と出て行く財との支払いを考えないで，財自体を考えるならば，期間利益は給付（Leistung）の費用（Aufwand）に対する超過分であるということができる。

　われわれが原価と収益の代わりに費用と給付の概念に決定したのは，原価に関しては，原価という概念は原価計算上の概念となった事情によるものであり，および収益と原価に関しては，両者とも一方的に外界との流通を強調する事情によるものである。われわれは大きな範囲において内部経営間で内部的給付の計算を行わなければならない。そこでは特に，収益という用語を用いると誤った色合いが生じ，教授上非常な支障をもたらす（Schmalenbach［1939］

第2章　収入支出観の萌芽―シュマーレンバッハの動的貸借対照表論―　37

S.100)[4]。

　そして，このような期間利益において重要なのは，期間比較および経営比較である。シュマーレンバッハはこれを「比較性の原則」（Grundsatz der Vergleichbarkeit）とよぶ。

　彼によれば，損益計算にとって，それが絶対に正確であり，経済性のよい尺度であることは重要である。しかし，それが相対的によく機能することはさらに重要である。ある経営がどの程度経済的であるかを知ることは重要である。しかし，経済性がいかに変化したかを知ることはさらに重要である。そして，上昇または下降しつつある運動がその反対の方向に転向するのを早く正確に知ることは，特に重要である。

　利益運動をその転換に関して知る必要性から，まず，正確な期間限定の必要性が生じる。ある期の収益を他の期に計上するような歓迎できない損益計算は，利益の上昇または下降を早く知ることに大して貢献できない。

　比較性は2つの方向で行う必要がある。第1に，ある期の利益と他の期の利益とを比較しなければならない。期間間の比較ができないならば，当然，極めて新しい経営は別として，どこにも存在する尺度がなくなることになる。期間比較性が確保された場合には，特に損益の転向の瞬間のみを観察すべきである。この比較は「期間比較」（Zeitvergleich）とよばれる。

　このほかに，異なった類似の経営間損益も比較できなければならない。この比較は最初の期間比較よりも重要である。というのは，異なった経営の比較から期間比較よりも認識すべき材料が多く引き出されるからである。ただ，この比較は実際にはあまり行われない。というのは，そのような比較の機会はあまりないからである。この比較は「経営比較」（Betriebsvergleich）とよばれる（Schmalenbach [1939] S.106-108）。

　比較性の原則は，期間計算を部分計算（Abschnittsrechnung）とみることによって支持される。そして，この見解は期間利益を給付の費用に対する超過分と

　4　このように，旧版において，シュマーレンバッハは給付と費用という用語を用いているが，新版においては，収益と費用という用語を用いている。これは，彼の思考の微妙な変化によるものであり，共同経済的利益概念を放棄し，本格的に私経済的利益に移行したととらえられるかもしれないのであるが，これに関しては後述することとする。

みることによって保証され，一致の原則および継続性の原則と密接に関係することになる。

4　計算の確実な利益

シュマーレンバッハはさらに，利益は計算の確実なものでなければならないとする。彼によれば，それ自体正しい方法であるが，不確実であるために非常に概観性を欠き，その代わりにそれ自体誤って構成される方法であっても，より大きな概観価値を約束するならば，この方法が選ばれるべきであり，その際，この誤謬の源泉を知っておかなければならない。

商人は損益計算をしようとする。しかし，そのために必要な評価基礎が欠けている場合，損益計算は常に必ずしも可能ではない。あまり重要でない場合かわずかな誤謬しか起こらない場合が問題となるならば，計算の代わりに評価が行われ，正確に代わって不正確が現れる。そのような場合が生じない計算はない。その理由で，完全な損益計算を捨てて方法的に他の計算を行う必要はない。しかし，それによって生じる不正確の程度が著しく，全体の結果が害せられるならば，他の方法による損益計算が代用される。そして，その代用された方法は，常に収入支出計算の方向に求めるべきである。

実現主義（Realisationsprinzip）は，経営の給付を販売し，これに請求書を出してはじめて，給付を完全に計算することを意味する。給付の大部分はすでに製造によって完成され，よい損益計算の意味において，ここで十分な間接費を回収し，しかも少なくともこれを配分する利益の計算を行うことはよくあることであり，工場経営においてそのようなことはしばしばある。

例外的に正しい損益計算価値が購入価格ではない場合でも，原則として購入価格（Einkaufspreis）が計算価値としてとられる。というのは，そうでなければ評価は非常に不確実となるからである。

なお，購入した原料がすぐに使用されないで，購入と使用の間にある時間が経過する場合が重要である。この場合，正確な損益計算の原則はこの間に生じた価値変動を考慮することを要求する。実際において，著しい貨幣価値変動時は別として，原則としてこれを断念し，損益計算の方法から少し離れて，収入

支出計算の方法に入っていく。

そのような場合，すべての状況において「販売日における再調達価格」を費消した材料に付すことを要求するならば，多くの経営は困難な仕事を課せられることとなり，その費用は達成された概観性に引き合わないであろう。これは経済性に反するものであり，少なくとも最高の目的を経済性におく学問の名においてこれを要求することはできない（Schmalenbach［1939］S.109-110）。

このように，シュマーレンバッハは計算の確実性の原則（Grundsatz der Sicherheit der Rechnung）を主張し，これにともなって，計算の基礎としての収入支出計算，給付の認識基準としての実現主義，評価基準としての取得原価を採用する。ここに，利益計算の基礎として収入支出計算の重要性が生じてくるとともに，理念的には共同経済的利益を探求するにもかかわらず，現実的には私経済的利益を採用する理由があるのである。

Ⅳ　旧版における動的貸借対照表の構造

以上のシュマーレンバッハの基本的会計思考に従って，これから，彼の提唱する動的貸借対照表の構造を説明することとする。その場合，シュマーレンバッハの著した『動的貸借対照表論』の旧版と新版とでは，かなりの思考の相違があるので，まず，旧版における貸借対照表の構造から説明する。

1　経済性の尺度としての収入と支出

前述したように，シュマーレンバッハによれば，利益は，給付の価値から費用の価値を控除したものであって，この双方とも収入および支出によって測定される。このことを，彼は次のように述べている。

費用および給付は支出および収入ではない。確かに，各々の費用は原則として支出をもたらし，もしくはすでに支出となっている。しかし，期間利益の計算において，費用と支出はしばしば同じ期間に生じない。この意味において，費用と支出は多少異なっている。期間利益と全体利益との相違はここにある。

全体利益の場合，支出と費用は一致するが，期間計算では両者はもはや一致しない。ある期間における支出は常に必ずしも同じ期間における費用ではない。

給付と収入もまた同じではない。ある物品が製造され，販売され，計算書が作成され，支払われる。支払いの日を給付の日とみなすならば，利益計算の目的がしばしば崩れてしまう。ある期間において，引き渡され，計算書が作成され，支払われるよりも，より多くの物品が製造されたならば，比較的多い費用が非常に不完全な給付に対応されることになる。この場合，経営はこの期においてうまく行われなかったけれども，経営はもしかするとうまく行われたかのようにみえる。このような方法で計算された利益は，単に発送能力や金銭収入の尺度になるのみであり，経済的業績の尺度とはならない。

ある期間の収入と支出はその期の経済性の尺度とはならない場合でも，それらは尺度性を有しないとは限らない。ある経営がある給付を行った場合もしくは支出を行った場合，その収入と支出は，他の期間に属する場合でも，その給付または費用の尺度となるのである。

一方では支出と費用との密接な関係，他方では収入と給付との密接な関係は，貸借対照表が利益計算において果たす役割に対して大きな意義をもつ。貸借対照表は，いわば一方では支出と費用，他方では収入と給付との関係を調節する緩衝器（Ausgleichspuffer）である（Schmalenbach［1939］S.113-114）。

すなわち，給付および費用は収入および支出ではないが，これらは収入および支出によって測定される。そして，給付と収入および費用と支出の差異を収容するのが貸借対照表であり，この貸借対照表がそれらの差異を調整する緩衝器の役割を果たすのである。

2　収入支出と給付費用との関係

収入および支出と給付および費用との関係を，シュマーレンバッハにしたがって改めて説明すると，以下のようになる。

まず，費用と一致する支出を考えるならば，次のようにいうことができる。期間を考慮しない全体利益計算において，すべての出資が現金で行われ，すべての清算金が現金で払い戻される場合，収入と支出との差は利益に等しい。そ

の場合，特別な利益計算を必要とせず，支出および収入計算で十分である。

これに対して，期間利益の場合はまったく別である。ある期間に生じる支出は，次のようである。

(1)　その支出はその同じ期間の費用である。例えば，従業員の給料の場合。

(2)　その支出は後期の費用である。例えば，火災保険を5年にわたり契約し，保険料を5年分前払いする場合，または数期間にわたって使用できる家屋を購入した場合，または工場が原料を購入し，これをその購入した期間に使用しなかった場合等。

(3)　その支出はすでに前期において費用となったものである。例えば，事業税，所得税，地租税，家屋税の場合，また印紙税について費用として負担する期間に支払われないで後期に支払われる場合，また家を借りて家賃を後期に支払う場合，さらに鉱山その他において鉱物を採掘することによって生じる損害の賠償をその損害が起こった期より後に行われる場合。利子の支払いも資本を利用した期間より遅れて行われることがあり，特に社債の場合に特殊な形式における利子を表す償還割増金がある。

給付の場合も同様である。給付は期間的に大部分収入と一致する。それでも，顧客から前払いを受けたり，手形割引きの場合によくあるように，貸付金に対して利息を先取りしたりすると，給付よりも収入が先に発生することもある。また，給付に遅れて発生する収入もある。売掛金，後払い家賃，後払い運送料のように，給付が行われても支払いを受けていないものはこれに属する (Schmalenbach [1939] S.114-115)。

支出と費用が同じ期間に生じる場合は1つの場合ですむが，異なる期間に生じる場合，その始めと終わりおよび発生と解消がある。両者ともに整理する必要がある。いまこれら10の場合を「今期」を基準としてみると，図表2-1が生じる (Schmalenbach [1939] S.116)。

このほかに，支出によって解消されない費用と収入によって解消されない給付がある。例えば，ある自家用機械を1920年に作って，これを1921年に使用するような場合である。1920年にこの機械が製造されるならば，収入のない給付がここに生じる。つまり，貸借対照表計算に関していうと，この給付は収入によって解消されないのである。その解消はむしろ費用によって行われるも

図表 2-1 収入支出と給付費用との関係

1. 今期の費用，今期の支出
2. 今期の費用，後期の支出
3. 今期の費用，前期の支出
4. 今期の支出，後期の費用
5. 今期の支出，前期の費用
6. 今期の給付，今期の収入
7. 今期の給付，後期の収入
8. 今期の給付，前期の収入
9. 今期の収入，後期の給付
10. 今期の収入，前期の給付

のである。したがって，ここに新しいカテゴリーが生じる。すなわち，「今期の給付，後期の費用」である。

この反対の場合の「今期の費用，後期の給付」もしばしば生じる。例えば，建物は維持補修や修繕によってその使用価値を常に維持されなければならない。この修繕を自らの経営給付によって行おうとする限り，上記のように「今期の費用，後期の給付」が生じる (Schmalenbach [1939] S.117)。

また，費消によって解消されない支出と給付によって解消されない収入がある。支出と収入に基づかない費用と給付があるように，費用と給付とを表さない支出と収入がある。給付の対価ではない収入が多くある。まずあげるべきは，資本の払込みである。借入金の場合も同様である。借入金の受入れは収入であるが，それは給付の表現ではない。

他方，同様の支出，つまり資本の払戻しや，借入金の返済は費用ではない。さらに，経営が調達したものであっても経営の内で費消されない経営財は，これに属する。例えば，建築用土地を購入した場合，その減価償却は普通費用ではない。これらの事情によって，「今期の収入，後期の支出」および「今期の支出，後期の収入」のような計算事例が生じる (Schmalenbach [1939] S.117-118)。

3　動的貸借対照表の構成要素

　これらの計算事例に基づいて動的貸借対照表の構成要素が成立することになる。シュマーレンバッハによれば，簡単な利益計算は費用と給付の計算が目的であるから，収入と支出の計算を要しない。それにもかかわらず，収入と支出の並行計算は欠くことのできない重要な役割を果たす。前述したように，費用と給付に対しては支出と収入は基本的な価値尺度である。

　支出と費用および収入と給付を計算的に相互に結合するならば，期間が相違するからある連結帯（verknüpfenden Band）が必要となる。例えば，今期に生じた支出に対して，後期，その後期，さらにずっと数期にわたって費用となるものは，これを記載しなければならない。同様に，費用で後期の支出となるものも記載しなければならない。この連結帯が貸借対照表である。

　利益計算における貸借対照表の地位は，これによって特徴づけられる。貸借対照表はまず次のような項目を収容する。

> 支出にして未だ費用とならないもの
> 費用にして未だ支出とならないもの
> 収入にして未だ給付とならないもの
> 給付にして未だ収入とならないもの

　上述したように，このほかに費用や給付と関係のない支出や収入がある。すなわち，授受される貸付金，資本の払込みや，減価償却の必要のない設備に基づくもので，要約すれば，同じ額で再び収支する支出と収入であり，この収入期と支出期を結びつけるためにある連結帯を必要とする。そのため，上記の4つの貸借対照表計算事例に加えて，次の計算事例が生じる。

> 支出にして未だ収入となっていないもの
> 収入にして未だ支出となっていないもの

　この最後に述べた，費用と給付として計算的に相殺されず，収入と支出として計算的に相殺される支出と収入のもとに，ある特別な項目がくる。それは貨幣ないし支払手段の全体である。経営に必要な現金は，元来，機械，材料，工

具のような他の経済的手段と異ならないが，貨幣は購入されたものではない点で異なっている。貨幣のために貨幣を支出しないのである。それにもかかわらず，貨幣はその意味に即して取り扱われなければならない。貨幣が同様に購入され，例えば両替されて入ってきたものと考える。そのようにみると，貨幣の所有は支出に基づいたものとなる。貨幣の所有は，あたかもある財を購入してもこれを費消しなかった場合のように，ある給付を表すのである。

相互に相殺される収入と支出の群に対して，相互に相殺される費用と給付が対応する。

　給付にして未だ費用とならないもの（例えば，自家製の機械）
　費用にして未だ給付とならないもの（例えば，必要であるが着手を延期する自家修繕）

以上が動的貸借対照表の構成要素である（Schmalenbach［1939］S.118-119）。いま，動的貸借対照表の構成要素を総合すると，図表2-2のようになる（Schmalenbach［1939］S.120）。

図表2-2において，貸借対照表の積極側は，次の項目を含む。
（1）　支出にして未だ費用とならず，再び収入ともなっていないもの
（2）　給付にして未だ収入とならず，費用ともなっていないもの
（3）　貨幣

ここで，「給付」（Leistung）という語を広い意味で用いるならば，シュマーレンバッハによれば，これらの項目はすべて経営の前給付（Vorleistung）を表すものである。またこれを積極的給付（Aktivleistung）ということもでき，「積極」（Aktiva）という語はこの概念を表す語として望ましい語である。

また，消極側は企業の後給付（Nachleistung）を表す。これらの項目は，未済の給付でいずれは経営給付か支払い（支出）を行わなければならないものか，もしくは未払いの費用である。後給付はすべての場合にあるので，ここでも「消極」（Passiva）という語は積極という語の対語としてよい語である，と彼はいう（Schmalenbach［1939］S.119）。

シュマーレンバッハはさらに，貸借対照表は未だ解決されていない支出，費用，収入および給付に対するその繰越機能において有用な補助手段であるとする。貸借対照表は未解決のものを適切に表すものである。これによって，貸借

第2章　収入支出観の萌芽―シュマーレンバッハの動的貸借対照表論―　45

図表 2-2　動的貸借対照表

積　　極	消　　極
1. 支出，未費用 　購入した設備で消耗し減価するもの 　未使用の原料，補助原料 　前払いの保険料，利子，家賃等 　仕入先への前払金 　研究費，準備費等で後期に配分しう 　る支出	6. 費用，未支出 　仕入先への債務 　未払修繕費 　未払税金 　未払利息等
2. 給付，未収入 　自家製の設備で使用後に売却しうる 　もの 　製品給付による債権	7. 収入，未給付 　得意先からの前受金 　その他将来の給付に対する前受金
3. 支出，未収入 　購入した設備で使用後売却しうるも 　の 　売買業における在庫商品 　貸付金 　購入した有価証券，出資金等	8. 収入，未支出 　借入金 　受け入れた資本金
4. 給付，未費用 　自家製の設備で消耗し減価するもの 　自家用半製品，製品 　研究の結果得た給付で後期に配分し 　うるもの 5. 貨幣	9. 費用，未給付 　未着手の修繕に対する将来の給付

対照表は貴重な記憶保持に役立つのみならず，いわば企業の力の貯蔵
（Kräftesspeicher）を示すことになる。すなわち，貸借対照表は積極的力の在高
と消極的力の在高との関係を示すのである（Schmalenbach [1939] S.121）。

4　損益勘定の構成要素と貸借対照表との共同作用

　複式簿記を前提とすると，貸借対照表に対応する勘定として，損益勘定
（Gewinn- und Verlustkonto）がある。シュマーレンバッハは，この損益勘定の構
成要素および損益勘定と貸借対照表との共同作業を次のように説明する。

損益勘定は相対立する力の数値を含み，その残額は利益をもたらす。すなわち，損益勘定は費用と給付に対する数字である。収入と支出は損益勘定には計上されない。しかし，損益勘定に計上される費用と給付は，これに属する支出と収入とどのような近似的関係を有するかを考察する必要がある。

これに関して，損益勘定に記帳される費用と給付は，図表2-3のように示される（Schmalenbach［1939］S.121）。そして，これらが損益計算書の構成要素となる。

図表2-3　損益勘定に記帳される費用と給付

借　方	貸　方
1. 今期の費用，今期の支出	7. 今期の給付，今期の収入
2. 今期の費用，前期の支出	8. 今期の給付，前期の収入
3. 今期の費用，後期の支出	9. 今期の給付，後期の収入
4. 今期の費用，今期の給付	10. 今期の給付，今期の費用
5. 今期の費用，前期の給付	11. 今期の給付，前期の費用
6. 今期の費用，後期の給付	12. 今期の給付，後期の費用

図表2-4　貸借対照表と損益勘定の作用

	計算事例	貸借対照表	損益勘定
1.	今期の費用，後期の支出	借方に発生する	借方項目
2.	今期の費用，前期の支出	借方より消える	借方項目
3.	今期の支出，後期の費用	借方に発生する	―
4.	今期の支出，前期の費用	貸方より消える	―
5.	今期の給付，後期の収入	借方に発生する	貸方項目
6.	今期の給付，前期の収入	貸方より消える	貸方項目
7.	今期の収入，後期の給付	貸方に発生する	―
8.	今期の収入，前期の給付	借方より消える	―
9.	今期の支出，後期の収入	借方に発生する	―
10.	今期の支出，前期の収入	貸方より消える	―
11.	今期の収入，後期の支出	貸方に発生する	―
12.	今期の収入，前期の支出	借方より消える	―
13.	今期の費用，後期の給付	貸方に発生する	借方項目
14.	今期の費用，前期の給付	借方より消える	借方項目
15.	今期の給付，後期の費用	借方に発生する	貸方項目
16.	今期の給付，前期の費用	貸方より消える	貸方項目

この損益勘定と貸借対照表は異なった任務を有している。損益勘定は本来利益の計算を行い，貸借対照表は未解決の収入および支出と，未解決の費用および給付を計算する任務を有する。いま，貸借対照表と損益勘定がどのような共同作用をするかを示すと，図表2-4のようになる（Schmalenbach［1939］S.122）。その場合，費用と支出，収入と支出等が同じ期間に生じる場合は除かれている。

V　新版における動的貸借対照表の構造

次は，新版における動的貸借対照表の構造の説明である。旧版と新版とでは，かなりの思考の変化がみられる。シュマーレンバッハは新版における構造の説明を以下のように行っている。まず，彼の提唱する利益概念と損益計算からである。

1　利益の概念と損益計算

シュマーレンバッハは，損益（Erfolg）に関する観念は，経済的経営の性質から出発しなければならないという。経済的経営は全体経済（Gesamtwirtschaft）の構成要素であり，全体経済の任務の一部を自己の分として担う義務がある。分業的な全体経済の構成要素として，経営はそれから原料および他の給付を受け，それに対して製品および他の給付を全体経済に戻すのである。その場合，剰余価値が得られなければならない。というのは，経営は全体経済に参加して増大しなければならず，減少してはならないからである。

全体経済から取り入れたものが費用（Aufwand）であり，全体経済に物品，用役もしくは他の給付の形で提供したものが収益（Ertrag）である。収益と費用から利益が生み出される。そして，これを決定するのが商人的損益計算の任務である（Schmalenbach［1956］S.42）。この思考は旧版と変わらないということができる。ただ，「給付」が「収益」に変わっていることに，注意する必要がある。

損益計算の説明として，シュマーレンバッハは，収入支出計算からの損益計算をまず述べる。彼によれば，ある複雑な事柄の本質を認識しようとするならば，必要な場合に，非現実的な関係を仮定して，考えられる限りの最も単純な形態から出発しなければならない。

損益貸借対照表の考えられる限りの最も単純な形態は，損益を決定するために簡単な収入および支出計算で十分である場合にみられる。これは収入と支出との差額が収益と費用との差額に等しい場合にのみ可能である。そのような貸借対照表においては，決算に際して，期首在高がゼロの場合，貨幣在高は利益と一致する（Schmalenbach［1956］S.42-43）。

この計算は全体計算（Totalrechnung）である。しかし，そのような場合は仮定にすぎず，実際においてそれはない。従業員たちは企業の解散に至る前にすでに，この会社がいかに発展するか，よく運営されているか，売上や価格がいかに機能しているかを知りたいのである。経営者自身は，事業の遂行を適正にするために，期間計算を必要とする。これに加えて税法があり，商法上の貸借対照表規定がある。要するに，全存続期間が経過する前に，全存続期間でなく，その一部の期間を含む損益計算を行わなければならない。それゆえ，全体計算に代わって期間損益計算（periodische Erfolgsrechnung）が生じるのである。

当座事業の決算に対立する存続企業の損益計算の本質は，当座事業の決算は全体計算であり，これに対して存続企業の決算は存続期間を各期間に分割して行う期間計算である，ということである。この場合，未解決取引の本質を論じる必要がある。未解決取引の本質は，ある計算期間に給付を行ったが，その収入が後の期間に生じうる場合，または逆にある期間に収入があったが，それは前の期間の給付によるものである場合，あるいは前の期間に生じた支出と相殺するために収入を得たり，後の期間に予測される支出と相殺するために収入を得たりすることにある（Schmalenbach［1956］S.49-51）。

ここに，期間計算において，収入支出計算と収益費用計算の差異を認識する必要が生じてくる。これも旧版の思考と同じである。

2　動的貸借対照表の構成要素

　しかし，動的貸借対照表の構成要素に関して，シュマーレンバッハは，収入支出計算と収益費用計算の差異としての未解決項目を説明する際に，支払手段と資本金は未解決項目ではないとする。これについて，彼は次のように述べている。

　収入および支出計算を説明する際に，支払手段は積極側に現れ，これに対応する資本金勘定は消極側に現れる。この2つの貸借対照表項目は，収入および支出計算から収益および費用計算に移る際に生じる未解決項目とは関係がない（Schmalenbach [1956] S.51）[5]。

　シュマーレンバッハはこのように述べ，まず，未解決の前給付もしくは積極項目について，以下のように説明する（Schmalenbach [1956] S.51-54）。

　1.　支出にして未だ費用となっていないもの

　支出が今の貸借対照表期間に，費用が後の貸借対照表期間に，つまり，今期の支出，後期の費用という事例がある。

　これに属する諸事例は，4つのグループに分けられる。

　(1)　購入した設備

　(2)　試験研究に対する支出（後の計算期間に収益に転化すると期待される場合）

　(3)　未費消の原材料および補助材料

　(4)　後期の費用に対する前払い

　2.　支出にして未だ収入となっていないもの

　経営の支出で貸借対照表作成時にその対価がなお存在する場合，そのすべてが後期に費用とはならない。その一部は再収入によって解消される。これに属

　5　これに関して，シュマーレンバッハは次のようにその理由を述べる。私は以前の版において，未解決取引に適用される次の説明が，これに属さない項目にも及ぶこと，特に積極側の現金項目に及ぶことをいったが，これは誤りであった。この考え違いを最初に指摘したのはニックリッシュ（Nicklisch）であった。事実，積極側の現金と消極側の資本金は損益計算にも現れるが，ここでは未解決取引のもとに何が理解できるかがわからない。これはある例で示すべきであったが，私の考えより以上にこの説明が厄介であることが明らかとなった（Schmalenbach [1956] S.51）。

するものに，例えば貸付金がある。なおこれに属するものには，投資を目的と
して買入れした有価証券や引き受けた出資がある。さらに，減価償却を要しな
い設備がある。

3. 収益にして未だ費用となっていないもの

直接に支出をもたらす費用のほかに，自己の経営に生じた事物の費消もあ
る。それも基本的に支出であって，その背後に変形があるのみで，様々な種類
の支出の組み合わせからなるものである。例えば，ある機械工場が工作機械を
販売のために製造する場合，自己の使用のための機械をも製造することは当然
である。また，別の経営計画をもつ経営は，その機械の一部を自己で作ること
もある。

自己の経営において製造された機械，工具その他の設備はその原価で積極計
上され，それから完成したものを買った場合と同じように，その耐用年数に応
じて減価償却するのである。ここに，「今期の収益，後期の費用」の事例があ
る。これに属するものに，自己の経営において費消される半製品，製品，およ
び副製品で貸借対照表日に在庫されるものもある。

4. 収益にして未だ収入となっていないもの

これに属する最も顕著なものは，貸借対照表日になお在庫する生産物であっ
て，未だ販売されない場合，もしくはすでに販売されたが未だ買い手に引き渡
されていない場合である。なお，いわゆる売掛金もこれに属し，それは販売さ
れた商品による得意先への債権，もしくは他人のために行った給付から生じる
債権である。在庫中の在高とは反対に，売掛金は原価ではなく，販売価格で貸
借対照表に計上され，そして利益を含み，損益計算書に収益として現れる。

次に，シュマーレンバッハは，未解決の後給付もしくは消極項目について，
資本金勘定以外の未解決項目を次のように説明する（Schmalenbach［1956］S.55-
56）。[6]

1. 費用にして未だ支出となっていないもの

6　ここで，資本金勘定が未解決項目でないことを，シュマーレンバッハは改めて主張して
　いる。すなわち，資本金勘定は，貸借対照表において企業者勘定の表示として，資本をも
　たないと考えられた企業の事業主に対する債務のように，収入支出計算に現れるのであっ
　て，収入支出計算が未解決項目のために収益費用計算に発展してはじめて現れるものでは
　ない（Schmalenbach［1956］S.55）。

ここには，その全体において，資本金勘定を別として消極側のほとんど全部，あるいは全部を占める様々な貸借対照表項目が集合する。まず債務があるが，さらに仕入先への債務がある。仕入先への債務では，それに対して受け入れた商品，原材料等がその事業年度内に費消されたものとみなされる。

費用にして未だ支出ではないものに属するものに，税金もある。まだ支払われていないが，今年度に利用した資本に関係する未払利息もこの系列に属する。さらにこれに数えられるものに，危険引当金がある。最後に，設備に行うべき未済の修繕に対する引当金もこれに属し，これは通常の維持が行われない事情の発生したときに生じるものである。

2. 収入にして未だ支出となっていないもの

最も多く生じる事例は借入金であり，その他の現金信用を受けた事例である。

3. 費用にして未だ収益となっていないもの

すでに上において未済の修繕の例をあげたけれども，その修繕は例えば他の企業の請求によって現金支出で行われることを前提とした。修繕が自己の経営によって行われる場合，その例はこの領域に属する。これに属するものに，自己の使用によって生じる修繕，および自己の経営給付によって発生する修繕もある。例えば，採掘のために生じると予測される鉱山の損害，あるいはすでに発生していても未だ片付いていない鉱山の損害がある。

4. 収入にして未だ収益となっていないもの

例えば，それは，得意先から前払いを受け取りながら，未だ物品を引き渡していない事例である。

これまでの説明に基づいて，積極および消極に関する説明を要約すると，全体としての動的貸借対照表が成立する。この動的貸借対照表の内容として，収入および支出計算から生じる諸項目に，支払手段を積極側に，資本金を消極側に加えると，図表2-5のような項目が生じる（Schmalenbach [1956] S.56）。

旧版と同様に，この動的貸借対照表の積極側は前給付（Vorleistung）を含み，消極側は後給付（Nachleistung）を含むということになる。前述したように，貸借対照表の任務は，未解決の，すなわちなお解決を待っている諸項目を明白に含むことである。これらから，未だ解決されないものをみるのである。

図表 2-5　動的貸借対照表

積　　極	消　　極
1. 支払手段	1. 資本金
2. 支出にして未だ費用となっていないもの	2. 費用にして未だ支出となっていないもの
3. 支出にして未だ収入となっていないもの	3. 収入にして未だ支出となっていないもの
4. 収益にして未だ費用となっていないもの	4. 費用にして未だ収益となっていないもの
5. 収益にして未だ収入となっていないもの	5. 収入にして未だ収益となっていないもの

未だ解決されていないものは，なお存在する積極的な力と消極的な義務を表す。それゆえ，貸借対照表は企業の力の貯蔵（Kräftespeicher）を表すのである。

　損益計算における未解決の項目を明示すること，および経営の力の貯蔵における力の構成を表示することは，貸借対照表の2つの主要な利点である，とシュマーレンバッハはいう（Schmalenbach [1956] S.59）。

3　損益勘定の構成要素と貸借対照表との共同作用

　損益計算は損益勘定の形式において，相対立する力の数値を含み，その残高は利益または損失となる。すなわち，この数字は費用および収益に関するものである。損益勘定に記帳される費用と収益は，図表2-6のようであり，これが損益計算書となる（Schmalenbach [1956] S.57）。

図表 2-6　損益勘定に記帳される費用と収益

借　　方	貸　　方
1. 今期の費用，今期の支出	7. 今期の収益，今期の収入
2. 今期の費用，前期の支出	8. 今期の収益，前期の収入
3. 今期の費用，後期の支出	9. 今期の収益，後期の収入
4. 今期の費用，今期の収益	10. 今期の収益，今期の費用
5. 今期の費用，前期の収益	11. 今期の収益，前期の費用
6. 今期の費用，後期の収益	12. 今期の収益，後期の費用

　この基本的思考は旧版と同じである。そして，これに基づく貸借対照表および損益勘定の共同作用も旧版と同じである。

VI　旧版・新版比較と会計思考の再検討

　以上により，シュマーレンバッハの提唱する動的貸借対照表論の内容が明らかとなり，さらに会計に対する思考の変遷による旧版と新版との相違も明らかとなった。そこで，本節ではこれを受けて，旧版と新版を比較することによって，彼の会計思考を再検討することとする。以下では，給付と収益，支払手段と資本金，および貸借対照表における非利益計算性を検討対象として取り上げる。

1　給付と収益

　前述したように，シュマーレンバッハは企業の成果に対して，旧版では「給付」(Leistung) という用語を用い，新版では「収益」(Ertrag) という用語を用いる。

　旧版において，給付は費用に対する利益の積極要素であると規定され，企業の給付は企業が価値を創造するすべてのものであり，収入によって測定されるものであると述べられている (Schmalenbach [1939] S.123-124)。すなわち，給付は経営の価値創造物であり，収入によって測定されるが，給付それ自体は物財的価値概念である。

　これに対して，新版では，収益という語は，対価が重要である場合，すなわちその対価が経営的給付を基礎としているかどうかを問わない場合に選ばれる。収益概念の内容は広く，それは正規の経営給付および中性的な収益も包含する，と説明されている (Schmalenbach [1956] S.61)[7]。すなわち，収益は対価

---

[7]　なお，費用は旧版において，企業の計算に対して消滅し，喪失した財の価値であり，それは測定できるものであるかどうか，企業の経営内に起こったか経営外で起こったかを問わないと定義されている (Schmalenbach [1939] S.126)。また，新版において，費用とは，目的が定められたものであるか否か，企業の経営内に起こったか経営外で起こったかを問わず，企業の計算に対して消滅し，喪失した財の価値であると定義されている (Schmalenbach [1956] S.67)。これによって明らかなように，費用の概念に関しては，旧版と新版はほとんど同じである。

性が重要であり，物財的価値概念ではなく，対価による貨幣的価値概念であると解することができる。

　両者の相違は，利益概念の相違に起因するように思われる。上述したように，旧版においてシュマーレンバッハが追求している本来的利益は私経済的利益ではなく，共同経済的利益である。この利益概念では，経営経済的活動がどの程度共同経済的に生産的であるかが判断される。さらにそこでは，経営費用の計算に際して，経営が市場から財を受け入れたときの国民経済的価格ではなく，国民経済的価値を計算に用いなければならず，経営給付の計算に際してもこれに応じて処理しなければならない。

　国民経済的価値に基づく共同経済的利益は，給付および費用に対して，本来的にはともに時価で測定されなければならない。しかし，時価の測定は不確実であり，取得原価の測定は確実であるという計算確実性の観点から，シュマーレンバッハは測定の基礎として取得原価を採用し，収益（給付）の認識基準として実現主義を採用する。しかしながら，彼の本来的利益概念は共同経済的利益概念である。

　これに対して，新版において，シュマーレンバッハははじめから私経済的利益概念を採用しているということができる。この利益概念は物財的価値概念ではなく，貨幣的価値概念であり，収益および費用の評価基準は国民経済的価値としての時価ではなく，国民経済的価格としての取得原価ということになる。そして，その収益および費用は収入および支出に基づいて測定される。

　別言すれば，収入によって測定される成果概念は収益であり，この収益に基づいて計算される利益は私経済的利益である。したがって，シュマーレンバッハは，共同経済的利益から私経済的利益に探求する利益を変更したということになり，文字どおり，収入および支出に基づく会計観を新版において採用したことになる。そして，これによってはじめて，彼の会計観はまさに収入支出観であるということができるのである。

2　未解決項目としての支払手段と資本金

　旧版において，シュマーレンバッハは，貨幣ないし支払手段を「支出・未費

用」項目としての未解決項目と解している。彼によれば，貨幣のために貨幣を支出しないのであるが，それにもかかわらず，貨幣はその意味に即して取り扱われなければならない。貨幣が同様に購入され，例えば両替されて入ってきたものと考える。そのようにみると，貨幣の所有は支出に基づいたものとなる。貨幣の所有は，あたかもある財を購入してもこれを費消しなかった場合のように，ある給付を表すのである（Schmalenbach［1939］S.119）。

　また，シュマーレンバッハは，資本金を「収入・未支出」項目としての未解決項目としている。彼は次のように述べる。支出と収入に基づかない費用と給付があるように，費用と給付とを表さない支出と収入がある。給付の対価ではない収入が多くある。まずあげるべきは，資本の払込みである。借入金の場合も同様である。借入金の受入れは収入であるが，それは給付の表現ではない（Schmalenbach［1939］S.117）。すなわち，彼は資本金を借入金と同じ性質と解し，未解決項目とするのである。

　これに対して，新版において，シュマーレンバッハは，支払手段および資本金を未解決項目ではなく，独立項目とする。上述したように，彼によれば，収入および支出計算を説明する際に，支払手段は積極側に現れ，これに対応する資本金勘定は消極側に現れる。この2つの貸借対照表項目は，収入および支出計算から収益および費用計算に移る際に生じる未解決項目とは関係がない（Schmalenbach［1956］S.51）。

　ここで，2つのことを考えなければならない。第1に，旧版において，支払手段と資本金はともに未解決項目とされ，支払手段は「支出・未費用」項目と解され，資本金は「収入・未支出」項目と解されていることである。第2に，新版において，支払手段と資本金はともに未解決項目ではなく，独立項目とされていることである。まず，第1の問題を取り上げる。

　これに関して，ミュンスターマン（Münstermann）は次のように述べている。シュマーレンバッハは，その動的貸借対照表論の新版において，誤って「支払手段」および「資本金」項目の動的な解釈を放棄した。動的貸借対照表の旧版で主張された「収入・未支出」という未解決項目としての「資本金」の解釈は，あくまで是認される。つまり，資本の払込人がおそくとも企業からの離脱の際，その払戻しを期待するという現実的前提のもとでは，「資本金」は

まず「収入・未支出」という期間的関係によって把握される。

　しかしながら，積極項目の貨幣を支払い側から「支出・未費用」という項目によって解釈するシュマーレンバッハの試みは，誤ったものといわなければならない。支払手段は，今期もしくは前期の収入にのみ基づきうるし，また後の時点まで経営過程の経過する枠内にあり，結局，企業の清算の際に支出として経営を離れるであろうから，「支払手段」という項目には，同様に，「収入・未支出」という期間的関係が適合する（Münstermann [1969] S.26-27）。

　このように，ミュンスターマンは，支払手段と資本金はともに未解決項目であるが，支払手段はシュマーレンバッハのように「支出・未費用」項目ではなく，「収入・未支出」項目であるとする。したがって，支払手段と資本金はともに「収入・未支出」項目となるのである。それでは，支払手段と資本金はまったく同じものかというとそうではなく，両者の間で強調点が異なる，と彼はいう。

　ミュンスターマンによれば，きわめて多面的な適用可能性をもつ積極項目としての支払手段のこの位置転換は，形式的にのみ，資本金のそれと一致する。なぜならば，「支払手段」の場合には，収入におかれている強調点はこの手段に基づいており，また「資本金」の場合には，その強調点はなお遂行されるべき支出におかれているからである。前給付としての貨幣在高に対しては，「実行された収入・未支出」として，後給付としての資本金に対しては，「収入で弁済すべき支出」として，未解決項目の形式的拡大により，この相違は説明される（Münstermann [1969] S.27）。

　このように，ミュンスターマンは，支払手段および資本金を，強調点を異にする「収入・未支出」項目としての未解決項目とする。しかし，これはあくまでも，支払手段と資本金を未解決項目と解釈した場合の両者の動的貸借対照表における性質であり，両者の間で強調点が異なるにせよ，同じ「収入・未支出」項目とすることに，無理があるように思われる。というのは，動的貸借対照表において反対側に現れる項目を同じ性質のものと解することは，論理矛盾であるからである。

3 独立項目としての支払手段と資本金

さらに，そもそも，支払手段および資本金は動的貸借対照表において独立項目ではないかという疑問が生じる。これに関して，土方は的確に次のように論じ，両者はまさに独立項目であるとしている。まず，貨幣ないし支払手段が独立項目であることの論拠である。

土方によれば，もともと，商人計算において，収益費用計算に連携されている収入支出計算は，いわゆる現金勘定に相応するのではなく，むしろ，その相手勘定に相応する。なぜならば，収入および支出のなかから，貸借対照表収入および貸借対照表支出が貸借対照表に引き渡されて，収益収入および費用支出が損益計算書に収容されるところから，収入および支出が，貨幣ないし支払手段といった現金項目それ自体から構成されているはずはなく，むしろ，その相手項目から構成されていなければならないからである。

したがって，貨幣ないし支払手段は，そのような収入および支出から説明されない。すなわち，それは収益収入と貸借対照表収入および費用支出と貸借対照表支出のいずれでもない。貨幣ないし支払手段は，もともと，収入と支出の結果でしかないのである。したがって，それを未解決項目として位置づけることはできない。貨幣ないし支払手段は，あくまで，未解決項目から除外して，独立項目として位置づけるしかないのである（土方 [1981] 202 頁）。

次に，資本金が動的貸借対照表において独立項目であることの論拠である。これに関しても，土方は次のように述べている。資本金を未解決項目から除外して，いわゆる独立項目として位置づけていることは，むしろ，1 つの前進と判断すべきである。

例えば，全体利益が現金残高であると仮定するならば，全体損失は現金不足であると仮定せざるをえない。なるほど，現金残高は，企業の解散時に，いわゆる現金勘定に相応する収入支出計算から導出される。これに対して，現金不足は導出されるであろうか。いわゆる現金勘定に相応する収入支出計算から導出されるのは，現金残高が存在しなくなるまでのことである。そこからは，もはや現金不足が導出されることはない。

そこに資本金勘定を媒介させることによってはじめて，現金不足に代えて，

全体損失が導出されるに違いない。全体損失が導出されるのは，企業の解散時に，資本金勘定においてである。いわゆる現金勘定に相応する収入支出計算においてではない。

このように，全体利益だけでなく全体損失にも注目するならば，ここでの疑問を明確にすることができる。全体損失は，全体収入と全体支出の差額としてではなく，むしろ，回収資本と投下資本の差額として理解されなければならない。したがって，期間利益の合計＝全体利益ということは，回収資本－投下資本＝全体利益ということから出発しなければならない（土方［1981］209頁）。

このように，いわゆる現金勘定に相応する収入支出計算と，その相手勘定に相応する収入支出計算に未解決項目が考慮されることによって転化する収益費用計算の間に，資本金勘定を媒介させることによってはじめて，シュマーレンバッハの理論体系のなかに，期間利益の合計＝全体利益という一致の原則が保証されることになる。そこに資本金勘定を媒介させることによって，全体損失についての疑問も解決することができる。

このことから，資本金を，借入金と同様に，「収入・未支出」という未解決項目として位置づけることはできない。資本金は，期間利益を含めて，あくまで，未解決項目から除外して，独立項目として位置づけなければならない。それも，収入支出計算における貸借対照表として，貸借対照表からの損益計算，すなわち，期首資本と期末資本の比較を想定してではない。あくまで，収入支出計算における貸借対照表として，収入支出計算における損益計算，すなわち，収益費用計算を想定してのことである（土方［1981］212頁）。

したがって，新版においてシュマーレンバッハが，支払手段のみならず，資本金を未解決項目から除外して，独立項目として位置づけていることは，1つの前進として判断することができるのである。

4 貸借対照表における非利益計算性

旧版および新版における動的貸借対照表をみると，そこには，利益が掲げられていないことに気づく。利益計算を会計目的とする動的貸借対照表において利益が計上されていないのは，奇異に感じるかもしれない。しかし，動的貸借

対照表に利益が掲げられないのは，むしろ当然である。というのは，それは損益計算書における収益費用計算において計算されており，改めて貸借対照表で計算する必要がないからである。

上述したように，シュマーレンバッハの動的貸借対照表は，いわば一方では支出と費用，他方では収入と収益（給付）との関係を調節する緩衝器（Ausgleichspuffer）である。すなわち，収益（給付）と収入および費用と支出の差異を収容するのが貸借対照表であり，この貸借対照表がそれらの差異を調整し，収容する緩衝器の役割を果たす。したがって，彼の動的貸借対照表には利益計算の機能ないし利益決定の機能はなく，それは利益決定の手段としての機能を果たすことになる。そして，これがシュマーレンバッハにおける動的貸借対照表の大きな特徴であるということができる。

Ⅶ　む　す　び

以上，本章では，収入支出観に基礎をおくシュマーレンバッハの動的貸借対照表論を検討した。そこにおいて，彼は損益計算を重視する動的貸借対照表を目的設定し，利益概念として，共同経済的利益という本来的利益概念から私経済的利益に変化してきたことをまず確認した。その利益は，全体利益の部分としての期間利益であり，給付ないし収益と費用の差としての利益であり，計算の確実な利益であった。そして，その背後には，収入支出計算による理論構築の出発点としての全体利益があり，収入および支出に基づく期間利益があった。

次に，シュマーレンバッハの提唱する動的貸借対照表の構造を説明した。その場合，彼の『動的貸借対照表論』の旧版と新版の間で思考の相違がみられるので，それらを別々に説明した。そこでは，旧版と新版の間で，経営の成果としての給付と収益の相違，支払手段と資本金に対する動的貸借対照表における位置づけの相違，および貸借対照表における非利益計算性の共通性を確認した。

そこで，旧版と新版の相違点を題材として，動的貸借対照表論の再検討を行

った。まず，給付と収益に関して，シュマーレンバッハは旧版では「給付」の用語を用い，新版では「収益」の用語を用いる。これに関して，それは利益概念の相違に基づいており，共同経済的利益から私経済的利益に探求する利益を変更することにより，利益概念が物財的価値概念から貨幣的価値概念になったことを指摘した。そして，これは文字どおり収入および支出に基づく会計観を採用したことになり，これによって，彼の会計観は真の収入支出観であることを指摘した。

　次に，支払手段と資本金の動的貸借対照表における位置づけに関して，旧版において，支払手段と資本金はともに未解決項目とされている。これに対して，新版において，これらはともに独立項目とされている。これを検討した結果，まず，貨幣ないし支払手段は収益収入と貸借対照表収入および費用支出と貸借対照表支出のいずれでもなく，収入と支出の結果でしかない。したがって，それを未解決項目として位置づけることはできず，独立項目として位置づけるしかないと結論づけた。

　また，資本金に関して，全体利益ではなく全体損失を考察することによって，全体損失は回収資本と投下資本の差額として理解されなければならず，期間利益の合計＝全体利益ということは，回収資本－投下資本＝全体利益から出発しなければならないことが明らかとなった。

　そして，現金勘定に相応する収入支出計算と，その相手勘定に相応する収入支出計算に未解決項目が考慮されることによって転化する収益費用計算の間に，資本金勘定を媒介させることによってはじめて，シュマーレンバッハの理論体系のなかに，期間利益の合計＝全体利益という一致の原則が保証されることを確認した。その結果，資本金は，期間利益を含めて，あくまで，未解決項目から除外して，独立項目として位置づけなければならないと結論づけた。

　以上が本章におけるこれまでの概要であるが，これによって明らかなように，シュマーレンバッハの動的貸借対照表論は，収入支出観がその理論の基礎にある。彼がこの会計観の先駆者であることを考えれば，シュマーレンバッハの動的貸借対照表論は収入支出観の萌芽であるということができるのである。

　ただ，シュマーレンバッハの動的貸借対照表論は収入支出観の完成型であるかといえば，必ずしもそうではない。彼の動的貸借対照表論にはいくつかの問

題点があることを指摘しなければならない。

　その1つは，やはり動的貸借対照表における支払手段および資本金の性格づけおよび位置づけである。本章では，これらに対するシュマーレンバッハの思考を尊重し，支払手段は収入と支出の結果でしかなく，資本金は収入支出計算と収益費用計算の間で媒介項となるという理由で，支払手段と資本金は独立項目であると結論づけた。しかし，そうすると，ミュンスターマンがいうように，これらの項目はもはや動的な性格ではなくなり，これらの項目を含む貸借対照表は「動的貸借対照表」ではなくなる可能性がある。

　もう1つは，シュマーレンバッハの動的貸借対照表では利益は計上されず，貸借対照表には利益決定機能はないとされるが，貸借対照表において利益を決定しなくてよいのかという問題がある。

　上述したように，利益決定は損益計算書において行われるのであり，改めて貸借対照表で計算する必要がないというのが，貸借対照表において利益を計算しない理由であるが，それでよいのかということである。というのは，シュマーレンバッハの動的貸借対照表論は利益計算を会計目的とするものであり，その主要計算書が貸借対照表であってみれば，貸借対照表に何らかの利益計算機能が備わっていなければならないと思われるからである。

　これらの問題に対して，シュマーレンバッハは何も答えていない。そして，これらの問題を検討し，答えたのが，彼の後継者であるワルプおよびコジオールにほかならない。そこで，収入支出観の完成を目指して，彼らの理論を検討する必要がある。したがって，これが次章以降の検討課題である。

第3章

収入支出観の展開
―ワルプの給付・収支損益計算論―

I　はじめに

　本書の目的は，会計観としての「収入支出観」(Einnahme und Ausgabe Auffassung) によって会計の体系を統一的・論理的に説明することである。前章で述べたように，この会計観をはじめて提唱したのがシュマーレンバッハ (Schmalenbach) であり，彼の動的貸借対照表論は収入支出観の萌芽であるということができる。ただ，シュマーレンバッハの動的貸借対照表論は収入支出観の完成型であるかといえば，必ずしもそうではない。彼の動的貸借対照表論にはいくつかの問題点がある。

　その1つは，動的貸借対照表における支払手段および資本金の性格づけおよび位置づけである。シュマーレンバッハの提唱する動的貸借対照表は，期間損益計算において収入および支出と収益および費用との差異としての未解決項目を収容する緩衝器 (Ausgleichspuffer) の役割を果たす。そこでは，支払手段と資本金は未解決項目ではなく，独立項目として位置づけられている。[1] しかし，これらの項目は動的な性格のものではなく，これらの項目を含む貸借対照表はもはや「動的貸借対照表」ではなくなる可能性がある。

　もう1つは，シュマーレンバッハの動的貸借対照表では利益は計上されず，

貸借対照表には利益決定機能はないとされるが，貸借対照表において利益を決定しなくていいのかという問題がある。利益決定は損益計算書において行われるのであり，改めて貸借対照表で計算する必要がないというのが，貸借対照表において利益を計算しない理由であるが，それでいいのかということである。というのは，シュマーレンバッハの動的貸借対照表論は利益計算を会計目的とするものであり，その主要計算書が貸借対照表であってみれば，貸借対照表に何らかの利益計算機能が備わっていなければならないと思われるからである。

　これらの問題に対して，シュマーレンバッハは何も答えていない。そして，これらの問題を検討し，答えたのが，彼の後継者であるワルプ（Walb）にほかならない。そこで，収入支出観の完成を目指して，彼の理論を検討する必要があり，これが本章の検討課題である。

　ワルプの収入支出観の特徴は，給付（Leistung）と収支（Zahlung）との対流に基づく交換取引を損益計算の出発点におき，それらを具現する給付系統（損益勘定）と収支系統（残高勘定）において損益を二面的に計算・表示することにある。本章は，この収入支出観を，ワルプの所論を中心として詳細に検討することを目的とする。

　以下では，まず彼の所論に従ってその収入支出観に基づく損益計算を説明し，次に彼の示した具体的な計算例を解説する。これらによって，ワルプの提唱する収入支出観の全容が明らかとなるので，これらに基づいて，この会計観のいくつかの特質を明らかにする。そしてさらに，これらの特質を批判的に検討するという方法で，この会計観に内在する固有の問題点を解明し，これらの問題点を総括することによって，ワルプの収入支出観の限界を明らかにする。そして最後に，収入支出観のさらなる完成に向けて，検討すべき課題を示唆することにしたい。

1　これは，シュマーレンバッハの『動的貸借対照表論』（*Dynamische Bilanz*）における新版（第 8 版 – 第 13 版）の解釈である。旧版（第 1 版 – 第 7 版）では，支払手段（貨幣）のみが独立項目とされ，未解決項目（支出・未費用）として解釈されている。しかし，支払手段をこのように解することにも問題があり，いずれにしても，シュマーレンバッハの動的貸借対照表には，困難な問題が内在している。

Ⅱ　給付・収支損益計算論

　上述したように，ワルプの収入支出観は，給付と収支との対流に基づく交換
取引を損益計算の出発点におき，それらを具現する給付系統と収支系統におい
て損益を二面的に計算することを主張し，展開する会計観である。本節の目的
は，この会計観の概要を給付・収支損益計算論として説明することにある。

　その主要な論点は，損益計算を給付および収支に基づいて行う理由を解明
し，給付勘定および収支勘定において損益を二面的に計算する原理を説明し，
その損益計算を複式簿記において記帳する規則を見出し，さらにこの複式簿記
の結果として導き出される損益勘定および残高勘定の性格を説明することであ
る。それでは，このことを念頭におきながら，まず，損益計算の出発点として
の給付および収支の対流関係からみていくことにしよう。

1　給付と収支の対流

　ワルプは経営活動の利益獲得目的から出発して，会計の目的は損益計算であ
ると規定する。彼によれば，経営活動の目的は利益を獲得することないし（特
殊な場合には）費用を補填することであるから，費用補填がうまく行われたか
もしくは余剰が得られたかを立証することが特に重要である。したがって，会
計において損益計算が必然的に中心問題となる。会計は特にこの任務を目標と
しており，それによって同時に，会計は固有の特質をもつことになる（Walb
［1926］S.23）。

　この損益は収益（Ertrag）と費用（Aufwand）との差額として計算され，これ
らは給付の生産と費消によって認識されることになる。その事情は次のようで
ある。すなわち，損益計算は経営の経済活動の成果を決定することを目的とし
ているが，この経済活動はまず第1に経済的価値の形での給付を生み出すとい
う課題を基本的にもっている。そして，そのような給付の実現を可能にするた
めには，それの基となった給付を市場から受け入れて多かれ少なかれそれを費
消しなければならない。

前者を積極的経営給付とし，後者を消極的経営給付とするならば，損益は積極的経営給付と消極的経営給付との比較によってのみ得られ，通常，前者は収益とよばれ，後者は費用とよばれているので，損益は収益と費用との比較によって算定されるのである。このことをワルプは次のように述べている。自己の経営の経済的（積極的）給付が別の経営の（消極的）給付の費消によってのみ得られるならば，経済的損益は，原則として生産と費消との対比ないし積極的経営給付と消極的経営給付との対比によってのみ得られることになる。その結果，損益計算にとって積極的要素と消極的要素が生じ，それらは収益ないし費用とよばれる（Walb［1926］S.28）。

このように，収益は経営で生産されて出ていく給付として認識され，費用は経営に入ってきて費消される給付として認識されるが，現在の交換経済のもとでは，このような出ていく給付と入りくる給付には反対給付として必ず貨幣の収入と支出が伴う。すなわち，給付の流れには必然的に貨幣の流れが対流として対立するのである。ワルプによれば，経営活動はまず第1に給付と収支の流れおよびその対流の上に構成されている。同時に，それらが会計の基礎を形成しているのである（Walb［1926］S.42）。ここに，交換取引を前提とした給付と収支との対流関係が会計の出発点を形成する理由がある。

しかし，ここで注意すべきことは，ワルプは現金取引のみならず信用取引も収支概念に含め，収支概念を広くとっているということである。彼によれば，すべての給付の引き渡し事象は基本的に現金取引または信用取引として現れる。現金取引は即時的収支（sofortige Zahlungen）を意味し，信用取引は将来的収支（zukünftige Zahlungen）を意味する。将来的収支事象も，請求権ないし返済義務が発生しているので，債権ないし債務が発生した時に生じる反対給付とみなすことができる。それゆえ，債権，債務および現金収支は，給付に対する反対給付という意味における1つの総体，すなわち「収支」とみなすことは正当化される（Walb［1926］S.42）。

これは収支概念の拡張であり，この拡張によって会計の出発点としての給付と収支との対流関係がはじめて完成し，交換取引を基礎としたすべての取引が，この給付と収支との対流から説明することができることになる。すなわち，これによって，出ていく収支（即時的収支または将来的収支）が入りくる

第3章　収入支出観の展開—ワルプの給付・収支損益計算論—　67

給付と対立し，入りくる収支（即時的収支または将来的収支）が出ていく給付
と対立するという対流関係が完全に説明できるのである。

2　損益の二面的計算

　給付と収支との対流関係がこのように生じるならば，すべての取引は二面性
を有することになり，一方は必ず給付面に属することになり，他方が必ず収支
面に属することになる。すなわち，一方の側面は他方の側面に対する別の表現
にすぎないのである。さらに，経営による積極的給付のすべてが積極的損益要
素つまり収益であり，消極的給付のすべてが消極的損益要素つまり費用である
ならば，すべての損益要素は給付面と収支面において二面的に表示できること
になる。ワルプはこれを図表 3-1 のように示している（Walb [1926] S.44）[2]。

図表 3-1　損益要素の二面的表示

経営の損益作用的 交換経済給付 ＝積極的損益要素	経営の即時的また は将来的収支 ＝積極的損益要素	第三者の損益作用 的交換経済給付 ＝消極的損益要素	第三者の即時的ま たは将来的収支 ＝消極的損益要素

または

給付面のまとめ		収支面のまとめ	
第三者の交換経済 的給付 ＝消極的損益要素	経営の交換経済的 給付 ＝積極的損益要素	経営の収支 ＝積極的損益要素	第三者の収支 ＝消極的損益要素

　これによって明らかなように，損益は給付面および収支面において二面的
に，しかも一方が他方の別の表現として計算表示されるのであり，このことか
ら，会計は損益を二面的に計算する機能を有していることが判明するのであ
る。諸取引の給付面を計算的に表示したものを給付系統（Leistungsreihe）とよ
び，収支面を計算的に表示したものを収支系統（Zahlungsreihe）とよぶとする
と，損益は給付系統と収支系統において二面的に計算表示されるということに
なる。

2　ただし，図表 3-1 は，後で簿記の記帳規則を一貫して説明するために，ワルプの示した
　ものを一部変更している。

ところで，これまでの説明では，すべての取引において給付と収支との対流関係が成立し，すべての給付および収支が損益要素となることを暗黙のうちに仮定していたが，現実においてすべての取引が対流関係にあるわけではない。実際には，一方では現物決済のように収支を伴わない給付と給付との取引があるし，他方では出資取引や借入れ取引およびその返済取引のように給付の伴わない収支と収支との取引が存在する。前者を給付間取引とよび，後者を収支間取引とよぶと，現実には，給付と収支との対流関係が成立しない給付間取引および収支間取引が存在するのである。これらの取引が生じるならば，上記の説明が妥当しなくなる可能性がある。

しかし，ワルプは，これらの取引が発生しても，給付系統と収支系統における損益の二面的計算は依然として成立するとする。というのは，給付間取引の場合には給付系統において収益と費用とが金額的に等しくなるので，それらを相殺することができ，結果的に損益に影響を及ぼさないからである。したがって，この場合にも，収支系統における損益と必然的に一致し，損益は依然として二系統において二面的に計算されるのである。さらにこの場合には，各給付のそれぞれに収支の発生を擬制すると，給付と収支との対流関係が再び成立することになり，これまでの説明が十分妥当するのである。

また，収支間取引の場合にも損益計算の二面性は阻害されない。というのは，この場合には収支系統において収入と支出とが金額的に等しくなるので，ここでもそれらを相殺することができ，結果的に損益に影響を及ぼさないからである。したがって，この場合にも，給付系統における損益と必然的に一致し，依然として損益は二系統において二面的に計算されることになるのである[3]。

これによって，給付間取引および収支間取引が損益に影響せず，給付系統および収支系統における損益の二面的計算が常に成立することが明らかとなった

3　さらに，残高勘定において前期から繰り越された項目が存在する場合でも，損益計算の二面性は阻害されない。ワルプによれば，その場合，旧期間の残高勘定は貸借平均している収支計算であり，このことから，新期間においても収入と支出はまず最初に平均されるという必然的結果が生じる。換言すれば，新期間は損益計算に関してはまったく中立的に開始されるのである（Walb［1926］S.84-84）。すなわち，期首残高は貸借平均して中和化されており，その結果，損益は依然として二系統において二面的に計算されることになる。

が，さらに明らかにすべきもう1つの問題がある。それは収入および支出と収益および費用との期間的な差異の問題である。給付と収支との対流関係から出発する損益計算では，収支取引発生時においてすべての給付が収益および費用として認識されるが，それらのすべてが当該期間において正しい収益および費用とは限らず，正しい損益計算のためには期末において修正しなければならない。さらに，そのような損益計算では，収支取引発生時においてすべての給付が収益および費用として認識されるということは，逆に，収支取引が生じなければ収益および費用が認識されないということであるが，収支取引が生じなくても収益および費用が発生する場合があるのである。

ワルプは前者の事例を過大記帳額，後者の事例を過少記帳額とよび，それらが存在する場合には，給付系統の内容も収支系統の内容も不完全なものとなるので，過大記帳項目を除外し，過少記帳項目を計上することによって修正する，戻し記帳（Rückbuchung）および追加記帳（Nachbuchung）を行わなければならないとする。

まず戻し記帳であるが，過大記帳された受入れ額が給付系統に含まれている場合には，借方が過大なのであるから，これを貸方で減少させると同時に収支系統の借方に戻すことになる。この収支系統における借方項目は，もともと過大支出したものが戻ってきたという意味で戻し計算支出（zurückverrechnete Ausgaben）とよばれる。これには棚卸資産，固定資産，前払費用等が含まれる。また，過大記帳された払出し額が給付系統に含まれている場合には，貸方が過大なのであるから，これを借方で減少させると同時に収支系統の貸方に戻すことになる。この収支系統における貸方項目は，もともと過大収入のものが戻ってきたという意味で戻し計算収入（zurückverrechnete Einnahmen）とよばれる。これには前受収益などが属する[4]。

次に追加記帳であるが，過少記帳項目でまだ記帳されていない収益の場合に

4　このような戻し記帳の論拠について，ワルプは次のように述べている。漸次的費消については，期間に帰属する部分のみが期間の費用とみなされるので，この給付事象は，一部は損益作用的であり，一部は損益非作用的である。この給付事象の期間帰属部分の大きさが最初から不確定である場合が多いので，まずはじめは給付全体を費用とみなした後に，その誤差を修正するという計算的処理がしばしば合目的である。同様に，入ってくる給付で継続的に所有するものも，計算上このように処理される。もちろん，そうすることによって↗

は，期末修正に際して，給付系統において貸方項目が生じるとともに収支系統において借方項目が生じる。これは借方に追加計算された収入という意味で，追加計算収入（nachverrechnete Einnahmen）とよばれ，これには未収収益などが含まれる。また，過少記帳項目でまだ記帳されていない費用の場合には，期末修正で，給付系統において借方項目が生じると同時に収支系統において貸方項目が生じる。これは貸方に追加計算された支出という意味で，追加計算支出（nachverrechnete Ausgaben）とよばれ，これには未払費用などが属することになる。

　問題は，これらの戻し記帳および追加記帳が損益の二面的計算を攪乱するかどうかであるが，これらの場合にも給付系統および収支系統における損益計算の二面性は依然として成立する。というのは，これらの場合にはまさに本来の交換取引の場合と同様に，給付と収支との対流関係が実際的にではないとしても計算的に成立しているからである。すなわち，これらの期末修正記帳が給付系統と収支系統において一対一の対応関係によって行われるからである。これは一方では積極的損益要素（収益）として記帳されると他方でも積極的損益要素として記帳されるということであり，消極的損益要素（費用）の記帳も同様であるので，これによって損益の二面的計算が保証されるのである。

　かくして，給付系統および収支系統における損益の二面的計算がいかなる場合にも可能であることが確認された。そこで最後に，これら両系統間の関係についてみてみることにしよう。ワルプによれば，給付系統は損益の直接的決定（unmittelbare Ermittelung）を行い，収支系統は損益の間接的決定（mittelbare Ermittelung）を行う。すなわち，損益決定は，費用および収益がそれ自体計算される給付系統において直接的に行われ，それに起因する収支事象が計算的に表示される収支系統において間接的に行われるのである（Walb［1926］S.51）。別言すれば，給付系統は損益計算を意識的に行い，収支系統は損益計算を無意識的に行うということになる。

　＼費用概念の経済的規定に変わりはなく，問題の計算的処理に関して単純化の観点がとられているだけである（Walb［1926］S.31）。このように，ワルプは費用概念の変更ではなくて，計算の便宜性のみを強調しているが，この計算の簡便性が一人歩きして，後述するように，この理論の構造的な問題点を生み出すことになる。

そして，このような直接的決定と間接的決定とが相俟って，給付系統と収支系統とは鏡像（Spiegelbild）の関係を形成するのである。ワルプはこれを次のように表現している。給付面（給付系統）の計算的表示は，計算を損益源泉によって区分し，同時にそのように区分することによって，収支が何のために（wofür）行われたかを示す。また，収支面（収支系統）の計算的表示は，計算を収支行為の種類によって区分し，収支がどのように（wie）行われたか，すなわち，即時払いか延べ払いか，およびそれ以外のどのような形態で支払われたかを示す。それゆえ，損益要素を問題とする限り，2つの系統の内容は同じものである。一面的で相殺される項目を無視して一般的にいうならば，一方を他方の鏡像とよぶことができる（Walb［1926］S.51,53）。

3　簿記記帳規則

このような鏡像としての給付系統と収支系統は，もちろん複式簿記における諸勘定として記帳されることになる。ワルプは給付系統の諸勘定と収支系統の諸勘定を，次のように例示している（Walb［1926］S.57）。

（1）　給付系統の諸勘定

① 　有形財および無形財関係

商品勘定，機械勘定，設備勘定，有価証券勘定，特許権勘定など

② 　用役給付関係

手数料勘定，保険料勘定，郵便料（運送料）勘定など

③ 　労働給付関係

給料勘定，賃金勘定

④ 　資本用益関係

利息勘定，社債発行差益勘定，社債発行差損勘定，割引勘定，売上・仕入割引勘定，賃貸借料勘定，地代勘定

⑤ 　その他の費用・収益勘定

税金勘定，現金不足勘定など

（2）　収支系統の諸勘定

現金勘定，売掛金勘定，買掛金勘定，手形勘定，手形引受勘定，抵当権付

債務勘定，債務勘定，資本勘定

　そして，これらの諸勘定は次のような簿記記帳原則にしたがって記帳されることになる。なお，念のために，各取引の例示および各系統の内容を示しておくことにする[5]。

　(1)　現金取引または信用取引として現れる給付

　　①　商品仕入取引，費用発生取引，固定資産購入取引

　　　（借方）給付系統（費用増加）　（貸方）収支系統（支出増加）

　　②　売上取引

　　　（借方）収支系統（収入増加）　（貸方）給付系統（収益増加）

　(2)　別の給付によって決済される給付，すなわち現物決済または直接的な給付決済

　　①　（借方）給付系統（費用増加）　（貸方）給付系統（収益増加）

　(3)　現金信用取引

　　①　借入れ取引

　　　（借方）収支系統（収入増加）　（貸方）収支系統（支出増加）

　　②　借入金の返済取引

　　　（借方）収支系統（支出減少）　（貸方）収支系統（収入減少）

　　③　貸付取引，貸付金の返済取引，売掛金・受取手形の決済取引

　　　（借方）収支系統（収入増加）　（貸方）収支系統（収入減少）

　　④　買掛金・支払手形の決済取引

　　　（借方）収支系統（支出減少）　（貸方）収支系統（支出増加）

　(4)　振り替え記帳（期末修正）

　　①　戻し計算支出取引

　　　（借方）収支系統（支出減少）　（貸方）給付系統（費用減少）

　　②　戻し計算収入取引

　　　（借方）給付系統（収益減少）　（貸方）収支系統（収入減少）

　　③　追加計算収入取引

　　　（借方）収支系統（収入増加）　（貸方）給付系統（収益増加）

5　これらの取引は，ワルプの示した記帳例（Walb [1926] S.59）を基礎として，現実的な取引を考案し，説明を加えたものである。

第3章　収入支出観の展開—ワルプの給付・収支損益計算論—　73

④　追加計算支出取引

（借方）給付系統（費用増加）（貸方）収支系統（支出増加）

　これらのうち，（2）の取引は給付間取引であり，（3）の取引は収支間取引である。前項で明らかにしたように，これらの取引は損益非作用的であるので，損益は結局給付と収支との対流関係が成立している（1）と（4）の期中取引および期末修正記帳から生じることになる。そこでは，給付系統と収支系統において積極的損益要素と消極的損益要素とがそれぞれ同じ額で計上されるので，文字どおりの鏡像関係が成立し，両者の差額としての損益も一致するのである。ここに，損益の二面的計算が成立することになり，さらに両者の役割として，給付系統は損益の直接的・意識的決定を行い，収支系統は損益の間接的・無意識的決定を行っていることも前述したところである。

　ところで，これらの簿記記帳規則を注意深くみてみると，収支系統は損益計算に対して間接的な役割しか果たしていなかったのに対して，記帳規則では逆転して中心的な役割を果たしていることに気づく。というのは，これらの記帳規則を首尾一貫して説明しようとするならば，収入増加の借方記帳が一連の簿記記帳規則の出発点となっているからである。これをまず収支系統から説明すると，収入増加が借方に記帳されるから支出増加が貸方に記帳されるのである。そして，収入および支出が減少する場合，収入減少は貸方に記帳され，支出減少は借方に記帳されることになる。

　さらにこの考えを給付系統に適用すると，収入増加は積極的損益要素であり，その記帳は借方で固定され，優先されているので，同じ積極的損益要素である収益増加の記帳は貸方で行われざるをえなくなる。同様に，支出増加は消極的損益要素であり，貸方に記帳されるので，同じ消極的損益要素である費用増加の記帳は借方で行われることになる。したがって，収益減少および費用減少はそれぞれ借方および貸方に記帳されることになるのである。

　このことを図表3-1と対比してみればさらに明らかとなる。図表3-1を1つの勘定とみると，そこでは積極的損益要素である収益と収入増加がともに借方に記入されている。しかし，そうなると，複式簿記における複式記入が成立しなくなるので，どちらかを優先しなければならない。そこで優先されたのが収益ではなく，収入増加である。収入増加をまず借方記帳し，その相手項目とし

て次に収益を貸方に記帳するのである。ここに，給付系統と収支系統との役割に関して，損益計算と簿記記帳規則の逆転現象がみられるのである。そしてここに，収入支出観の本質がみえることになる。

4　損益勘定と残高勘定

　これまで，ワルプの収支的損益計算論の説明に際して，給付系統および収支系統が重要な役割を果たしているので，これらを中心として論述してきたが，この理論では，それらの系統がそのまま決算勘定になるわけではない。通常の会計の説明と同様に，ここでも決算勘定は損益勘定（損益計算書）および残高勘定（貸借対照表）である。そこで，給付系統および収支系統と損益勘定および残高勘定との間にどのような関係があるかということが問題となる。

　これに関して，ワルプは次のように述べている。複式簿記の損益計算を実際に行う場合，損益計算上２つの勘定が最も重要な位置を占める。すなわち，損益勘定（Gewinn- und Verlustkonto）と残高勘定（Bilanzkonto）である。損益は，これら２つの勘定において総括的に表示される。損益勘定は給付系統の結果を総括し，残高勘定は収支系統の結果を総括する。それゆえ，これら２つの勘定は両系統のそれぞれの完成形（Schlußstein）である（Walb［1926］S.61）。

　すなわち，損益勘定が給付系統の完成形であり，残高勘定が収支系統の完成形であり，損益勘定と残高勘定はいずれもその系統の結果を総括するのである。したがって，両者の勘定は損益計算のための手段となり，損益計算の二面性はこれら２つの勘定に受け継がれ，形式的に表現されるのである。これがワルプのいう損益勘定と残高勘定における理論的な役割ないし機能である。

　損益勘定の機能はこれに尽きるが，歴史的にみると，残高勘定はもう１つの役割を担っている。それは，損益勘定の損益を受け入れて，勘定を貸借平均させ，勘定を最終的に締め切って次期に繰り越す機能である。ワルプの表現によれば，残高勘定の活動は収支系統の勘定残高を受け入れることに尽きるわけではない。歴史的に受け継がれた任務にしたがって，残高勘定は最終的な締切勘定として損益勘定の残高も収容するのである。損益勘定の残高は，上述したように，残高勘定のそれと一致するはずであるから，残高勘定自体は当然に貸借

平均する（Walb［1926］S.67）。

　つまり，歴史的に考察するならば，残高勘定は，損益勘定に記帳されない諸残高を受け入れ，必然的に残高が一致することによって貸借平均が証明される決算勘定であり，これは損益勘定の残高たる損益を残高勘定に振り替えることによって完結することになる。しかし，理論的に考察するならば，残高勘定は収支勘定の内容を総括したものであって，それ自体で損益決定機能を有しており，みずから算定した損益を組み込むことによって貸借が平均する決算勘定である。したがって，残高勘定はここでは２つの機能を同時に有することになり，それは，一方では残高表示としての歴史的機能であり，他方では損益計算としての理論的機能である。

　これらの機能のうち，重要なのはもちろん損益計算としての理論的機能である。ワルプはこのことを次のように述べている。残高勘定は独自で損益を算定することができ，また残高勘定は，基本的に損益勘定からの損益によらないでそれ自体で計算した損益によって，損益勘定と同様に，貸借平均しうる。実務において残高勘定が損益勘定の損益を受け入れるのは，歴史的に受け継がれた締切機能を前提とするものであって，締切機能はもともと損益決定機能とは関係のないものである。ここでは，歴史的考察と理論的考察とは区別されている。損益決定機能はやはり計算事例の内部的構造と計算形式から生じるものであり，これによって，残高勘定は必然的に損益を決定するもの（Erfolgsermittler）にならなければならないのである（Walb［1926］S.88）。

　このように，残高勘定の主要機能は損益決定機能であり，これは収支系統を総括することによって行われるのであるが，それでは，このようにして作成された残高勘定はそれ自体どのような性格を有しているのであろうか。最後にそれをみてみることにしよう。これまでの論述から明らかなように，残高勘定の基本的内容を形成するものは，収支系統における通常の残高である。しかし，これらの残高数値だけでは損益計算目的には不十分であり，戻し計算および追加計算によって収支系統が期末に修正されることは前述したところである。

　これらのことを前提として，ワルプは残高勘定の性格を次のように規定する。収支系統の諸勘定の残高は最終的に残存している収入または支出を意味しており，戻し計算された支出は収入になり，戻し計算された収入は支出になる

から，残高勘定において修正された収入・支出計算（richtiggestellte Einnahme-
und Ausgaberechnung）が生じることになる（Walb［1926］S.75）。すなわち，彼
によれば，残高勘定は収支系統の総括表であるので原則として収入および支出
計算を行っており，期末修正計算（戻し計算および追加計算）も収入および支
出計算とみることができるから，残高勘定は総合的に修正された収入・支出計
算を行っていることになるのである。

　そしてそこでは，残高勘定の借方は収入を表し，貸方は支出を表すので，そ
の全体的な内容は図表3-2のようになる。

図表3-2　残高勘定の内容

収入	残高勘定	支出
本 来 の 収 入		本 来 の 支 出
戻し計算支出		戻し計算収入
追加計算収入		追加計算支出
		利　　　　益

Ⅲ　給付・収支損益計算論の具体的計算例

　以上によって，ワルプの給付・収支損益計算論の概要が明らかとなったが，
この理論の理解をさらに完全にするために，本節ではワルプの提示した具体的
な計算例を，前節で明らかにしたこの理論の基本的思考にそって詳細に解説し
てみよう。彼の示した具体的な諸取引，勘定記入，および損益勘定と残高勘定
は以下のとおりである（Walb［1926］S.75-78）。

　まず，諸取引は次のようである。

　1.　企業主の元入れ　68,200マルク

　2.　商品仕入れ　1,500マルク

　3.　機械購入　9,000マルク

　4.　備品購入　900マルク

　5.　不動産購入　99,500マルク（購入価格のうち65,000マルクは抵当権付
　　　債務によるもので，まだ借りたままである。）

第3章　収入支出観の展開—ワルプの給付・収支損益計算論—　　77

6. Ｃからの借入れ　10,000マルク

7. Ｂへの貸付け　5,500マルク

8. Ｃからの商品掛仕入れ　20,000マルク

9. Ｃへの支払い　10,000マルク

10. Ｂへの掛売上げ　18,000マルク

11. 機械購入　1,000マルク

12. 機械の一部売却　100マルク

13. 2期分の賃借料支払い　4,000マルク（そのうち，1期分は前払い）

14. Ｂからの利息（未収）400マルク（そのうち，100マルクは前受分）

15. 未払いの給料　1,000マルク

16. 未収の地代　300マルク（賃貸借料勘定で処理する。）

17. 未着手の修繕作業　100マルク

18. 現金不足額　100マルク

19. 機械の減価償却　10%（1,000マルク）

20. 備品の減価償却　10%（90マルク）

21. 不動産の減価償却　0.5%（500マルク）

22. 商品在高　9,000マルク

以上の取引に基づいて勘定記入を行うと，次のようになる。なお，その場合，給付系統の諸勘定と収支系統の諸勘定とに分けて記帳される。

給 付 系 統

商品勘定（受入）				商品勘定（払出）			
2. 現金勘定	1,500	損益勘定	12,500	損益勘定	18,000	10. 債権勘定	18,000
8. 債務勘定	20,000	残高勘定	9,000				
	21,500		21,500				

機械勘定				備品勘定			
3. 現金勘定	9,000	12. 現金勘定	100	4. 現金勘定	900	損益勘定	90
11. 現金勘定	1,000	損益勘定	1,000			残高勘定	810
		残高勘定	8,900		900		900
	10,000		10,000				

不動産勘定

5. 現 金 勘 定	34,500	損 益 勘 定	500
抵当権付債務勘定	65,000	残 高 勘 定	99,000
	99,500		99,500

賃貸借料勘定

13. 現金勘定	4,000	16. 未収賃貸料勘定	300
損 益 勘 定	300	損 益 勘 定	2,000
		残 高 勘 定	2,000
	4,300		4,300

利息勘定

損益勘定	300	14. 債権勘定	400
残高勘定	100		
	400		400

給料勘定

15. 未払給料勘定	1,000	損益勘定	1,000

修繕費勘定

17. 未払修繕費勘定	100	損益勘定	100

現金不足勘定

18. 現金勘定	100	損益勘定	100

収 支 系 統

現金勘定

1. 資本勘定	68,200	2. 商 品 勘 定	1,500
6. 債務勘定	10,000	3. 機 械 勘 定	9,000
12. 機械勘定	100	4. 備 品 勘 定	900
		5. 不 動 産 勘 定	34,500
		7. 債 権 勘 定	5,500
		9. 債 務 勘 定	10,000
		11. 機 械 勘 定	1,000
		13. 賃貸借料勘定	4,000
		18. 現金不足勘定	100
		残 高 勘 定	11,800
	78,300		78,300

資本勘定

残高勘定	68,200	1. 現金勘定	68,200

抵当権付債務勘定

残高勘定	65,000	5. 不動産勘定	65,000

債権（B）勘定

7. 現金勘定	5,500	残高勘定	23,900
10. 商品勘定	18,000		
14. 利息勘定	400		
	23,900		23,900

債務（C）勘定

9. 現金勘定	10,000	6. 現金勘定	10,000
残高勘定	20,000	8. 商品勘定	20,000
	30,000		30,000

未払給料勘定

残高勘定	1,000	15. 給料勘定	1,000

未収賃貸料勘定

16. 賃貸借料勘定	300	残高勘定	300

未払修繕費勘定

残高勘定	100	17. 修繕費勘定	100

　以上の勘定記入に基づいて，損益勘定および残高勘定を作成すると，図表3-3のようになる。なお，残高勘定に関しては，各項目の性格についても示すことにする。

　これによって，損益勘定における利益と残高勘定における利益とが一致し，損益が二面的に計算されていることを確認することができた。そこで次に，これらの勘定の基となる給付系統および収支系統も損益を二面的に計算できるこ

第3章　収入支出観の展開—ワルプの給付・収支損益計算論—　79

図表 3-3　損益勘定と残高勘定

損 益 勘 定

商 品 勘 定	12,500	商 品 勘 定	18,000
機 械 勘 定	1,000	賃貸借料勘定	300
備 品 勘 定	90	利 息 勘 定	300
不 動 産 勘 定	500		
賃貸借料勘定	2,000		
給 料 勘 定	1,000		
修 繕 費 勘 定	100		
現金不足勘定	100		
利　　益	1,310		
（残高勘定へ）			
	18,600		18,600

残 高 勘 定

本来の収入 {	現 金 勘 定	11,800	資 本 勘 定	68,200	}
	債 権 勘 定	23,900	抵当権付債務勘定	65,000	} 本来の支出
戻し計算支出 {	商 品 勘 定	9,000	債 務 勘 定	20,000	
	機 械 勘 定	8,900	利 息 勘 定	100	— 戻し計算収入
	備 品 勘 定	810	未 払 給 料 勘 定	1,000	}
	不 動 産 勘 定	99,000	未払修繕費勘定	100	} 追加計算支出
	賃貸借料勘定	2,000			
追加計算収入 —	未収賃貸料勘定	300	利　　益	1,310	
		155,710		155,710	

とを確認することにする。収支系統の数値は本来の収支系統勘定の貸借各合計
に戻し計算収支と追加計算収支を加算することによって得られ，給付系統の数
値は本来の給付系統勘定のそれぞれの合計に戻し計算費用・収益および追加計
算費用・収益を加算することによって得られる。ワルプはこれを図表 3-4 のよ
うに示している（Walb [1926] S.81）。

　これによって，収支系統における利益と給付系統における利益も完全に一致
し，損益がこれらの両系統において二面的に計算されるというワルプの給付・
収支損益計算論における基本的主張点が確認された。残高勘定が収支系統の総
括表であり，損益勘定が給付系統の総括表であることからすれば，これは当然
のことであるが，これはさらに，残高勘定や損益勘定を用いなくとも，収支系

統および給付系統において損益計算が独自に可能であることを意味しているのである。

ただ，図表3-4では，収支系統と給付系統において利益が一致するだけで，個々の数値の対応関係が見出されなかったが，これは収支系統において損益非

図表3-4　収支系統と給付系統の数値

収支系統の数値

	現　　　　金	78,300	現　　　　金	66,500		
本来の収入			資　　　　本	68,200		
			抵当権付債務	65,000		本来の支出
	債　　　　権	23,900				
	債　　　　務	10,000	債　　　　務	30,000		
		112,200		229,700		

	加　　算		加　　算		
	商　　　　品	9,000	利　　　　息	100	－戻し計算収入
	機　　　　械	8,900	給　　　　料	1,000	
戻し計算支出	備　　　　品	810	修　繕　費	100	追加計算支出
	不　動　産	99,000			
	賃　貸　借　料	2,000			
追加計算収入－	賃　貸　借　料	300	利　　　　益	1,310	
		232,210		232,210	

給付系統の数値

	商　品　勘　定	21,500	商　品　勘　定	18,000	
	機　械　勘　定	10,000	利　息　勘　定	400	本来の収益
	備　品　勘　定	900	機　械　勘　定	100	
本来の費用	不　動　産　勘　定	99,500			
	賃貸借料勘定	4,000			
	現　金　不　足　勘　定	100			
		136,000		18,500	

	加　　算		加　　算		
戻し計算収益－	利　　　　息	100	商　　　　品	9,000	
追加計算費用	給　　　　料	1,000	機　　　　械	8,900	
	修　繕　費	100	備　　　　品	810	戻し計算費用
			不　動　産	99,000	
			賃　貸　借　料	2,000	
	利　　　　益	1,310	賃　貸　借　料	300	－追加計算収益
		138,510		138,510	

第3章　収入支出観の展開―ワルプの給付・収支損益計算論―　　81

図表 3-5　損益作用的収支と非作用的収支

損益作用的収支					損益非作用的収支			
10.	18,000	2.	1,500		1.	68,200	1.	68,200
12.	100	3.	9,000		6.	10,000	6.	10,000
14.	400	4.	900		7.	5,500	7.	5,500
		5.	34,500		9.	10,000	9.	10,000
			65,000			93,700		93,700
		8.	20,000					
		11.	1,000					
		13.	4,000					
		18.	100					
	18,500		136,000					

加　　算　　　　　　　　　　　　　　加　　算

戻し計算費用 ――― 119,710　　　　　　　100 － 戻し計算収益
追加計算収益 ―――　　300　　　　　　1,100 － 追加計算費用
　　　　　　　　　　　　　　　利　　益　　1,310

| | 138,510 | | 138,510 |

作用的収支が含まれていたからであって，これを取り除くならば，両者の数値はともに損益作用的数値となり，両者の間で完全な対応関係を見出すことができる。これを行ったのが図表 3-5 であり（Walb［1926］S.82)，これによって給付系統の諸数値と収支系統の損益作用的諸数値とが完全に一致することになる。

Ⅳ　給付・収支損益計算論の特質

　前 2 節によって，ワルプの給付・収支損益計算論の全容が明らかとなったので，本節ではこれを受けて，この理論の特質をいくつかの論点に絞って明らかにしてみよう。その論点とは，この理論の出発点である給付と収支との対流関係から導き出される対流関係性，および給付系統と収支系統による損益の二面的計算から導き出される損益法的損益計算性である。それでは，対流関係性から述べてみることにしよう。

1 対流関係性

第Ⅱ節で明らかにしたように，給付・収支損益計算論における会計目的は，一にも二にも損益計算であり，この損益は収益と費用との差額として計算され，これらは給付の生産と費消によって認識されることになる。すなわち，収益は経営で生産されて出ていく給付として認識され，費用は経営に入ってきて費消される給付として認識される。しかし，現在の交換経済のもとでは，このような出ていく給付と入りくる給付には反対給付として必ず貨幣の収入と支出が伴う。つまり，給付の流れには必然的に貨幣の流れが対流として対立するのである。

給付と収支との対流関係がこのように生じるならば，すべての取引は二面性を有することになり，一方は必ず給付面に属することになり，他方が必ず収支面に属することになる。損益にプラスに作用する要素を積極的損益要素とよび，損益にマイナスに作用する要素を消極的損益要素とよぶと，給付面における収益および費用がそれぞれ積極的損益要素および消極的損益要素であるのみならず，収支面における収入および支出も積極的損益要素および消極的損益要素となり，すべての損益要素は給付面と収支面において二面的に表示できることになる。

このことから，会計は損益を二面的に計算する機能を有していることが判明するのであり，諸取引の給付面を計算的に表示したものを給付系統とよび，収支面を計算的に表示したものを収支系統とよぶと，損益は給付系統と収支系統において二面的に計算・表示されるということになる。

以上が給付・収支損益計算論における概要であり，給付系統と収支系統において損益を二面的に計算するのが会計であるというのがこの理論の結論であるが，このようにみてくると，その出発点は，現在の交換経済を背景とした交換取引における給付と収支との対流関係にあることは明らかである。すなわち，会計理論の出発点を給付と収支との対流関係におき，この対流関係からこの理論の結論である損益計算の二面性を導き出すのである。このことから，給付・収支損益計算論における第1の特質は対流関係性であるということができる。

さらに，この対流という概念はストック概念と対比されるところのフロー概

念であり，したがって，この対流関係から導き出される収入，支出，収益および費用という概念もフロー概念である。そして，これらの損益構成要素から給付系統および収支系統が形成され，これらが最終的に損益勘定および残高勘定を形成するので，給付・収支損益計算論は一貫したフロー思考であるということができる。すなわち，対流関係性からこのフロー思考性が派生することになり，それゆえ，フロー思考性がこの理論の派生的特質ということになるのである。

ただ，これらの対流関係性およびフロー思考性において，給付と収支のうち，どちらが主導的役割を果たすかということが問題となるが，それはもちろん給付の方であるといわなければならない。というのは，既述のように，給付・収支損益計算論における会計目的は損益計算であり，これを給付系統が直接的・意識的に遂行するのに対して，収支系統は間接的・無意識的にしか行わないからである。ここでは，出ていく給付たる収益および入りくる給付たる費用が会計計算の中心であり，収入および支出はこのような収益および費用を確認するという副次的な役割しか果たさないのである。したがって，この理論における対流関係性の特質は給付系統を中心とした対流関係性であるということができる[6]。

ここでさらに注意しなければならないのは，この対流関係性は収支概念の拡張によってはじめて成立するということである。現金取引のみならず信用取引も収支概念に含めることによって給付と収支との対流関係がはじめて完成し，交換取引を基礎としたすべての取引が，この給付と収支との対流から説明できることになる。逆にいえば，通常一般に考えられている現金取引を収支概念としただけでは，このような対流関係性は成立しないのである。

6　このように，給付・収支損益計算論において，収支系統は会計構造的には副次的な役割しか果たさず，後述するように，損益の検算機能しか果たさないことになるが，測定問題を考察の対象とすると，収支系統が逆に中心的役割を果たすことになる。というのは，ここでは，出ていく給付たる収益は収入に基づいて測定され，入りくる給付たる費用は支出に基づいて測定されるからである。そしてこれは，戻し計算収益・費用および追加計算収益・費用においても例外ではない。これらの項目の測定は，過去または将来の収入および支出に基づいて行われるのである。したがって，この理論においては，収支系統は前述した簿記記帳規則に加えて，ここでも重要な役割を果たし，収入支出観の本質がみられることに注意する必要がある。

ワルプは信用取引をも収支概念に含める理由を現在の信用経済におき，現金取引と信用取引とを同一視すべきことを主張するが，真相はそこにはなく，その真の理由はこの理論における損益計算至上主義にあるように思われる。ここでは，会計目的をもっぱら損益計算におくので，給付系統が主導的な役割を果たすことになるのであるが，損益を二面的に計算するためには，この給付系統に対応する収支系統を形成する必要がある。このためには，現金取引を収支概念とするだけでは不十分であって，信用取引をも収支概念に加える必要が生じる。そしてここに，対流関係性と収支概念の拡張とが密接に結びつくことになるのである。

このようにみてくると，給付・収支損益計算論における第1の特質は対流関係性であるが，これは損益計算至上主義を背景とした給付系統の主導性および収支概念の拡張を必然的に伴う対流関係性であり，その派生的特質としてフロー思考性を導き出すことができる。

2 損益法的損益計算性

既述のように，給付・収支損益計算論においては，損益は給付系統と収支系統において二面的に計算表示される。そこでは，給付系統において積極的損益要素は収益であり，消極的損益要素は費用である。また，収支系統において積極的損益要素は収入であり，消極的損益要素は支出である。そして，各系統においてこれらの積極的損益要素から消極的損益要素を控除することによって，損益は二面的に計算されるのである。

このことを念頭において，ここで問題としなければならないのは，そこにおける損益構成要素の性格である。給付・収支損益計算論における損益構成要素は，収益，費用，収入および支出であり，上述したように，これらはフロー概念である。したがって，これらを収容する給付系統および収支系統はともにフロー概念の勘定系統であり，これらは損益を二面的かつフロー的に計算しているのである。さらに，これらのフロー計算は積極的損益要素と消極的損益要素とをそれぞれの系統において原因別に把握するということに注意しなければならない。これはまさに損益法による損益計算であり，したがって，給付・収支

損益計算論では，損益計算は首尾一貫して損益法によって行われるのである。

　通常，損益法は損益勘定ないし損益計算書において行われ，残高勘定ないし貸借対照表が損益を計算する場合には財産法によって行われると説明するのが一般的であるが，この理論においては，給付系統およびその総括表としての損益勘定が損益法によって計算・表示されるのみならず，収支系統およびその総括表としての残高勘定も損益法によって計算・表示されることになる。ここでの残高勘定は修正された収入・支出計算を行うので，財産法のように期末資本と期首資本とを比較するのではなく，あくまでも収入と支出とを比較する計算表であり，損益法による損益計算を行っているのである。したがって，給付・収支損益計算論における第2の特質は，給付系統および収支系統において首尾一貫して損益法的損益計算を遂行することにあるということができる。

　このように，給付・収支損益計算論では，給付系統と収支系統において損益は二面的に損益法によって計算されるのであるが，それでは，これらの系統は損益計算に対してそれぞれどのような役割を果たしているのであろうか。最後に，これを考えてみることにしよう。一般に，2つのものが1つの計算を二面的に行おうとする場合，一方がその計算に対して演算機能を果たし，他方が検算機能を果たすことになるということができる。このことを念頭においてこの理論をみてみると，ここでは，給付系統において損益は直接的・意識的に計算され，収支系統において損益は間接的・無意識的に計算されるということに注目する必要がある。これは，給付系統が損益の演算機能を果たしており，収支系統が損益の検算機能を果たしているということにほかならない。

　すなわち，給付系統は収益から費用を控除することによって損益を演算し，その損益を収支系統が収入から支出を控除することによって検算するのである。そして，これによって，給付系統および収支系統における損益の二面的計算は，損益計算の正確性に関する検証機能を果たしているのである。このようにみてくると，給付・収支損益計算論は首尾一貫した損益法的損益計算を行っているが，そのなかでも，各系統は同じ機能を果たしているのではなく，それぞれ独自の役割を有していることが明らかとなる。

V　給付・収支損益計算論の問題点

　これによって，給付・収支損益計算論の特質が，対流関係性および損益法的損益計算性であることが明らかとなった。そこで，本節ではさらに一歩進めて，このような特質を批判的に検討するという方法で，この理論に内在する固有の問題点を解明してみよう。その場合，まず対流関係性から考察を始めることにする。

1　対流関係性

　前節で述べたように，給付・収支損益計算論では，会計理論の出発点を交換取引における給付と収支との対流関係におき，この対流関係からこの理論の結論である損益計算の二面性を導き出す。ここでは，会計目的をもっぱら損益計算におくので，損益を二面的に計算するためには，給付系統に対応する収支系統を形成する必要があり，現金取引に信用取引を含めて収支概念を拡張する必要性が生じる。これによって，給付系統は損益を直接的・意識的に計算し，収支系統は損益を間接的・無意識的に計算できることになり，給付系統と収支系統とは鏡像の関係を形成することとなった。

　しかしながら，ここでまず指摘しなければならないのは，給付・収支損益計算論における出発点，すなわち給付と収支との対流関係は必ずしもすべての取引において成立しないということである。ワルプ自身も述べているように，実際には，一方では現物決済や生産過程のように収支を伴わない給付間取引があるし，他方では出資取引や借入れ取引およびその返済取引のように給付を伴わない収支間取引が存在する。さらに，災害損失や現金不足などのように給付の一方的流出や収支の一方的流出が発生する場合がある。これらの場合には，給付と収支との対流関係が成立せず，すべての取引がこれによって説明できるわけではないので，この理論の理論構成における出発点が崩れることになる。

　ワルプは，給付間取引に関しては各給付のそれぞれに収支の発生を擬制してこの問題を回避しようとしているが，現物決済のような経営外部との取引に関

してこの擬制は可能であるかもしれないけれども，生産過程のような経営内部で発生する取引に関してはこの擬制は明らかに可能ではない。さらに，収支間取引に関しては給付の発生を擬制する余地はまったくないし，給付および収支の一方的流出入に関してもそれぞれ収支および給付を介在させる余地はまったくないのである。したがって，給付と収支との対流関係によってすべての取引を説明しようとし，会計理論を構成しようとする試みは明らかに失敗に終わっており，この理論の主張点である給付系統と収支系統との鏡像関係ははじめから成立しないのである。

給付と収支との対流関係が成立せず，給付系統と収支系統との鏡像関係が成立しないことをはじめから分かっていながら，それではなぜこのような関係をワルプは理論構成の出発点としたのであろうか。それは，給付・収支損益計算論の結論であり，この理論の最も主張したい点である損益計算の二面性を導き出すためであると思われる。給付間取引および収支間取引が現実に発生するのであるが，これらの取引が発生しても給付系統と収支系統における損益の二面的計算は依然として成立するのである。

給付間取引の場合には，給付系統において収益と費用とが金額的に等しくなるので，それらを相殺することができ，結果的に損益非作用的となる。また，収支間取引の場合には，収支系統において収入と支出とが金額的に等しくなるので，ここでもそれらを相殺することができ，結果的に損益非作用的となる。したがって，これらの場合には，給付系統における損益と収支系統における損益とが必然的に一致し，損益は依然として二系統において二面的に計算されるのである。

このようにみてくると，給付と収支との対流関係性がこの理論の主要な論点ではなく，損益計算の二面性が最も重要な主張点であり，対流関係性は損益の二面的計算を論証するための手段としての地位を与えられるにすぎない。この理論は会計の目的を唯一損益計算におく損益計算至上主義であり，この目的を遂行するために給付と収支との対流関係性が説明の手段として用いられるのである。したがって，この対流関係性は本来の経済的意味で用いられているのではない。

2 財政状態表示不可能性

ここではさらに進んで，この理論における収支系統および残高勘定が企業の財政状態を論理的に表すことができるかどうかを検討してみよう。その場合に参考となるのが，この理論の特質たる損益法的損益計算性である。

前節で述べたように，給付・収支損益計算論では，損益計算は首尾一貫して損益法によって行われ，給付系統およびその総括表としての損益勘定が損益法によって計算・表示されるのみならず，収支系統およびその総括表としての残高勘定も損益法によって計算・表示される。ここでの残高勘定は修正された収入・支出計算を行うので，財産法のように期末資本と期首資本とを比較するのではなく，あくまでも収入と支出とを比較するフロー概念の計算表であり，損益法による損益計算を行うということであった。

ここでの問題は，このようにして作成された残高勘定が企業の財政状態を表示することができるかどうかである。そして，ここでまず問題となるのは，残高勘定における戻し計算支出および戻し計算収入の性格である。前者は収支系統および残高勘定の借方に計上されるが，もともと過大支出したものが戻ってきたということを意味しており，後者は貸方に計上されるが，もともと過大収入のものが戻ってきたということを意味している。すなわち，戻し計算支出はあくまでも支出の戻りであり，戻し計算収入はあくまでも収入の戻りである。

給付・収支損益計算論では，収支系統および残高勘定の借方は収入を表し，貸方は支出を表すので，戻し計算支出および戻し計算収入を首尾一貫して説明しようとするならば，前者は支出の控除項目として貸方に計上する必要があり，後者は収入の控除項目として借方に計上する必要がある。すなわち，図表3-2で示した残高勘定の内容は本来図表3-6のようにならなければならない。

図表 3-6　本来の残高勘定の内容

収入	残高勘定	支出
本 来 の 収 入		本 来 の 支 出
△戻し計算収入		△戻し計算支出
追加計算収入		追加計算支出
		利　　益

そうすると，戻し計算支出の具体的内容である棚卸資産，固定資産および前払費用は貸方項目ということになり，資産として計上できないということになる。同じく，戻し計算収入の具体的内容である前受収益は借方項目ということになり，負債計上できないということになる。棚卸資産等を資産計上できず，前受収益を負債計上できないということは，給付・収支損益計算論における本来の残高勘定は，財政状態を表示することができないといわざるをえないのである。

しかし，一歩譲って，ワルプのいうように，戻し計算支出を収入とみなし，戻し計算収入を支出とみなして，残高勘定を修正された収入・支出計算とみるとしても，問題が解決されるわけではない。ここでも残高勘定は依然として損益勘定と同じフロー計算表であり，資産，負債および資本のようなストックを表す計算表ではない。すなわち，給付・収支損益計算論における残高勘定は元来残高計算表ではなく，したがって，財政状態を表示する計算表ではないのである。

しかしながら，ワルプ自身の示した図表3-4の収支系統と図表3-3の残高勘定を注意深く比較してみると，収支系統は依然としてフロー計算表であるが，残高勘定はストック計算表であり，財政状態を表示しようとしていることに気づく。というのは，収支系統は収支を総額で示しているのに対して，残高勘定は貸借差額である純額で示しているからである。一般に，フローとフローとの差額，つまり残高はストック概念である。したがって，ここにおける残高勘定はストック計算表であり，残高計算表であるということができる。

ということは，収支系統からその総括表としての残高勘定を作成する過程で変質が生じたということであり，具体的にはフロー概念からストック概念への変質が生じたということである。そして，この変質から明らかなことは，この残高勘定はもはやワルプのいうような修正された収入・支出計算表ではなく，正真正銘の残高計算表であるということである。このように，給付・収支損益計算論における収支系統と残高勘定との間には連続性はなく，それらは断絶しているのである。

Ⅵ む す び

　以上，本章では，ワルプの収入支出観を検討することを目的として，彼の提唱する給付・収支損益計算論を解説し，その特質と問題点を明らかにした。

　給付・収支損益計算論の特質に関して，その第1の特質は対流関係性であり，さらにこれは損益計算至上主義を背景とした給付系統の主導性および収支概念の拡張を必然的に伴う対流関係性であり，その派生的特質としてフロー思考性があることを明らかにした。そして，その第2の特質は，給付系統および収支系統において首尾一貫して損益法的損益計算を遂行することにあるということを解明した。

　そして，この特質を踏まえた給付・収支損益計算論の問題点に関して，次のことを指摘した。まず，対流関係性について，給付間取引および収支間取引の存在から，給付と収支との対流関係によってすべての取引を説明しようとし，会計理論を構成しようとする試みは失敗に終わっており，この理論の主張点である給付系統と収支系統との鏡像関係ははじめから成立しない。その結果，給付と収支との対流関係性がこの理論の主要な論点ではなく，損益計算の二面性が最も重要な主張点であり，対流関係性は損益の二面的計算を論証するための手段としての地位を与えられるにすぎないことを述べた。

　また，損益法的損益計算性に関連して，フロー概念に基づく本来の残高勘定を示してみると，戻し計算支出の具体的内容である棚卸資産，固定資産および前払費用は貸方項目ということになり，資産として計上できないということになる。同じく，戻し計算収入の具体的内容である前受収益は借方項目ということになり，負債計上できないということになる。棚卸資産等を資産計上できず，前受収益を負債計上できないということは，給付・収支損益計算論における本来の残高勘定は，財政状態を表示することができないことを指摘した。

　さらに，ストック概念としてこの残高勘定をみると，そこでは，収支系統からその総括表としての残高勘定を作成する過程で，フロー概念からストック概念へ変質が生じていることが判明した。そして，これによって，この残高勘定はもはや修正された収入・支出計算表ではなく，正真正銘の残高計算表であ

り，給付・収支損益計算論における収支系統と残高勘定との間には連続性はなく，それらは断絶していることを指摘した。

　以上が本章の結論であり，ワルプの収入支出観および給付・収支損益計算論に対する結論であるが，ここで改めて，彼の理論がシュマーレンバッハの収入支出観および動的貸借対照表論の進展であるかどうかを検討してみたい。

　前述したように，シュマーレンバッハの動的貸借対照表論では，とりわけ支払手段（貨幣）の解釈に困難な問題が内在しており，さらにその理論は損益計算を会計目的とするにもかかわらず，そこにおける貸借対照表には損益計算機能が備わっていなかった。そして，これらの問題を解決し，収入支出観を完成させようとしたのが，ワルプにほかならない。

　ワルプはシュマーレンバッハにおける支払手段の解釈の困難性に着目し，それを解決するために，交換経済現象にみられる給付の流れとそれに対応する収支の流れから，損益勘定と残高勘定を構成し，損益を二面的に計算表示しようとした。そこでは，収支概念の拡張を前提として，残高勘定（貸借対照表）を収支概念で統一的に説明した。そして，損益計算に関して，給付と収支との対流に基づく交換取引を損益計算の出発点におき，それらを具現する損益勘定と残高勘定において損益を二面的に計算表示しようとしたのである。その結果，損益は損益勘定のみならず，残高勘定においても算定されることになった。

　このようにみると，ワルプはシュマーレンバッハにおける2つの問題点を解決しており，彼の給付・収支損益計算論は収入支出観の進展と解釈することができる。ただ，上述したように，ワルプの残高勘定は収支系統の総括表としての性格を有しているが，収支系統から残高勘定を作成する過程で，フロー概念からストック概念への変質が生じている。そして，この変質から明らかなことは，この残高勘定はもはやワルプのいうような修正された収入・支出計算表ではなく，正真正銘の残高計算表であるということである。このように，給付・収支損益計算論における収支系統と残高勘定との間には連続性はなく，それらは断絶しているのである。

　したがって，この残高勘定の存在によって，ワルプの給付・収支損益計算論は収入支出観の完成に至っていないと評価せざるをえない。そしてその原因は，収入支出観および給付・収支損益計算論が会計の体系をフロー概念によっ

て統一的に説明しようとするものであるにもかかわらず，彼は会計理論の説明にストック概念を混在させていることにあるように思われる。さらにいうならば，給付系統の総括表としての損益勘定と収支系統の総括表としての残高勘定を強調しすぎていることにあるように思われる。

　むしろ，ワルプは，彼の給付・収支損益計算論において，損益勘定と残高勘定ではなく，給付系統勘定と収支系統勘定で会計を統一的に説明すべきではなかったか。そして，ワルプ理論に内在するこの問題点を解決したのが，シュマーレンバッハおよびワルプの後継者としてのコジオール（Kosiol）の「収支的貸借対照表論」である。それはもっぱら収支事象の記帳に由来し，それゆえ，シュマーレンバッハおよびワルプの基本的思考を統一し，これらの試みの首尾一貫した仕上げにおいて，体系的に完結した簿記理論，勘定理論，貸借対照表論および評価論として損益計算の包括的な理論を統一的な収支的基礎に基づいて示すものである。

　そこで，収入支出観の完成を目指して，コジオールの理論を検討する必要がある。したがって，彼の「収支的貸借対照表論」が次章の検討課題である。

第4章

収入支出観の再展開
─コジオールの収支的貸借対照表論─

I　はじめに

　本書において，会計の体系を首尾一貫して統一的・論理的に説明するという目的のもとに，提唱しようとするのが会計観としての「収入支出観」（Einnahme und Ausgabe Auffassung）である。これまで述べてきたように，この会計観をはじめて提唱したのがシュマーレンバッハ（Schmalenbach）であり，彼の動的貸借対照表論は収入支出観の萌芽であるということができる。そして，収入支出観の完成型に向けて，シュマーレンバッハの会計理論をさらに展開したのが，ワルプ（Walb）の給付・収支損益計算論にほかならない。

　ワルプの会計理論の特徴は，給付（Leistung）と収支（Zahlung）との対流に基づく交換取引を損益計算の出発点におき，それらを具現する給付系統（損益勘定）と収支系統（残高勘定）において損益を二面的に計算・表示することにある。この給付・収支損益計算論はシュマーレンバッハの収入支出観の展開であるということができるが，収入支出観の完成に至っていないと評価せざるをえない。

　その原因は，収入支出観および給付・収支損益計算論が会計の体系をフロー概念によって統一的に説明しようとするものであるにもかかわらず，ワルプは

会計理論の説明にストック概念を混在させていることにある。さらにいうならば，給付系統の総括表としての損益勘定と収支系統の総括表としての残高勘定を強調しすぎていることにある。彼は，給付・収支損益計算論において，損益勘定と残高勘定ではなく，給付系統勘定と収支系統勘定で会計を統一的に説明すべきであったように思われる。

そして，ワルプ理論に内在するこの問題点を解決したのが，シュマーレンバッハおよびワルプの後継者としてのコジオール（Kosiol）の「収支的貸借対照表論」（pagatorische Bilanztheorie）である。それはもっぱら収支事象の記帳に由来し，それゆえ，シュマーレンバッハおよびワルプの基本的思考を統一し，これらの試みの首尾一貫した仕上げにおいて，体系的に完結した簿記理論，勘定理論，貸借対照表論および評価論として損益計算の包括的な理論を統一的な収支的基礎に基づいて示すものである。

そこで，収入支出観の完成を目指して，コジオールの会計理論を検討する必要があり，彼の「収支的貸借対照表論」が本章の検討課題となる。そして，その会計理論はどのようなものであり，これがどのように具体的に構成され，そのようにして構成された収支的貸借対照表論にどのような特質と意義があるのかを解明することが，本章の目的である。

これらの目的を達成するために，以下ではまず，コジオールの提唱する収支的貸借対照表論を概説し，次にこの会計理論を具体的な計算例によって説明する。これによって収支的貸借対照表論の全体像が明らかになるので，さらに，収支的貸借対照表論の特質を解明する。そして最後に，収支的貸借対照表理論の展望を述べ，それに基づいてこの会計理論をさらに理論的に拡張する可能性を示唆したい。

II　収支的貸借対照表論

コジオールの収支的貸借対照表論はシュマーレンバッハおよびワルプの提唱した収入支出観のさらなる展開である。上述したように，それはもっぱら収支事象の記帳に由来し，それゆえ，シュマーレンバッハおよびワルプの基本的思

考を統一し，これらの試みの首尾一貫した仕上げにおいて，体系的に完結した簿記理論，勘定理論，貸借対照表論および評価論として損益計算の包括的な理論を統一的な収支的基礎に基づいて示すものである。

　その表現は，簿記の形式的構成を現金収支および計算収支のシステムとして解釈することにおいて，計算目的を（比較可能な）収支的期間損益の決定として設定することにおいて，そこから規定される収支的価値をもつ基本的な取得原価計算の意味で実現計算として評価問題を解決することにおいて，そして，それに対応する資本維持の問題を（基本的な）名目資本維持として回答することにおいて，統一的な収支的計算理念を見出す。

　収支的貸借対照表論の経験的主題は，企業の現実の生産過程である。その一般的目的設定は，この過程の数量的把握にあり，その価値的成果の表示にある。企業内において，（実質）財の受入れ（払出し）および名目財ないし貨幣の払出し（受入れ）が広範に並行し，さらに逆の運動方向で並行する。したがって，財の受入れ（払出し）ないし財の費消（集積）の把握は，財務簿記の収支的計算において，それに属する支出および収入の把握によって合目的な方法で間接的に行われる（Kosiol [1970a] S.279-280）。

　これが会計の体系を収入および支出によって統一的に説明しようとする理由である。これは，ワルプの会計思考に基礎をおいているということができる。この収支的貸借対照表論の概要は，以下のとおりである。

1　収支的貸借対照表論の概要

　収支的貸借対照表論の出発点として，コジオールは，シュマーレンバッハやワルプと同様に，全体損益計算から始める。全体損益計算は，全体損益＝現金収入の合計－現金支出の合計（利益配当を除く）という規則によって，純現金計算（現金計算）の形式で企業の全存続期間の損益を決定する。

　しかし，実務においては，全体損益計算に比して，当面の中間計算および中間成果が必要となる。このために，その理論的推論は全体期間をある数の部分期間に思惟的に分解することから出発する。これらの部分期間に対して，その期間に対応する全体損益の部分，つまり期間損益を決定するために，期間損益

計算が行われる。それゆえ，期間損益の合計＝全体損益という関係が妥当する（Kosiol［1970a］S.281）。

期間損益計算において，その計算事例は損益作用的財事象および純財務的事象に分けられる。損益作用的財事象はさらに次のような事例からなる。

A　損益の実現および現金収支

B　まず損益の実現，それから現金収支

C　まず現金収支，それから損益の実現

同様に，純財務的事象は次のような事例からなる。

D　相関的現金支出（現金収入）および相関的現金収入（現金支出）

E　まず相関的現金支出（現金収入），それから相関的現金収入（現金支出）

これらの事例および計算関係を明らかにするために，コジオールはまず彼のいう組織的単式簿記（systematischen einfachen Buchhaltung）から説明する。そこにおいて，計算関係として，現金計算（Barrechnung），前計算（Vorverrechnung）および償還計算（Tilgungsverrechnung），戻し計算（Rückverrechnung）および後計算（Nachverrechnung）が問題となる。これらの計算を理解するために，図表 4-1 を掲げておく（Kosiol［1970a］S.285-286）。そして，それぞれの事例の説明は以下のとおりである（Kosiol［1970a］S.282-284）。

(1)　純現金計算

計算事例 A は，期間損益計算において記帳資料の基礎を提供する損益作用的現金計算の計算形式に対応する。その計算関係の要素は，一方的な損益作用的記帳である。すべての種類の現金収支的財使用の場合，損益作用的現金支出（BAe）＝現金的費用支出に対する費用実現となり，各種の現金収支的集積の場合，損益作用的現金収入（BEe）＝現金的収益収入に対する収益実現となる。

事例 D は，純現金計算としての財務事象に関係し，ある期間内で完全に決済される財務事象に関係する（期間適合的記帳様式）。ここでは，計算機構において，現金収支のみが生じる。例えば貸付けの承諾および返済のような資産取引の場合，それは現金的債権支出（FA）および現金的決済収入（AgE）である。また，例えば借入れの受領および返済のような負債取引の場合，それは現金的負債収入（SE）および現金的決済支出（AgA）である。そのつど相互に密

第4章　収入支出観の再展開─コジオールの収支的貸借対照表論─　　97

図表 4-1　組織的単式簿記における計算関係

計算形式	計算機構				計算事例
	収　入　　支　出		収　入　　支　出		
純現金計算 損益作用的現金計算	BEe ←			→ BAe	A　損益の実現 　　および現金収支
純現金計算としての 財務的事象	AgE ← → FA		SE ← → AgA		D　相関的 　　現金支出（現金収入） 　　および相関的 　　現金収入（現金支出）
前計算と償還計算（見越） 損益作用的前計算	VEe →		→ VAe		まず 　損益の実現
↓ 償還計算	AgE → TA		TE → AgA		B 　それから現金収支 　それから相関的現金収入 　　　　　　（現金支出）
↓ 損益作用的前計算	VEw → FA		SE → VAw		E 　まず相関的現金支出 　　　　　　（現金収入）
戻し計算と後計算（繰延） 戻し計算	RtE ← → RA (VEz)		RE → VtA (VAz)		C　まず現金収支 　それから 　損益の実現
↓ 後計算	NEe ←		→ NAe		

接な関係にある収支は原則として同じ額で記帳されるので，それらは相殺される（基本的に損益非作用的，相関的記帳）。

(2)　前計算および償還計算（見越）

　計算事例Bは，損益作用的前計算の計算形式となる。その計算機構において，計算事例Bの最初の部分は収支概念の拡張のもとで損益作用的前収入（VEe）および前支出（VAe）の一方的記帳によって写像される。その例は，あとで掛け販売からの収入的収益および掛け購入からの財費消となるものである。

　計算事例Eは，計算事例Dに対する財務事象に関して，損益作用的前計算の計算形式を必要とする。それゆえ，その計算機構では，計算事例Eの最初

の部分を表示するために，現金収支ならびに計算収支が記帳される。現金的債権支出（FA）は同額の相関的前収入（VEw）によってその損益作用性において相殺されなければならず，現金的負債収入（SE）は同額の相関的前支出（VAw）によって相殺されなければならない。

　計算事例 B および E の続行は，償還計算の計算形式において収支見越の解消をもたらす。計算機構において，計算事例 B および E の第 2 の部分は，同じ構造を示す。両事例において，その損益作用性が各事例において相殺される，現金的決済収入（AgE）ないし現金的決済支出（AgA）が生じる。というのは，それらはすでに前払いされているか，もしくは一般に生じる必要がないからである。それは，原則として最初の収支見越の額で開始される償還支出（TA）ないし償還収入（TE）の反対方向の記帳によって行われる。それゆえ，償還収支は 2 つの機能を果たす。すなわち，それは現金的決済収支の損益作用性を相殺し，それは以前の収支見越を減少（償還）させる。

　決済収支が決済された償還収支と異なる場合，償還差異が生じうる。その額の償還収支は，その限りにおいて異常な（期間外）損益として作用する（例えば，債権貸倒れ，債務免除）。

(3)　戻し計算および後計算（繰延）

　計算事例 C は，戻し計算および後計算の繰延計算形式となる。その計算機構において，費用側に関して，例えば有形財もしくは無形財に対する現金的在庫（Vorrat）支出（VtA）に同額の戻し収入（RE）が対置され，収益側に関して，例えば顧客前払い収支における現金的留保（Reservat）収入（RtE）に同額の戻し支出（RA）が対置される，計算事例 C の最初の部分が写像される。したがって，これらの計算収支は暫定的に現金収支の損益作用性を相殺する。これらの事象が債権から始まる場合，現金収支の場所に期間中性的前支出（VAz）＝在庫前支出が入り，期間中性的前収入（VEz）＝留保前収入が入る。

　計算事例 C の第 2 の部分は，計算機構において（損益作用的）後支出（NAe）および後収入（NEe）によって写像される。後支出および後収入は，戻し収入および戻し支出を受け継ぎ，戻し計算によって暫定的に相殺される現金収支に対応して生じる損益的実現の損益作用的減少を目的とする（例えば，長

期的財費消に対する減価償却，顧客前払い収支に対する財販売からの収益）。

（4）　収支的勘定タイプ

以上の計算関係を理解するために，これらを勘定形式で表すと，5種類の勘定が成立し，それらは図表 4-2 のようになる（Kosiol［1970a］S.293-294）。

図表 4-2　組織的単式簿記における勘定タイプ

現　　金	
現金収入	現金支出

（貨幣）債権		（貨幣）債務	
前 収 入	償 還 支 出	償 還 収 入	前 支 出

在　　庫		留　　保	
戻し収入	後 支 出	後 収 入	戻し支出

この場合，債務にはいわゆる他人資本および自己資本が含まれる。また，在庫にはすべての有形財および無形財が含まれ，留保には前受収益などが含まれる。

2　収支的貸借対照表論の計算表体系

このような計算関係に基づいて，コジオールの組織的単式簿記では，いくつかの計算表ないし貸借対照表が作成される。それは，収支的運動貸借対照表，収支的在高貸借対照表および収支的変動貸借対照表である。それらは以下のように説明される（Kosiol［1970a］S.284-289）。

（1）　収支的運動貸借対照表

収支的運動貸借対照表は，会計期間末において，様々な種類の収支によって構成される当該期間のすべての収入（借方）および支出（貸方）を包含するものである。これは，貸借対照表のある側の他の側に対する収支余剰として期間

図表 4-3　収支的運動貸借対照表

収入	収支的運動貸借対照表	支出
Ⅰ　現金収入		Ⅰ　現金支出
1　損益作用的現金収入		1　損益作用的現金支出
（現金収益収入）		（現金費用支出）
2　留保収入		2　在庫支出
3　債務収入		3　債権支出
4　決済収入		4　決済支出
Ⅱ　計算収入		Ⅱ　計算支出
1　前 収 入		1　前 支 出
a)　損益作用的前収入		a)　損益作用的前支出
b)　期間中性的前収入		b)　期間中性的前支出
（留保前収入）		（在庫前支出）
c)　相関的前収入		c)　相関的前支出
2　償還収入		2　償還支出
3　戻し収入		3　戻し支出
4　後 収 入		4　後 支 出

残高＝期間損益

損益（期間利益または期間損失）を示す。

　収支的運動貸借対照表は，図表 4-3 のように表される（Kosiol [1970a] S.285-286）。

　コジオールは，収支的運動貸借対照表を貸借対照表の原型とよぶ。というのは，残高計算されていない（フロー量ともよばれる）収入および支出それ自体における貸借対照表の本来の内容がここにみられ，運動貸借対照表の形式がこの収支資料から直接導き出されるからである。図表 4-3 から，収支的運動貸借対照表の構造が個々にわかる。この場合，主要グループ I および II における貸借対照表の両側は，簿記的事象の様々な収支特性（現金収支／計算収支）によって分類され，さらなる下位区分において損益特性（損益作用性／損益非作用性）によって分類される。

(2)　収支的在高貸借対照表

運動貸借対照表における損益決定は，理論的観点において場合によっては前

第4章　収入支出観の再展開—コジオールの収支的貸借対照表論—　101

図表 4-4　収支的在高貸借対照表

資産	収支的在高貸借対照表	負債
Ⅰ　収入在高		Ⅰ　支出在高
1　現金在高（現金預金）		1　債　　務（支出見越）
2　債　　権（収入見越）		
Ⅱ　支出対価		Ⅱ　収入対価
3　在　　庫		2　留　　保

残高＝期間損益

期からの繰越高とは完全に独立している。すべての期首在高は原則として全体から切り離され，それゆえ損益中性的である。

　それに対して，実務的理由から，繰越高を貸借対照表の継続性を保持するために算入することが必要である。この実務的に広く行われている在高貸借対照表は，第2の貸借対照表形式として，繰越高の総括からおよびそれに対応する運動量から，正および負の構成要素の同時的残高計算のもとで生じる。これは収支的在高貸借対照表とよばれる。というのは，それは収支的の事象の記帳から生じ，それによって全体的な貸借対照表在高が収支的特質を担うからである。

　収支的在高貸借対照表は，図表 4-4 のように表される（Kosiol [1970a] S.287-288）[1]。

　その場合，債権および債務（自己資本および他人資本）は，経済的・計算理論的意味で一般に将来的現金収支（見越）として示される。いわゆる見越資産および負債は，実務的な分類の必要性のみから分離される事例である。計算理論的に，前収入および前支出から展開されるすべての在高は，収支の前払いと

1　コジオールはこの在高貸借対照表を別のところで次のように示しており（Kosiol [1970b] S.152），これにより，上述したことがより明瞭に理解される。

資産（収入余剰）	在高貸借対照表	負債（支出余剰）
1　現金在高（現金）：		
現金収入の余剰		
2　名目(貨幣)債権の在高：		4　名目(貨幣)債務の在高：
前収入の余剰		前支出の余剰
3　(実質債権を含む)実質財の在高：		5　実質債務の在高：
戻し収入の余剰		戻し支出の余剰

残高＝期間損益

みなされる。それに対して，在庫および留保は収支の将来的損益作用性の事象（繰延）に関係する。

同様に，いわゆる短期的な資産および負債は，特別な分類事例とはならない。貸借対照表に計上されるすべての実質財および実質債務は，戻し収入および戻し支出から展開され，理論的に例外なしに短期的特質を担うことになる。

(3)　収支的変動貸借対照表

当該期間の収支運動（フロー量）から出発して，第3の貸借対照表として，運動貸借対照表における相互に対応する収支の残高計算によって収支的変動貸借対照表が生じる。残高は収入余剰もしくは支出余剰の形式における運動差額である。それは，期末在高と期首在高との間で決定される在高差額と内容的に等しい。それゆえ，変動貸借対照表を内容的に運動差額貸借対照表もしくは在高差額貸借対照表として説明することができる。

収支的変動貸借対照表は，図表4-5のように表される（Kosiol［1970a］S.287-288)[2]。

図表4-5　収支的変動貸借対照表

収入余剰 （資産増加・負債減少）	収支的変動貸借対照表	支出余剰 （負債増加・資産減少）
現金収入余剰（現金在高増加）		現金支出余剰（現金在高減少）
前 収 入 余 剰（債権増加）		償還支出余剰（債権減少）
償還収入余剰（債務減少）		前 支 出 余 剰（債務増加）
戻し収入余剰（在庫増加）		後 支 出 余 剰（在庫減少）
後 収 入 余 剰（留保減少）		戻し支出余剰（留保増加）

残高＝期間損益

3　収支的貸借対照表論の全体システムとしての複式簿記

これまで説明してきたのは，収支的貸借対照表論における組織的単式簿記であるが，計算システムないし簿記システムを完成させるために，コジオールはこれに加えて収益および費用を計上する複式簿記を構想する。

複式簿記は，コジオールの見解によれば理論的に組織的単式簿記のさらなる展開として説明される。その場合，特定の費用計算および収益計算において損益の源泉を明らかにする努力は，ある補完的簿記システムの展開に導く。その出発点として，経営的事象の生産的視点，過程的視点および損益的視点がさらなる計算のメルクマールとして選ばれる。その方法は形式的に，貸借対照表領域においてこれまで一方的に記帳した損益作用的事象に種類的に分類された費用勘定および収益勘定を反対記帳することにある（反対記帳の一般原則）。

これらの損益勘定は全体として，純粋な収支系列のほかに第2の計算領域として厳密な（狭い）意味で純粋な損益系列を構成する。その計算において，損益系列は，貸借対照表に対して必然的に同じ額で左右を逆にした損益計算書によって，利益および損失計算をもたらす。

コジオールによれば，損益計算は2つの形式に区別される。1つは収支的全体損益計算（pagatorische Gesamtaufwandrechnung）であり，他は収支的取引損益計算（pagatorische Umsatsaufwandrechnung）である。

収支的全体損益計算の形式は，経営的生産過程の全体的な収支的価値運動を示し，それゆえ，調達局面，製造局面および販売局面に対して暫定的な費用（全体費用）および対応する暫定的な収益を含み，後に減少によって決済される省略のない総額計算である。

これに対して，収支的取引損益計算の形式は，収支的全体損益計算の形式か

2　コジオールはこの変動貸借対照表も別のところで次のように示している（Kosiol [1970b] S.154）。

収入余剰	動貸借対照表	支出余剰
当該期間の現金収入の余剰		当該期間の現金支出の余剰
＝現金在高の増加		＝現金在高の減少
当該期間の前収入の余剰		当該期間の償還支出の余剰
＝名目債権の在高の増加		＝名目債権の在高の減少
当該期間の償還収入の余剰		当該期間の前支出の余剰
＝名目債務の在高の減少		＝名目債務の在高の増加
当該期間の戻し収入の余剰		当該期間の後支出の余剰
＝実質財の在高の増加		＝実質財の在高の減少
当該期間の後収入の余剰		当該期間の戻し支出の余剰
＝実質債務の在高の減少		＝実質債務の在高の増加

残高＝期間損益

ら導出できる短縮した純額計算である。それは経営的生産過程の取引局面にのみ関連づけ，その場合最終的な費用（売上費用）およびそれに対応する最終的収益（売上）のみに限定する。

　両者の形式の損益計算書を示すと，図表4-6のようになる（Kosiol［1970a］S.291-292）。

　収支的取引損益計算の場合，当該期間の最終的な費用および収益は，すでに図表4-6における損益計算書の費用側および収益側で項目Ⅰによって決定される。それに対して，収支的全体損益計算の場合，最終的な費用（収益）の総合計は，損益計算書の費用側（収益側）における項目Ⅰの費用（収益）およびⅢの暫定的費用（暫定的収益）の合計から，収益側（費用側）における項目Ⅳの

図表4-6　損益計算書

費用	損益計算書	収益
Ⅰ　次の反対記帳としての費用		Ⅰ　次の反対記帳としての収益
1　現金支出		1　現金収入
2　前　支　出		2　前　収　入
3　後　支　出		3　後　収　入
4　償還支出（償還差異）		4　償還収入（償還差異）
Ⅱ　次の反対記帳としての収益減少		Ⅱ　次の反対記帳としての費用減少
1　現金支出		1　現金収入
2　前　支　出		2　前　収　入
3　償還支出（償還差異）		3　償還収入（償還差異）
Ⅲ　次の反対記帳としての		Ⅲ　次の反対記帳としての
暫定的費用		暫定的収益
1　現金支出		1　現金収入
2　前　支　出		2　前　収　入
3　後　支　出		3　後　収　入
Ⅳ　次の反対記帳としての		Ⅳ　次の反対記帳としての
暫定的収益減少		暫定的費用減少
1　現金支出		1　現金収入
2　前　支　出		2　前　収　入
3　償還支出（償還差異）		3　償還収入（償還差異）
4　戻し支出		4　戻し収入

（左側縦書き：収支的取引損益計算／収支的全体損益計算）

残高＝期間損益

暫定的費用の減少（暫定的収益の減少）を控除してはじめて生じる。

それに対して，項目Ⅱの収益減少（費用側）および費用減少（収益側）は損益計算書の両方の形式において同じ内容を示す。その場合，残高計算されない費用減少および収益減少が問題となり，すなわち，その計算書の質を落とすことなく，前期における事象をカバーし，当該会計期間の損益構成要素によって残高計算する必要のない修正が問題となる（Kosiol［1970a］S.289-290）。

Ⅲ　収支的貸借対照表論の具体的計算例

前節では，コジオールの提唱する収支的貸借対照表論を概説した。そこでは，組織的単式簿記における計算関係を説明し，収支的貸借対照表論の計算表体系を解説し，収支的貸借対照表論の全体システムとしての複式簿記を説明した。本節ではこれらを受けて，収支的貸借対照表論を完全に理解するために，これを具体的計算例で概説する。

1　具体的計算のための取引事例

コジオールは，収支的貸借対照表論を理解するための具体的取引事例として，以下の相互に連続する3会計期間を含む取引事例を示している（Kosiol［1976］S.211-213）。

(1)　第1会計期間

1　資本出資，総額105,000マルク：現金5,000マルク，銀行預金100,000マルク

2　事業設備購入，代価8,000マルク未払い

2a　事業設備の減価償却2,000マルク（全3期間で各期間2,000マルク，見積残存価額2,000マルク）

3　銀行預金による商品仕入40,000マルク，掛け仕入290,000マルク，総額330,000マルク

4 第1会計期間の営業費総額 63,850 マルク：現金支払い 2,850 マルク，銀行預金支払い 50,000 マルク，未払い 6,000 マルク，修繕引当金 5,000 マルク

5 銀行預金での商品売上 80,000 マルク，掛け売上 280,000 マルク

6 銀行預金による貸付金支出 10,000 マルク，期間は 2 期間

6a 償還時の割増 3% = 300 マルクの借方計上

6b 償還時割増の期間割当て分 150 マルク

6c 第1および第2会計期間に対して現金で受け入れた貸付金利息・前受け 1,400 マルク（利息 7% = 各期間 700 マルク）

6d 貸付金に対する第1会計期間の利息収益 700 マルク

7 棚卸による商品在高 30,000 マルク（Nr.3 による商品仕入 330,000 マルク − 期末在高 30,000 マルク = 売上原価 300,000 マルク）

(2) 第2会計期間

① 前期から引き継いだ取引事例

2b 事業設備の減価償却 2,000 マルク

6e 貸付金に対する償還時割増，期間割当て分 150 マルク

6f 貸付金に対する第2会計期間の利息収益 700 マルク

② 第2会計期間の取引事例

8 第2会計期間の営業費総額 56,750 マルク：現金支払い 2,750 マルク，銀行預金支払い 45,000 マルク，未払い 9,000 マルク

9 2% = 800 マルクの割引を差し引いた銀行預金による借入金 40,000 マルク，期間は 2 期間

9a 割引の期間割当て分 400 マルク

9b 借入金に対する利息，各期間 8% = 3,200 マルク，後払い

10 第2および第3会計期間に対する銀行預金による保険料の支払い 4,000 マルク

10a 保険料の期間割当て分 2,000 マルク

11 銀行預金による商品仕入 60,000 マルク，掛け仕入 270,000 マルク，総額 330,000 マルク

第4章　収入支出観の再展開—コジオールの収支的貸借対照表論—　　107

12　銀行預金での商品売上 150,000 マルク，掛け売上 250,000 マルク

13　第2会計期間の受取手数料 3,000 マルク，未収

14　名目 10,000 マルク，相場 97％＝ 9,700 マルクの銀行預金による債券
　　の購入

15　手形 15,000 マルクによる顧客前払い

16　第2および第3会計期間に対する賃貸建物の現金で受け取った賃貸料
　　2,000 マルク

16a　受取賃貸料の期間割当て分 1,000 マルク

17　売掛金決済のための顧客からの銀行預金収入 300,000 マルク

18　貸付金の現金収入総額 10,300 マルク，貸付金債権 10,000 マルク，償
　　還時割増 300 マルク（Nr.6 から）

19　買掛金決済のための仕入先への保有手形 15,000 マルク（Nr.15 から）
　　の裏書

20　第1会計期間の営業費に対する銀行預金支払い総額 11,500 マルク：
　　未払費用 6,000 マルクの支払い，修繕作業に対する見積もった 5,000 マ
　　ルク（Nr.4 から）の代わりに実際の支払い 5,500 マルク

21　減資としての銀行預金支払い 5,000 マルク

22　銀行預金支払い総額 358,000 マルク：買掛金決済のための仕入先への
　　支払い 350,000 マルク，営業設備の支払い 8,000 マルク（Nr.2 から）

23　第2会計期間における販売商品の売上原価 315,000 マルク

23a　棚卸による商品在高 40,000 マルク，期首在高 30,000 マルク（Nr.7
　　から）＋ 330,000 マルク（Nr.11）－ 315,000 マルク（Nr.23）＝ 45,000
　　マルク；棚卸減耗費 5,000 マルク

(3)　第3会計期間

① 前期から引き継いだ取引事例

2c　事業設備の減価償却 2,000 マルク

9c　借入金に対する割引，借入金の期間割当て分 400 マルク

9d　借入金に対する利息費用 3,200 マルク，後払い

10b　前払いした保険料，期間割当て分 2,000 マルク

16b　前受賃貸料，期間割当て分 1,000 マルク

② 第 3 会計期間の取引事例

24　第 3 会計期間の営業費総額 47,600 マルク：現金支払い 8,600 マルク，銀行預金支払い 39,000 マルク

25　銀行預金による商品仕入 30,000 マルク，掛け仕入 240,000 マルク

26　現金による商品売上 20,000 マルク，銀行預金による売上 145,000 マルク，掛け売上 200,000 マルク，顧客前払いに対する売上 15,000 マルク（Nr.15 から）

27　銀行預金による第 2 会計期間の未払費用の支払い 9,000 マルク（Nr.8 から）

28　借入金に対する銀行預金支払い総額 46,400 マルク：借入金債務 40,000 マルク；第 2 および第 3 会計期間に対する利息総額 6,400 マルク

29　現金による第 2 会計期間からの手数料収入 3,000 マルク（Nr.13 から）

30　顧客に対する債権の決済：売掛金決済のための顧客からの銀行預金収入 427,000 マルク，貸倒損失 3,000 マルク

31　9,900 マルクでの債券（Nr.14 から）の売却，銀行預金収入

32　第 3 会計期間末における商品在高ゼロ

33　仕入先に対する残余債務の償還：買掛金決済のための仕入先への銀行預金支払い 433,500 マルク，値引き 1,500 マルク

34　現金による営業設備の売却 2,500 マルク（当初の見積残存価額 2,000 マルク；Nr.2 から）

35　銀行預金による残余資本出資 100,000 マルクの払戻し

2　取引事例の仕訳

以上の取引事例に基づいて仕訳を行うと，以下のようになる。その場合，組織的単式簿記のみならず後述する複式簿記も説明できるように，通常の複式簿記における仕訳を示すこととする。ただし，収益および費用に関する勘定科目に関しては網掛けを付し，組織的単式簿記をまず強調することにする。なお，以下に示す仕訳は必ずしもコジオールが考えていた仕訳ではなく，現代会計の

第4章　収入支出観の再展開—コジオールの収支的貸借対照表論—　109

勘定科目と処理を意識して示している。

(1)　第1会計期間

番号	借方科目	金　額	貸方科目	金　額
1	現　　　金（現金収入） 銀 行 預 金（現金収入）	5,000 100,000	資 本 金（前 支 出）	105,000
2	事 業 設 備（戻し収入）	8,000	未 払 金（前 支 出）	8,000
2a	減価償却費	2,000	事 業 設 備（後 支 出）	2,000
3	商　　　品（戻し収入）	330,000	銀 行 預 金（現金支出） 買 掛 金（前 支 出）	40,000 290,000
4	営 業 費	63,850	現　　　金（現金支出） 銀 行 預 金（現金支出） 未 払 金（前 支 出） 修繕引当金（前 支 出）	2,850 50,000 6,000 5,000
5	銀 行 預 金（現金収入） 売 掛 金（前 収 入）	80,000 280,000	売　　　上	360,000
6	貸 付 金（前 収 入）	10,000	銀 行 預 金（現金支出）	10,000
6a	貸 付 金（前 収 入）	300	前 受 利 息（戻し支出）	300
6b	前 受 利 息（後 収 入）	150	受 取 利 息	150
6c	現　　　金（現金収入）	1,400	前 受 利 息（戻し支出）	1,400
6d	前 受 利 息（後 収 入）	700	受 取 利 息	700
7	売 上 原 価	300,000	商　　　品（後 支 出）	300,000

(2)　第2会計期間

番号	借方科目	金　額	貸方科目	金　額
2b	減価償却費	2,000	事 業 設 備（後 支 出）	2,000
6e	前 受 利 息（後 収 入）	150	受 取 利 息	150
6f	前 受 利 息（後 収 入）	700	受 取 利 息	700
8	営 業 費	56,750	現　　　金（現金支出）	2,750

			銀 行 預 金 （現金支出）		45,000
			未 払 金 （前 支 出）		9,000
9	銀 行 預 金 （現金収入）	39,200	借 入 金 （前 支 出）		40,000
	前 払 利 息 （戻し収入）	800			
9a	支 払 利 息	400	前 払 利 息 （後 支 出）		400
9b	支 払 利 息	3,200	未 払 利 息 （前 支 出）		3,200
10	前払保険料 （戻し収入）	4,000	銀 行 預 金 （現金支出）		4,000
10a	保 険 料	2,000	前払保険料 （後 支 出）		2,000
11	商 品 （戻し収入）	330,000	銀 行 預 金 （現金支出）		60,000
			買 掛 金 （前 支 出）		270,000
12	銀 行 預 金 （現金収入）	150,000	売 上		400,000
	売 掛 金 （前 収 入）	250,000			
13	未収手数料 （前 収 入）	3,000	受取手数料		3,000
14	有 価 証 券 （前 収 入）	9,700	銀 行 預 金 （現金支出）		9,700
15	受 取 手 形 （前 収 入）	15,000	前 受 金 （戻し支出）		15,000
16	現 金 （現金収入）	2,000	前受賃貸料 （戻し支出）		2,000
16a	前受賃貸料 （後 収 入）	1,000	受取賃貸料		1,000
17	銀 行 預 金 （現金収入）	300,000	売 掛 金 （償還支出）		300,000
18	現 金 （現金収入）	10,300	貸 付 金 （償還支出）		10,300
19	買 掛 金 （償還収入）	15,000	受 取 手 形 （償還支出）		15,000
20	未 払 金 （償還収入）	6,000	銀 行 預 金 （現金支出）		11,500
	修繕引当金 （償還収入）	5,000			
	営 業 費	500			
21	資 本 金 （償還収入）	5,000	銀 行 預 金 （現金支出）		5,000
22	買 掛 金 （償還収入）	350,000	銀 行 預 金 （現金支出）		358,000
	未 払 金 （償還収入）	8,000			
23	売上原価	315,000	商 品 （後 支 出）		315,000
23a	棚卸減耗費	5,000	商 品 （後 支 出）		5,000

第4章 収入支出観の再展開―コジオールの収支的貸借対照表論― 111

(3) 第3会計期間

番号	借方科目	金 額	貸方科目	金 額
2c	減価償却費	2,000	事 業 設 備（後 支 出）	2,000
9c	支 払 利 息	400	前 払 利 息（後 支 出）	400
9d	支 払 利 息	3,200	未 払 利 息（前 支 出）	3,200
10b	保 険 料	2,000	前払保険料（後 支 出）	2,000
16b	前受賃貸料（後 収 入）	1,000	受取賃貸料	1,000
24	営 業 費	47,600	現 金（現金支出） 銀 行 預 金（現金支出）	8,600 39,000
25	商 品（戻し収入）	270,000	銀 行 預 金（現金支出） 買 掛 金（前 支 出）	30,000 240,000
26	現 金（現金収入） 銀 行 預 金（現金収入） 売 掛 金（前 収 入） 前 受 金（後 収 入）	20,000 145,000 200,000 15,000	売 上	380,000
27	未 払 金（償還収入）	9,000	銀 行 預 金（現金支出）	9,000
28	借 入 金（償還収入） 未 払 利 息（償還収入）	40,000 6,400	銀 行 預 金（現金支出）	46,400
29	現 金（現金収入）	3,000	未収手数料（償還支出）	3,000
30	銀 行 預 金（現金収入） 貸 倒 損 失	427,000 3,000	売 掛 金（償還支出）	430,000
31	銀 行 預 金（現金収入）	9,900	有 価 証 券（償還支出） 有価証券売却益	9,700 200
32	売 上 原 価	310,000	商 品（後 支 出）	310,000
33	買 掛 金（償還収入）	435,000	銀 行 預 金（現金支出） 売 上 原 価	433,500 1,500
34	現 金（現金収入）	2,500	事 業 設 備（後 支 出） 固定資産売却益	2,000 500
35	資 本 金（償還収入）	100,000	銀 行 預 金（現金支出）	100,000

図表 4-7　第 2 会計期間取引事例の組織的単式簿記における表形式表示

Nr.	現金在高		債権		債務		在庫		留保		二面的記帳
	現金収入	現金支出	前収入	償還支出	償還収入	前支出	戻し収入	後支出	後収入	戻し支出	
2b								2,000			
6e									150		
6f									700		
8		2,750 45,000				9,000					
9	39,200					40,000	800				40,000
9a								400			
9b						3,200					
10		4,000					4,000				4,000
10a								2,000			
11		60,000				270,000	330,000				330,000
12	150,000			250,000							
13				3,000							
14		9,700	9,700								9,700
15		15,000								15,000	15,000
16	2,000								2,000		2,000
16a								1,000			
17	300,000			300,000							300,000
18	10,300			10,000 300							10,300
19				15,000	15,000						15,000
20		11,000 500			6,000 5,000						11,000
21		5,000			5,000						5,000
22		358,000			350,000 8,000						358,000
23								315,000			
23a								5,000			
	501,500	495,950	277,700	325,300	389,000	322,200	334,800	324,400	1,850	17,000	1,100,000

収入合計 − 支出合計 ＝ 期間損益 2

1,504,850 − 1,484,850 ＝ + 20,000

3 組織的単式簿記

以上の取引事例および仕訳に基づいて，組織的単式簿記を表形式でまず説明し，次にそれを基として，組織的単式簿記における運動貸借対照表，変動貸借対照表および在高貸借対照表を示すこととする。その場合，第2会計期間が組織的単式簿記を最も特徴的に説明できるので，その期間における各貸借対照表を示すことにする。まず，第2会計期間の取引事例を組織的単式簿記の表形式で表すと，図表4-7のようになる（Kosiol [1976] S.225）。

図表4-7に基づいて，第2会計期間の組織的単式簿記における運動貸借対照表，変動貸借対照表および在高貸借対照表を示すと，図表4-8のようになる（Kosiol [1976] S.226）[3]。

図表4-8　第2会計期間の組織的単式簿記における運動貸借対照表，
変動貸借対照表および在高貸借対照表

運動貸借対照表（第2会計期間）

現金収入	501,500	現金支出	495,950
前 収 入	277,700	償還支出	325,300
償還収入	389,000	前 支 出	322,200
戻し収入	334,800	後 支 出	324,400
後 収 入	1,850	戻し支出	17,000
		期間利益2	20,000
	1,504,850		1,504,850

変動貸借対照表（第2会計期間）

現金収入	5,550	償還支出	47,600
償還収入	66,800	戻し支出	15,150
戻し収入	10,400	期間利益2	20,000
	82,750		82,750

在高貸借対照表（第2会計期間）

現金在高	89,100		
債　　権	242,700	債　　務	347,200
在　　庫	46,400	留　　保	16,000
期間損失1	5,000	期間利益2	20,000
	383,200		383,200

114

そして，この在高貸借対照表を前述した仕訳に基づいて実務的な貸借対照表形式で示すと，図表4-9のようになる。

図表 4-9　貸借対照表（第 2 会計期間）

現金在高					
現　　　金	13,100				
銀 行 預 金	76,000	89,100			
債　　権			債　　務		
売 　掛 　金	230,000		買 　掛 　金	195,000	
有 価 証 券	9,700		未 　払 　金	9,000	
未収手数料	3,000	242,700	未 払 利 息	3,200	
			借 　入 　金	40,000	
			資 　本 　金	100,000	347,200
在　　庫			留　　保		
商　　　品	40,000		前 　受 　金	15,000	
事 業 設 備	4,000		前受賃貸料	1,000	16,000
前払保険料	2,000				
前 払 利 息	400	46,400			
期間損失 1		5,000	期間利益 2		20,000
		383,200			383,200

4　複式簿記

前述したように，収支的貸借対照表論の全体システムとしての複式簿記は，組織的単式簿記のさらなる展開として示される。組織的単式簿記の部分システムの複式簿記の全体システムへの拡張は，損益作用的取引事象の一面的記帳を

3　第 2 会計期間の在高貸借対照表を作成するための資料として，第 1 会計期間の在高貸借対照表を示すと次のようになる（Kosiol [1976] S.217）。

在高貸借対照表（第 1 会計期間）

現金在高	83,550		
債　　権	290,300	債　　務	414,000
在　　庫	36,000	留　　保	850
期間損失 1	5,000		
	414,850		414,850

補完することによって行われる。すなわち，収支事象のこれまでの勘定領域のほかに，二面的勘定領域の構成，つまり損益事象の構成をもたらす一般的な反対記帳の原則が用いられる。反対記帳（費用または収益）は，損益計算において鏡像的に費用支出および収益収入の損益作用性を把握する。

複式簿記は，組織的単式簿記における表形式の表示（図表4-7）から，損益作用的支出および収入（費用支出，収益収入）が引き出され，5つの勘定タイプに勘定的に区別されて構成される。その場合，反対記帳の一般原則にしたがって，各勘定が追加される欄において損益計算の関係で2つの下位分類，つまり費用ないし収益に反対記帳される。

損益計算欄は，勘定的表示形式における損益勘定と同じ数値資料を含む。この事実は，第2会計期間に関する表示において直接確認することができる。そ

図表 4-10 第2会計期間損益作用的取引事例の複式記帳における表形式表示

Nr.	現金在高 現金収入	現金支出	債権 前収入	償還支出	債務 償還収入	前支出	在庫 戻し収入	後支出	留保 後収入	戻し支出	損益計算 費用	収益
2b								2,000			2,000	
6e									150			150
6f									700			700
8		2,750 45,000				9,000					56,750	
9a								400			400	
9b						3,200					3,200	
10a								2,000			2,000	
12	150,000		250,000									400,000
13		3,000										3,000
16a									1,000			1,000
20		500									500	
23								315,000			315,000	
23a								5,000			5,000	
	150,000	48,250	253,000			12,200		324,400	1,850		384,850	404,850

すべての収益収入合計	−	すべての費用支出合計	＝期間利益2
404,850	−	384,850	＝ +20,000
すべての収益合計	−	すべての費用合計	＝期間利益2
404,850	−	384,850	＝ +20,000

116

の時々の期間損益はこの方法で2回決定される。すなわち，1回目は総括的な収益収入と費用支出の差額によって決定され，2回目は収益と費用の差額によって決定される。

　第2会計期間の損益作用的取引事例を表形式で表示すると，図表4-10のようになる。そして，これを勘定形式で示し，損益作用的取引事例の運動貸借対照表と損益計算書を示すと，図表4-11のようになる（Kosiol [1976] S.296, 297）。これによって，損益計算書において収益収入および費用支出が収益および費用として反対記帳されていることが明らかとなる。

図表4-11　第2会計期間における損益作用的取引事例の運動貸借対照表と損益計算書

損益作用的取引事例の運動貸借対照表（第2会計期間）

現金収入	150,000	現金支出	48,250
前 収 入	253,000	償還支出	—
償還収入	—	前 支 出	12,200
戻し収入	—	後 支 出	324,400
後 収 入	1,850	戻し支出	—
		期間利益2	20,000
	404,850		404,850

損益計算書（第2会計期間）

次の反対記帳費用		次の反対記帳収益	
現金支出	48,250	現金収入	150,000
償還支出	—	前 収 入	253,000
前 支 出	12,200	償還収入	—
後 支 出	324,400	戻し収入	—
戻し支出	—	後 収 入	1,850
期間利益2	20,000		
	404,850		404,850

　そして，この損益計算書を前述した仕訳に基づいて実務的な損益計算書形式で示すと，図表4-12のようになる。

第4章　収入支出観の再展開―コジオールの収支的貸借対照表論―　117

図表4-12　取引事例の第2会計期間における複式損益計算の勘定的表示

損益計算書（第2会計期間）

売 上 原 価	315,000	売　　　　上	400,000
営 業 費	57,250	受 取 手 数 料	3,000
減 価 償 却 費	2,000	受 取 賃 貸 料	1,000
保 険 料	2,000	受 取 利 息	850
棚 卸 減 耗 費	5,000		
支 払 利 息	3,600		
期 間 利 益 2	20,000		
	404,850		404,850

IV　収支的貸借対照表論の特質

　これまで，コジオールの提唱する収支的貸借対照表論の概要を説明し，その具体的な計算例を概説してきた。これによって，収支的貸借対照表論の全体像が明らかになったと思われるので，ここで，収支的貸借対照表論の特質を解明してみたい。結論から先に述べるならば，それは次の3つであるように思われる。

　(1)　収支概念の全会計対象への拡張
　(2)　運動貸借対照表に代表される徹底的なフロー思考
　(3)　資産負債観と収益費用観の統合概念としての収入支出観
　これらを順に論じていくことにしよう。

1　収支概念の全会計対象への拡張

　前述したように，コジオールの提唱する収支的貸借対照表論は会計を収入および支出を中心として考察し，会計理論を構築するものであり，これにより会計の体系を統一的に説明しようとするものである。

　コジオールは，シュマーレンバッハおよびワルプの会計思考を引き継ぎ，彼らの基本的思考を統一し，これらの試みの首尾一貫した仕上げにおいて，体系

的に完結した簿記理論，勘定理論，貸借対照表論および評価論として損益計算の包括的な理論を統一的な収支的基礎に基づいて示そうとした。その結果が収支的貸借対照表論である。

そして，その出発点は，シュマーレンバッハやワルプと同様に，収入支出計算が適合する全体損益計算である。第2章で述べたように，シュマーレンバッハによれば，貨幣価値的対象を貨幣と同一視するならば，全体利益計算は損益計算であるのみならず，原則として同時に，収入および支出計算である（Schmalenbach［1939］S.97）。この全体損益計算としての収入支出計算を各期間に割り当てたものが，期間損益計算としての収入支出計算である。

この期間損益計算は給付（Leistung）ないし収益（Ertrag）と費用（Aufwand）によって行われるが，その場合，収益と収入および費用と支出との間に相違が生じる。この相違のために，連結帯（verknüpfenden Band）が必要となり，その相違を未解決項目として収容するものが，シュマーレンバッハの動的貸借対照表である。これを示すと，図表4-13のようになる（Schmalenbach［1939］S.120)[4]。

ここでは貨幣は未解決項目ではなく，独立項目として表されている。これは，収入および支出が貨幣そのものであることを意味しており，シュマーレンバッハは収支概念を貨幣それ自体に限定しているのである。これにより，貨幣は動的な性格を失い，動的貸借対照表はもはや連結帯としての統一的な説明が

図表4-13　動的貸借対照表

積　　　極	消　　　極
1.　支出，未費用	6.　費用，未支出
2.　給付，未収入	7.　収入，未給付
3.　支出，未収入	8.　収入，未支出
4.　給付，未費用	9.　費用，未給付
5.　貨幣	

---

[4]　これはシュマーレンバッハの動的貸借対照表論（Dynamische Bilanz）の旧版（第1版－第7版）における貸借対照表であるが，新版（第8版－第13版）における貸借対照表では，貨幣（支払手段）に加えて，資本金も独立項目として示されている（Schmalenbach［1956］S.56)。

困難となり，貨幣ないし支払手段の解釈に問題を残すこととなった。

　そして，この問題を検討し，答えたのが，シュマーレンバッハの後継者であるワルプにほかならない。前章で述べたように，ワルプの収入支出観の特徴は，給付（Leistung）と収支（Zahlung）との対流に基づく交換取引を損益計算の出発点におき，それらを具現する給付系統（損益勘定）と収支系統（残高勘定）において損益を二面的に計算・表示することにある。

　ここでは，ワルプは現金取引のみならず信用取引も収支概念に含め，収支概念を広くとっている。これは収支概念の拡張であり，この拡張によって会計の出発点としての給付と収支との対流関係がはじめて完成し，交換取引を基礎としたすべての取引が，この給付と収支との対流から説明することができることになる。すなわち，これによって，出ていく収支（即時的収支または将来的収支）が入りくる給付と対立し，入りくる収支（即時的収支または将来的収支）が出ていく給付と対立するという対流関係が完全に説明できるのである。

　これにより，給付系統および収支系統における損益の二面的計算が常に成立することが明らかとなるが，ワルプとすれば，さらに明らかにすべきもう1つの問題がある。それは収入および支出と収益および費用との期間的な相違の問題である。

　給付と収支との対流関係から出発する損益計算では，収支取引発生時においてすべての給付が収益および費用として認識されるが，それらのすべてが当該期間において正しい収益および費用とは限らず，正しい損益計算のためには期末において修正しなければならない。さらに，そのような損益計算では，収支取引発生時においてすべての給付が収益および費用として認識されるということは，逆に，収支取引が生じなければ収益および費用が認識されないということであるが，収支取引が生じなくても収益および費用が発生する場合がある。

　ワルプは前者の事例を過大記帳額，後者の事例を過少記帳額とよび，それらが存在する場合には，給付系統の内容も収支系統の内容も不完全なものとなるので，過大記帳項目を除外し，過少記帳項目を計上することによって修正する，戻し記帳（Rückbuchung）および追加記帳（Nachbuchung）を行わなければならないとする。

　まず戻し記帳であるが，過大記帳された受入れ額が給付系統に含まれている

場合には，借方が過大なのであるから，これを貸方で減少させると同時に収支系統の借方に戻すことになる。この収支系統における借方項目は，もともと過大支出したものが戻ってきたという意味で戻し計算支出（zurückverrechnete Ausgaben）とよばれる。これには棚卸資産，固定資産，前払費用等が含まれる。また，過大記帳された払出し額が給付系統に含まれている場合には，貸方が過大なのであるから，これを借方で減少させると同時に収支系統の貸方に戻すことになる。この収支系統における貸方項目は，もともと過大収入のものが戻ってきたという意味で戻し計算収入（zurückverrechnete Einnahmen）とよばれる。これには前受収益などが属する。

　次に追加記帳であるが，過少記帳項目でまだ記帳されていない収益の場合には，期末修正に際して，給付系統において貸方項目が生じるとともに収支系統において借方項目が生じる。これは借方に追加計算された収入という意味で，追加計算収入（nachverrechnete Einnahmen）とよばれ，これには未収収益などが含まれる。また，過少記帳項目でまだ記帳されていない費用の場合には，期末修正で，給付系統において借方項目が生じると同時に収支系統において貸方項目が生じる。これは貸方に追加計算された支出という意味で，追加計算支出（nachverrechnete Ausgaben）とよばれ，これには未払費用などが属することになる。

　そして，これらは収支系統の諸勘定の残高を意味する残高勘定で示されることになる。ワルプは残高勘定の性格を次のように規定する。収支系統の諸勘定の残高は最終的に残存している収入または支出を意味しており，戻し計算された支出は収入になり，戻し計算された収入は支出になるから，残高勘定において修正された収入・支出計算（richtiggestellte Einnahme- und Ausgaberechnung）が生じることになる（Walb [1926] S.75）。

　すなわち，彼によれば，残高勘定は収支系統の総括表であるので原則として収入および支出計算を行っており，期末修正計算（戻し計算および追加計算）も収入および支出計算とみることができるから，残高勘定は総合的に修正された収入・支出計算を行っていることになるのである。

　そしてそこでは，残高勘定の借方は収入を表し，貸方は支出を表すので，その全体的な内容は図表4-14のようになる。これは，実務的には貸借対照表で

図表 4-14　残高勘定の内容

収入	残高勘定	支出
本 来 の 収 入		本 来 の 支 出
戻し計算支出		戻し計算収入
追加計算収入		追加計算支出
		利　　　　益

あることはいうまでもない。

　この残高勘定（貸借対照表）をみると，収支概念を現金取引から信用取引に拡張したのみならず，収支系統の全項目に拡張したと解することができる。この意味で，ワルプの給付・収支損益計算論は，収支系統勘定および残高勘定において，収支概念の全会計対象への拡張であるということができる。

　ただし，ワルプの収支概念の拡張は，主として期末における戻し記帳および追加記帳によって行われるものであり，修正計算として行われるものである。期中の記帳では，依然として収支概念の信用取引までの拡張にすぎない。したがって，そこにおける収支概念の全会計対象への拡張は，全過程としての拡張ではなく，結果としての拡張であるといわざるをえない。

　これに対して，ワルプの会計思考を受け継いだコジオールの収支的貸借対照表論は，文字どおり，収支概念を全会計対象に拡張したということができる。そこでは，組織的単式簿記において，現金計算のみならず，前計算および償還計算，戻し計算および後計算を期中において行うことによって，現金収支および計算収支をとらえる。すなわち，それはすべての会計対象を収入および支出によって常時把握し，収支概念を全会計対象に拡張している。このことから，収支的貸借対照表論の第1の特徴は，収支概念の全会計対象への文字どおりの拡張にあるのである。

2　徹底的なフロー思考

　コジオールの収支的貸借対照表論において，最も重要なそして基本的な計算書は運動貸借対照表である。運動貸借対照表は，会計期間末において，様々な

種類の収支によって構成される当該期間のすべての収入（借方）および支出（貸方）を包含するものである。これは，貸借対照表のある側の他の側に対する収支余剰として期間損益（期間利益または期間損失）を示す。

　前述したように，コジオールは，この運動貸借対照表を貸借対照表の原型とよぶ。というのは，残高計算されていない（フロー量ともよばれる）収入および支出それ自体における貸借対照表の本来の内容がここにみられ，運動貸借対照表の形式がこの収支資料から直接導き出されるからである。それゆえ，運動貸借対照表は典型的なフロー思考に基づく貸借対照表である。

　収支的貸借対照表論において，フロー思考は運動貸借対照表だけではない。これから導き出される変動貸借対照表もフロー思考により作成されるということができる。変動貸借対照表は，当該期間の収支運動（フロー量）から出発して，運動貸借対照表における相互に対応する収支の残高計算によって生じる。残高は収入余剰もしくは支出余剰の形式における運動差額である。それゆえ，変動貸借対照表を内容的に運動差額貸借対照表として説明することができる。ここに，変動貸借対照表のフロー思考性がある，

　さらに，収支的貸借対照表論における在高貸借対照表もフロー思考性を有しているということができる。在高貸借対照表は，繰越高の総括からおよびそれに対応する運動量から，正および負の構成要素の同時的残高計算のもとで生じる。これは収支的在高貸借対照表とよばれる。というのは，それは収支的事象（フロー事象）の記帳から生じ，それによって全体的な貸借対照表在高が収支的特質を担うからである。この収支的特質はフロー概念にほかならず，したがって，在高貸借対照表もフロー思考により作成されるのである[5]。

　このようにみてくると，収支的貸借対照表論は徹底的なフロー思考であり，首尾一貫してフロー思考性を有しているということができ，これが収支的貸借対照表論の第2の特質となる[6]。

---

[5]　さらに，収支的貸借対照表論の全体システムとしての複式簿記において導出される損益計算書は，もちろんフロー思考性を有している。そこにおける収支的全体損益計算も収支的取引損益計算も，組織的な単式簿記における損益作用的な事象，つまり収益収入および費用支出を反対記帳したものである。収益収入および費用支出がフロー概念であることから，その反対記帳としての収益および費用は当然フロー思考性を有しているからである。この意味でも，収支的貸借対照表論は徹底的なフロー思考であるということができる。

3 資産負債観と収益費用観の統合概念

収支的貸借対照表論は，収入支出観に基づく会計理論である。上述したように，この理論の特徴は，収支概念の全会計対象への拡張であり，運動貸借対照表に代表される徹底的なフロー思考にある。そこでは，会計対象は資産および負債であるが，資産および負債をストック概念としてとらえず，資産の入りおよび出ならびに負債の入りおよび出としてフロー概念でとらえ，さらにそれらを収入および支出概念で把握する。

そして，この収支的貸借対照表論の会計目的は期間損益計算である。これは，組織的単式簿記において収益収入および費用支出を含む収入および支出に基づいて算定され，全体システムとしての複式簿記では収益収入および費用支出を反対記帳する収益および費用に基づいて算定される。

これらを会計観からみると，収支的貸借対照表論は会計対象としては資産および負債を対象とした資産負債観であり，計算目的としては収益および費用の算定を目的とした収益費用観である。そして，収支的貸借対照表論はこれらを収入（収益収入）および支出（費用支出）で統一的に説明する収入支出観によって統合しているということができる。すなわち，収支的貸借対照表論における収入支出観は資産負債観と収益費用観を統合した会計観であるということができるのである。

6　ただし，在高貸借対照表は必ずしもフロー思考性を有しているとはいえないかもしれない。というのは，それは次のような形式を有していたからである。

資産	収支的在高貸借対照表	負債
Ⅰ　収入在高		Ⅰ　支出在高
1　現金在高（現金預金）		1　債　　務（支出見越）
2　債　権（収入見越）		
Ⅱ　支出対価		Ⅱ　収入対価
3　在　　庫		2　留　　保

残高＝期間損益

これらの各項目はストック概念であり，フロー概念ではない。これはワルプの残高勘定のストック性と同じ問題を有しているかもしれない。しかし，ここでは，収支的貸借対照表論における在高貸借対照表は，思考性としてはフロー思考であるが，結果としてストック概念が内在していると解釈することとする。

従来，会計観およびその主体としての利益観に2つのものがあるといわれている。米国財務会計基準審議会（FASB）の『討議資料』は，純資産の増加としての利益を強調する会計観を「資産負債観」（asset and liability view）とよび，収益と費用の差額としての利益を強調する会計観を「収益費用観」（revenue and expense view）とよんでいる。

それらの内容は第1章で述べたところであるが，収支的貸借対照表論は資産負債観および収益費用観の特質をすべて有しているということができる。収支的貸借対照表論の組織的単式簿記に関していうと，それは実質財としての資産の増加および負債の減少を利益と解し，これらを収入（収益収入）および支出（費用支出）としてとらえて，期間利益を決定する。これはまさに，収支的貸借対照表論が資産負債観の特質を有していることにほかならない。

さらに，収支的貸借対照表論は組織的単式簿記において，収益および費用の差額を利益と解し，これらを収益収入および費用支出としてとらえて，期間利益を決定する。また，全体システムとしての複式簿記において，収支的貸借対照表論は収益および費用の差額として利益を決定し，これらを収益収入および費用支出の反対記帳として把握する。これはまさに，収支的貸借対照表論が収益費用観の特質をも有していることにほかならない。

収支的貸借対照表論の会計観は収入支出観であるので，以上のことから，収支的貸借対照表論における収入支出観は資産負債観と収益費用観の特質を有し，両者を統合した会計観であるということができる。これが収支的貸借対照表論の第3の特質であり，会計思考において最も重要な特質である。

V　む　す　び

以上本章では，コジオールの提唱する収支的貸借対照表論を概説し，その具体的な計算例を説明し，さらに収支的貸借対照表論の特質を解明した。そこでは，収支概念の全会計対象への拡張，運動貸借対照表に代表される徹底的なフロー思考，および資産負債観と収益費用観の統合概念としての収入支出観が収支的貸借対照表論の特質であることを明らかにした。

このように，収支的貸借対照表論にはいくつかの特質があるが，これらのうちで最も重要な特質は，収支的貸借対照表論が資産負債観と収益費用観の統合概念としての収入支出観に基づいた理論であるということにあると思われる。他の特質，すなわち収支概念の全会計対象への拡張および運動貸借対照表に代表される徹底的なフロー思考は，資産負債観と収益費用観の統合概念としての収入支出観から必然的に導き出される，あるいは収入支出観に内在するものであるということができる。この意味で，資産負債観と収益費用観の統合概念としての収入支出観は収支的貸借対照表論における根本的な特質であるのである。

さらに，ここで再度強調すべきことは，収支的貸借対照表論における収入支出観が資産負債観と収益費用観とを統合した会計観であるということである。現代の会計は資産負債観だけで統一的に説明しきれていないし，収益費用観だけでも統一的に説明しきれていない。これに対して，収支的貸借対照表論における収入支出観は会計の体系を統一的に説明できる可能性を有している。本章において，収入支出観に基礎をおく収支的貸借対照表論は，そこにおける会計の体系を収入および支出概念に基づいて統一的に説明してきたからである。

ただ，容易に推測できるように，本章の意味における収入支出観には限界がある。というのは，収入支出観に基礎をおく収支的貸借対照表論は取得原価会計の域を出ることができず，現代会計の主流となりつつある公正価値会計等を説明することができないからである。

しかし，これは収入支出観の限界であるというよりも，本章の意味における収支的貸借対照表論の限界であるということができる。そして，これを超克するためには，収支概念をさらに拡張することが必要である。コジオールの収支的貸借対照表論はあくまでも過去の収入支出に基づく会計理論であり，これでは取得原価会計しか説明できない。

この収支概念を過去だけではなく，現在および将来に拡張することによって，現代会計の体系を統一的に説明できる可能性があるように思われる。公正価値は現在の収入支出に基づく評価概念であると解することができるし，現在価値はまさに将来の収入支出を現在に割り引いたものである。したがって，この考えに基づいて，本章の収支的貸借対照表論を拡張することができる。そし

て，収支概念を拡張しても，収支的貸借対照表論の会計構造は変わらないと予測できる。すなわち，収支的貸借対照表論はすべての評価概念および会計システムと結びつくことができるのである。

　この会計理論を「収入支出観による拡張した収支的貸借対照表論」とよぶことができる。そこで今後，この拡張した収支的貸借対照表論を統一的に首尾一貫して説明しなければならないのであるが，これは次章以降で行うこととしたい。

第5章

収入支出観と購入時価会計

I　はじめに

　これまで述べてきたように，会計観としての収入支出観をはじめて提唱したのがシュマーレンバッハ（Schmalenbach）であり，彼の動的貸借対照表論は収入支出観の萌芽であるということができる。そして，この収入支出観を発展させたのがワルプ（Walb）の給付・収支損益計算論であり，さらにこれを一応完成させたのが，コジオール（Kosiol）の「収支的貸借対照表論」（pagatorische Bilanztheorie）である。

　それはもっぱら収支事象の記帳に由来し，それゆえ，シュマーレンバッハおよびワルプの基本的思考を統一し，これらの試みの首尾一貫した仕上げにおいて，体系的に完結した簿記理論，勘定理論，貸借対照表論および評価論として損益計算の包括的な理論を統一的な収支的基礎に基づいて示すものである。

　前章で述べたように，コジオールは収入支出観に基づく組織的単式簿記（systematischen einfachen Buchhaltung）を提唱する。そこにおいて，計算関係として，現金計算（Barrechnung），前計算（Vorrechnung）および償還計算（Tilgungs-rechnung），戻し計算（Rückrechnung）および後計算（Nachverechnung）が問題となる。そして，これらを勘定形式で表すと，5種類の勘定が成立し，それらは図表5-1のようになる（Kosiol [1970a] S.293-294）。

図表 5-1 組織的単式簿記における勘定タイプ

現金（Kasse）

現金収入	現金支出

債権（Forderungen）		債務（Schulden）	
前 収 入	償還支出	償還収入	前 支 出

在庫（Vorräte）		留保（Reservate）	
戻し収入	後 支 出	後 収 入	戻し支出

　さらに，このような計算関係に基づいて，コジオールの組織的単式簿記では，いくつかの計算表ないし貸借対照表が作成される。それは，収支的運動貸借対照表（Bewegungsbilanz），収支的変動貸借対照表（Veränderungsbilanz）および収支的在高貸借対照表（Beständebilanz）である。

　この収支的貸借対照表論における収入支出観は，会計の体系を統一的に説明できる可能性を有している。しかし，前章の意味における収入支出観には限界がある。というのは，その収入支出観に基礎をおく収支的貸借対照表論は取得原価会計の域を出ることができず，現代会計の主流となりつつある公正価値会計等を説明することができないからである。

　コジオールの提唱する収支的貸借対照表論はあくまでも取得原価会計における収入支出観である。しかし，彼はいわゆる時価会計について論究していないわけではない。コジオールは評価概念としての購入時価および売却時価についても言及しており，収入支出観および収支的貸借対照表論の普遍性を示唆しているように思われる。

　そこで本章では，収入支出観によって会計の体系を統一的に説明することの一貫として，コジオールの会計思考を参考にしながら，時価会計のうち，まず収入支出観に基づく購入時価会計（収支的購入時価会計）を説明し，その特質を解明することを目的とする。

　これらの目的を達成するために，以下ではまず，収入支出概念の時制的拡張としての購入時価を説明し，次にこの拡張された購入時価による収支的購入時価会計を解説する。そしてさらに，この会計理論の理解を確実にするために収支的購入時価会計を具体的な計算例によって説明する。これによって収支的購

入時価会計の全体像が明らかになるので，最後に，収入支出観に基づく購入時価会計の特質を解明し，収入支出観の普遍性を指摘したい。

II 収入支出概念による購入時価

収入支出観に基づく購入時価会計を説明する手始めとして，本節では，購入時価会計の評価基準である購入時価を収入支出概念によって説明しうることを明らかにする。以下ではまず，収入支出観における価値種類を列挙し，次にそのうちの取得原価は収入支出概念の拡張により導出されることを明らかにし，さらに購入時価は収入支出概念の時制的拡張によって導き出されることを解明する。

1 収入支出観における価値種類

コジオールによれば，企業会計はその様々な任務に対して，種類的に異なったそしてそれに応じて追求された計算目的に適用する様々な価値（価格）を展開してきた。期間損益計算は，様々な意思決定形式でともに生じる取得原価の実務および時価の実務において用いられている。すなわち，取得原価（Anschaffungswert）は収入および支出価値として，全部価値および減価価値として，事実的および想定的取得価値として，ならびに製造価値として用いられている。時価（Tageswert）は購入時価（Tagesbeschaffungswert）および売却時価（Tagesveräußerungswert）として用いられている。

これらすべての価値種類は共通して，収支事象から導出される。原初的および派生的収支価値としてのその解釈は，簿記の収支的基本理念と最も広い意味で一致する貸借対照表価値システムの定式化を可能にする（Kosiol［1976］S.349）。すなわち，会計における評価基準としての取得原価および時価（購入時価，売却時価）はすべて収支価値として解釈することができるのである。

この基本理念は，貸借対照表項目を収支事象に割り当てる統一的な原則に，実務でみられるすべての貸借対照表価値の価値内容を還元することにある。さ

らにいうならば，それは，実際に企業によって行われている（実現した）収支事象に割り当てる統一的な原則に，また企業によってではなく市場において行われている（実現していない）収支事象に割り当てる統一的な原則に，実務でみられるすべての貸借対照表価値の価値内容を還元することにある。それゆえ，収支事象は両者の場合において価値内容を規定するメルクマールである。

　収支事象に基づく価値は収支的価値（収支価値）とよばれる。収支価値は，収支事象に基づいたもしくはそれに結びついた価値（価格）と解される。つまり，それは収支手段で表現され，ないしは貨幣運動で測定されるすべての価値（価格）と解される。

　評価の基礎にある収支事象の性格によって，価値種類は２つの基本的に異なったカテゴリーに区分される。価値の第１の区分は，企業が直接参加する市場において評価すべき対象または事象と直接関連して生じる原初的収支事象に基づいている。そこでは，企業それ自体の市場で実現した収支事象が問題となる。それと結びつく価値は実現・収支価値（realisiert-pagatorische Wert）とよばれる。これには取得原価が属する。

　しかし，実現・収支価値のほかに，経済実務の損益計算において企業によって実現されない収支事象に基づく価値も生じうる。それは未実現・収支価値（unrealisiert-pagatorische Wert）とよばれる。このクラスに派生的ないし推論的収支価値としての時価が属する（Kosiol [1976] S.350）。

　コジオールは実現・収支価値を真の収支価値（echte pagatorische Wert）ともよぶ。これに対して，未実現・収支価値としての時価は真でない収支価値（unechte pagatorische Wert）とよばれる。これらの収支価値は，収入支出概念の拡張によって導き出される。まず，概念的拡張としての取得原価を説明しよう。

2　概念的拡張としての取得原価

　コジオールによれば，「収支的」という表現の概念内容および意図は，一定の計算量がそれと関連するないしはそれと結びつく実態によって与えられる。経済的企業過程を写像する貨幣額は，(1) 収支（支払手段の運動，貨幣運動）

と一致して生じ（収入および支出），(2) そのような貨幣運動と直接的に関連して生じ（債権および債務），または (3) 名目財貨運動によって間接的に写像される（在庫および留保）(Kosiol [1976] S.351)。

収支的貨幣表現は，貸借対照表計算においても費用収益計算においても貨幣的解釈および財貨的解釈を可能にする。それは直接的に支払手段に関係づけられ，貨幣単位のクラスの拡張として解することができる。しかし，それは間接的に写像される対象の特徴づけとみなされ，財貨単位のクラスの拡張として解釈することもできる。計算システムの収支的基礎は，計算量の貨幣的解釈を強制するだけではなく，貨幣における尺度表現の物的，財貨的解釈も許容する。

収支的損益計算の出発点は現金収入および現金支出である。企業の全期間における全体損益計算はもっぱらこれらの現金貨幣運動に指向する。ここでは，貨幣運動と財貨運動の時間的相違は重要ではない。しかし，期間損益計算において，貨幣運動と財貨運動の時間的相違がある場合，収支的損益は実質的財貨運動に対応するように修正されなければならない。

まず第1に，収入および支出概念は現金事象を超えて信用事象に拡張される。先取りされた前収入（債権）および前支出（債務）は，それらの決済によって解消される償還支出および償還収入に対置される。収支の先取りと償還収支は全体的に相殺されるので，結局すべての損益作用的に把握される収支は現金収入および現金支出に基づくことになる。

第2に，名目的運動および信用運動を超えて，実質的財貨事象が計算収支によって算入される。一時的な戻し収入（商品，備品等）および戻し支出（前受金，前受利息等）にそれらの費消等によって解消される後支出および後収入が対置される。戻し計算および後計算は全体的に相殺され，結局これらのすべての収支は反対側で相殺されるので，ここでも損益作用的に把握される収支は現金収入および現金支出に基づく。

全体的な先取り的および暫定的な計算収支および対置される計算収支のその後の解消は，測定すべき財貨費用および財貨収益が成り立つ期間に現金事象を損益作用的に配分するということになる。この期間限定は計算収支の評価すべき貨幣額に対して新しい評価問題を生ぜしめず，配分問題である（Kosiol [1976] S.352-353）。すなわち，後支出としての財貨費消（売上原価，減価償却等）お

よび後収入としての財貨収益は評価問題ではなく，配分問題であるのである。

　したがって，最終結果として，全体損益計算から期間損益計算への移行に際して，現金収入および支出の収支的基礎は変わらない。期間的に配分されるべき原初的収支は，その配分がもたらす計算収支と全体として等しい。計算収支の合計の分解は，様々な個別事例に対する具体的な確認によって確定される配分の仮定によって行われる。企業の経済過程は，実際の（または仮定された）収支によって把握できる限り，収支的計算によって完全に写像されるのである。

　そしてさらに，収支的把握および評価は財貨運動から財貨在高に直ちに移行することになる。これは時点関連的量として時間関連の収入および支出から直接導出される。また，費用および収益計算も複式簿記的対照勘定（反対記帳勘定）で貨幣的解釈において原初的費用支出および収益収入を包括する。というのは，複式簿記において，算術的に同じ数値の代数的に対置される金額が問題となるからである（Kosiol［1976］S.353-354）。

　このように，すべての財務諸表項目，つまり貸借対照表項目および損益計算書項目は収入支出概念を拡張することによって説明できることになる。これは前章で説明したところである。しかし，これらの拡張は評価概念としての取得原価に対する拡張であり，時価に対する拡張ではない。時価を説明するためには，収入支出概念のさらなる拡張が必要とされる。

3　時制的拡張としての時価

　上述したように，時価は導出されたもしくは派生した収支価値であり，未実現価値である。コジオールによれば，それらを規定するために，比較可能な収支事象を評価の基礎として考慮に入れなければならない。実際のもしくは仮定的な企業の財貨運動は，その原初的発生日において取得原価に基づいている。時価に関して，すべてのその他の時点も評価日として問題となる。

　したがって，時価は唯一の一意的な価値ではなく，この価値が妥当する期日もしくは評価日をどのように選択するかによって，個々の貸借対照表項目に対して多くの時価がある。理論的には，時価はそれが適用される一定の評価時点

に関してのみ一意的である。期日の観点から，当該時価は現在の収支価値（現在の価値）として生じる（Kosiol［1976］S.362）。

　時価を収支価値として把握する理論的必要性は，上述した価値種類から出発する場合に明らかとなるとコジオールはいう。その場合，一般に収支事象のみに基づく時価があることが認識され，各時点にそのような時価が割り当てられる。すべてのそのような時価のもとに，実現したということができ，この直接的な明白性によって一連の時価から特別な地位を有し，真の収支的損益計算においてそれに適用することが予定されている唯一の時価がある。それは，評価すべき事象に因果的に現れ，対応する実現した収支すなわち取得原価を伴い，その経済事象が簿記に計上される期日の時価である。実現・収支価値としての取得原価は，この観点のもとでは一般的な収支的時価の基本的な特別事例として生じる。

　この意味で，時価を一般的な収支価値とみなすこともできる。その名称が示唆しているように，それは常に一定の期日およびその日に実際に生じたもしくは仮定的な市場における収支事象に関係づけられ，それゆえ市場価値ともよばれる。その場合，取得原価はいわゆる取得の特別な日に関係づけられ，その日に経済財が企業および会計に生じる特別な時価もしくは収支価値として生じる（Kosiol［1976］S.363）。

　前項において，すべての財務諸表項目，つまり貸借対照表項目および損益計算書項目における取得原価は収入支出概念を拡張することによって説明できることを示した。以上のことから明らかなように，時価（購入時価，売却時価）も収入支出概念を拡張することによって説明することができるが，時価の場合，さらなる拡張が必要である。それは収入支出概念の時制的拡張である。すなわち，時価は収入支出概念を過去から現在に時制的に拡張することによって成立する概念であるということができる。

　以上により，すべての評価概念は収支価値によって説明することができ，これらをまとめて収支価値のシステムを示すと，図表5-2のようになる（Kosiol［1976］S.366-367）。

図表 5-2　収支価値のシステム

A　実現・収支価値または真の収支価値

　原初的な収支価値＝企業における評価対象または事象の発生時点における期日価値（歴史的価値または過去価値；取得原価）

　Ⅰ　市場事象における実際の収支事象に基づく実際の実現・収支価値（実際の現金的または先取り的取得原価）

　　1　すでに現金運動で実現した市場協定に基づく現金の実現・収支価値（取得原価）（その戻し計算を含む現金収入および現金支出）

　　　a）　現金収入価値（例えば，現金在高および留保）

　　　　（1）　完全な収入価値

　　　　（2）　減少する（継続的）収入価値（例えば，収入対価における収益減価のための配分残高）

　　　b）　現金支出価値（例えば，現金支払いに対する機械および商品，前払保険料およびその他の在庫）

　　　　（1）　完全な支出価値

　　　　（2）　減少する（継続的）支出価値（例えば，支出対価における費用減価のための配分残高）

　　2　後に現金の実際的収支事象を実現したものとして先取りする計算的（非現金的）実現・収支価値

　　　（非現金的または先取り的収入および支出＝その戻し計算を含む現金収支の先取り）

　　　a）　先取り的収入価値または前収入価値（例えば，貨幣債権）

　　　　（1）　完全な収入価値

　　　　（2）　減少する（継続的）収入価値（例えば，費用減価のための，特に貸倒れ再評価）

　　　b）　先取り的支出価値または前支出価値（例えば，貨幣債務，資本金；さらに機械，商品およびその他の信用による在庫）

　　　　（1）　完全な支出価値

　　　　（2）　減少する（継続的）支出価値（例えば，前支出の減少，特に債務免除；実質財における費用減価）

　Ⅱ　思考的収支事象に基礎をおく仮定的（仮構的）実現・収支価値（仮定的取得原価）

　　1　仮定的収入価値

```
    2   仮定的支出価値
B   未実現・収支価値または真でない収支価値
  導出的（派生的）収支価値＝評価日における比較可能な収支事象に基づく現
在的期日価値（現在の価値，市場価値または時価，時間価値）
    I   期日における実際の比較可能な収支事象に基づく実際の未実現・収支価
        値（実際の現金的または先取り的時価）
    1   収入価値（貨幣債権および留保に対する売却時価）
    2   支出価値（例えば，ストックしている実質財，機械，製品および商品に
        対する購入時価；貨幣債務に対する購入時価）
    II  期日における思考的な比較可能な収支事象に基づく仮定的（仮構的）未
        実現・収支価値（仮定的時価）
    1   仮定的収入価値
    2   仮定的支出価値
```

　さらにこれを他の分類によって示すと，収支価値のシステムは図表 5-3 のようになる（Kosiol［1976］S.367-368）。

図表 5-3　他の分類による収支価値のシステム

```
  I   取得原価，真の収支価値，すなわち実現・収支価値
    1   収入価値
      a)   実際の収入価値
        (1)   現金的収入価値
        (2)   先取り的収入価値
      b)   仮定的収入価値
    2   支出価値
      a)   実際の支出価値
        (1)   現金的支出価値
        (2)   先取り的支出価値
      b)   仮定的支出価値
  II  時価，真でない収支価値，すなわち未実現・収支価値
    1   収入価値
      a)   実際的収入価値
```

```
        (1)  現金的収入価値
        (2)  先取り的収入価値
      b)  仮定的収入価値
  2  支出価値
    a)  実際的支出価値
        (1)  現金的支出価値
        (2)  先取り的支出価値
    b)  仮定的支出価値
```

　本章において取り扱うのはこれらのうち主に支出価値としての購入時価であり，これを評価基準とする収支的購入時価会計である[1]。

Ⅲ　収支的購入時価会計

　以上により，購入時価が収入支出概念により説明できることが明らかとなったので，本節はこれを受けて，収入支出観による購入時価会計を概説する。この会計を「収支的購入時価会計」とよぶことができ，本節はこれを説明することが目的であるが，購入時価会計は従来多くの論者や会計基準設定機関によって提唱されているので，これを「従来の購入時価会計」としてまず説明することとする。

1　従来の購入時価会計

　一般に，購入時価会計はカレント・コスト会計ともよばれる会計であり，資産等の会計構成要素は購入時価によって測定される会計である。これはさらに，資産の評価基準として購入時価を適用することによって，期末購入時価と期首購入時価との差額を原価節約として認識するとともに，売上収益と購入時

---

[1]　時価会計として，これまでの考察から収支的購入時価会計のほかに収支的売却時価会計が存在しうるが，売却時価会計は購入時価会計と同様に重要な論点であるので，これについては次章で論述することとする。

価で測定された営業費用との差額を営業利益として認識する会計である。そして，これによって算定される利益は「経営利益」とよばれる。

これまで，この購入時価会計を論理的に一貫して提唱してきた論者として，エドワーズ＝ベル（Edwards and Bell）が有名である。そこで本項では，彼らの所論を購入時価会計論の代表とみなし，それを主な題材として，一般的な購入時価会計の概要を説明する。[2]

エドワーズ＝ベルによれば，企業の目的は経済活動を通じて利益を最大にすることであり，企業の経営者はこの企業目的を達成するためにその資源をいかに配分すべきかを意思決定しなければならない。[3]そして，経営者の行ったこの意思決定の結果を評価することに会計の任務があるとする。

すなわち，会計資料が必要とされるのは，経営意思決定の善し悪しを評価するためである。というのは，経営能力および経営者の意思決定の進め方を改善するためには，過去の意思決定について検討を加えることが必要であり，その過去の意思決定の結果は会計資料の中に示されるからである（Edwards and Bell [1961] p.3）。

このように，経営者の職能に役立つという意味で，会計資料は経営意思決定を評価する手段として役立てられ，それによって，(1) 当期の生産過程を統制し，(2) 未来の意思決定をより良いものにし，また (3) 意思決定の過程それ自体を改善する，ということに貢献する（Edwards and Bell [1961] p.4）。

そして，そのために会計記録の中に組み入れられるべきもので，会計が対象

2　購入時価会計を提唱するもう一人の代表者は，シュミット（Schmidt）である。彼は，第一次大戦後にドイツにおいて発生した未曾有のインフレーションを超克すべく，「有機的時価貸借対照表論」（orgaische Tageswertbilanz）を展開した。そして，そこにおける主題が本章の意味における購入時価会計であった。シュミットの有機的貸借対照表論は他の会計学説に比べて難解であり，またスケールの大きな理論である。そこにおける彼の購入時価会計論の特色は，（全体経済における個別経済の）相対的価値維持，価値均衡の原則および減価償却にある。購入時価会計を論じるに当たり，これらは興味深い論点であるが，本章はこれ以上立ち入らない。

3　彼らは経営者の行うべき意思決定の種類を次の3つの項目にまとめ，それぞれの問題に対して次のような名称を付している（Edwards and Bell [1961] p.2）。
　　(1)　ある時点においてどれだけの価値の資産を保有するか（拡張の問題）
　　(2)　それらの資産をどのような形で保有するか（構成の問題）
　　(3)　資産を保有するための資金調達をいかにするか（財務の問題）

とすべきものは，個別的な価格の変動額，つまりある種の市場価値の変動額でなければならない。というのは，意思決定の正しさもしくは誤りは，結局は市場において検証されるからである。

ところで，エドワーズ＝ベルによれば，利益獲得を目指す企業活動は，便宜上次の2つに分けることができる（Edwards and Bell［1961］p.36）。

(1) 生産諸要素を結合させたり移動させたりして，要素価値を超える販売価値の生産物にすることによって，利益を生むという活動

(2) 資産や負債を，その資産の価格が上昇する間，あるいは負債の価格が下落する間保有することによって，利益を生むという活動

前者の場合，利益は生産要素を使用することによって発現し，後者の場合，利益は生産要素あるいは生産物を保有する保有活動によって生じる。確かに，多くの企業にとって，営業活動を通じて生じる利益の方が重要であろうし，また明らかに社会的により望ましい目標である。

しかし，それにもかかわらず，保有活動ないし投機活動も重要である。なぜなら，この種の利益もまた，企業が最大化しようとする努力の目標たりうるからである。ただ，これら両者の活動の性格とそれぞれに対する意思決定は，関連はあるものの非常に異なるものであるから，意思決定の評価のためには両者を分離することが必要である（Edwards and Bell［1961］p.36）。

このように，エドワーズ＝ベルは営業活動のみならず，保有活動の重要性をも強調し，さらに意思決定の評価に際してそれらを分離して行うことを強調する。会計はそのような意思決定の評価に役立たなければならないから，やはり営業活動から生じた意思決定の結果と保有活動から生じた意思決定の結果とを別々に表示しなければならない。そして，前者を表すものが「当期営業利益」（current operating profit）であり，後者を表したものが「実現可能原価節約」（realizable cost saving）である。

これらは，それぞれ次のように定義される（Edwards and Bell［1961］p.115）。

(1) 当期営業利益：1期間にわたって販売されるアウトプットのカレント価値の，関連するインプットのカレント・コスト（購入時価）に対する超過分

(2) 実現可能原価節約：企業によって保有されている資産のカレント・コ

スト（購入時価）の期中上昇分

すなわち，当期営業利益はある期間の売上収益から当該期間の購入時価営業費を控除することによって算定され，実現可能原価節約は資産の保有期間中の購入時価と取得原価との差額として生じる。そして，これらの当期営業利益と実現可能原価節約とを合計したものが，経営利益である。

これによって，購入時価会計では，当期営業利益および実現可能原価節約を構成要素とする経営利益が算定され，これらが損益計算書に計上される。そして，貸借対照表において，資産，負債および資本が購入時価により計上されることになる。

2　収入支出観による購入時価会計

以上の従来の購入時価会計をコジオールの思考する収入支出観によって説明すると，以下のようになる。

上述したように，時価（購入時価）は導出された収支価値であり，収支事象に基づいた価値である。財務簿記における時価の適用は簿記的に把握される対象および事象の再評価の問題をもたらす。というのは，時価は一定の期日（または場所）に関してしか基本的・理論的一意性を有していないが，簿記は一定の時点に限定されず，企業における動的な事象を把握すべきであるので，時価評価の遂行は必然的に再評価を伴い，それによって歴史的価値が現在の価値に変換されるからである。

それゆえ，再評価は，会計期間内で一方では収益と費用を評価しなければならず，他方では期末に残った在高を評価しなければならない場合に行われる（Kosiol〔1976〕S.390）。したがって，これら2つの事象はここでは分けて考察される。

収益および費用の評価に関して，コジオールは次のように述べる。まず収益の評価に関して，有意義な評価は損益実現の原則のみに基づく。それは，損益作用的な実質財貨事象が実際にも生じたことを意味する。その場合，この期日に生じた時価（収入価値としての売却時価）は同時に，特殊な時価として一連の可能な一般的時価から突出した，実現・収支的価値である。それゆえ，収益事

象に対して唯一可能な価値評価は，実際の収益収入の額である。このように，収益に対する2つの原則が満たされ，それは時点関連的収益実現の原則と市場的価値実現の原則である。販売と価値評価は時点と価値額によって現実化される（Kosiol［1976］S.391-392）。

　次に，費用に対する時価評価の問題の考察に移る。費用は一般に収益発生の観点によって生じる。その限りでは，費用と収益の密接な結びつきが物的および時間的見地において明らかになる。販売した財数量（収益財）に使用した財数量（使用財）を割り当てるならば，費用は販売費用として特質づけられる。費用は収益実現の時点ではじめて評価されなければならず，企業の販売過程の最終的な完了の場合に評価されなければならない（Kosiol［1976］S.393）。

　このようにみると，コジオールの収益費用計算はエドワーズ＝ベルと異なるところはない。収益は実現収益によって評価され，費用は実現収益に対応する購入時価費用によって評価される。両者の相違は，コジオールが収益および費用を収益収入および費用支出として把握するということにある。

　次に在高（貸借対照表項目）の再評価に関してであるが，この場合，純粋な時価損益計算において，原初的な収支価値の代わりに貸借対照表日の現在の価値が計上される。収入在高および収入対価は現在の収入価値で評価され，支出在高および支出対価は現在の支出価値で評価される。それゆえ，実質財に対する時価（支出時価）は貸借対照表日における支出価値として示され，購入時価として示すことができる。債務に関して，時価は現在の支出価値を意味する。それに対して，資産の名目価値の場合，特に債権の場合，時価を収入価値とみなさなければならない（Kosiol［1976］S.396-397）。

　純粋な時価損益計算は，時価が資産側で取得原価を超えようとも，また負債側で取得原価以下になろうとも，貸借対照表在高に対する時価の一般的な評価となる。それによって，全体的な価値的に未実現の流入が完全に把握される。時価計算の場合，未実現損益要素は図表5-4のように区別される（Kosiol［1976］S.398-399）。

　コジオールによれば，取得原価と異なる貸借対照表在高のすべての評価は，未実現の（実現しない）費用または収益をもたらす。資産側で増価評価による取得原価の超過は，企業の販売に帰さない収益を生ぜしめる。それは，実際に

第5章 収入支出観と購入時価会計　141

図表 5-4　貸借対照表における純粋な時価計算の場合の未実現損益要素のシステム

```
A　先取りによって生じる未実現損益要素
　Ⅰ　先取り費用＝価値変動費用
　　1　資産の価値減少による価値減少費用
　　2　負債の価値増加による価値増加費用
　Ⅱ　先取り収益＝価値変動収益
　　1　資産の価値増加による価値増加収益
　　2　負債の価値減少による価値減少収益
B　以前の先取りの解消によって生じる未実現損益要素
　Ⅰ　価値取戻しによる解消，すなわち以前の取得原価への再接近による解消
　　a）　価値取戻し収益
　　　1　資産の時価増加による増加収益
　　　2　負債の時価減少による減少収益
　　b）　価値取戻し費用
　　　1　資産の時価減少による減少費用
　　　2　負債の時価増加による増加費用
　Ⅱ　実現による解消（相殺），すなわち収支事象の実現による解消
　　a）　相殺収益
　　　1　資産の場合，帳簿価値が取得原価以下である限り
　　　2　負債の場合，帳簿価値が取得原価以上である場合
　　b）　相殺費用
　　　1　資産の場合，帳簿価値が取得原価以上である場合
　　　2　負債の場合，帳簿価値が取得原価以下である場合
```

存在することなしに，もっぱら価値増加によって計算されたものである。逆に，資産側の減少評価は，それが関係づけられる販売が成立することなしに，純粋に計算的な費用を意味する。負債側でより高い評価またはより低い評価が行われる場合，それに応じた未実現の損益流入が生じる。

　貸借対照表における純粋な時価計算の場合に評価替えによって生じる費用または収益は，発生によるすべての場合に，先取り費用ないし先取り収益として特質づけられる。それゆえ，それは算入される会計期間内で，後ではじめて生じる実現時点に関して先取りされ，それゆえ未実現である非定期的費用または

収益である。

　（正または負の）損益先取りの量は，時価の額によって，すなわちその取得原価との差異によって与えられる。それゆえ，発生する費用は，それが資産の価値減少によって生じる限り価値減少費用ともよばれ，それが負債の価値増加によって生じる限り価値増加費用ともよばれ，一般に価値変動費用とよばれる。それに対応して，発生する収益は，それが資産の価値増加に基づく限り価値増加収益であり，それが負債の価値減少に基づく限り価値減少収益であり，一般に価値変動収益である（Kosiol [1976] S.399-400）。

　したがって，先取りの場合，現金的または信用的収支の市場による実現の時点を待たず，それはそれ以前にすでに期間損益に作用する。それゆえ時価は，実現および未実現の構成要素をもつ損益量をもたらす。それは未実現利益または損失とよばれ，その場合そこでは全体的作用は残高としての損益とみなされる。

　これらのことから，コジオールのいう在高の購入時価による再評価はここでもエドワーズ＝ベルのそれと同じであるということができる。しかし，前者の再評価は収入支出概念に基づいて行われることにその特徴がある。したがって，この購入時価会計論は収支的購入時価会計論とよぶことができるのである。

　収支的購入時価会計論における計算表体系の形式は，コジオールの収支的貸借対照表論[4]における計算表体系と同じである。すなわち，収支的購入時価会計においても，組織的単式簿記において，購入時価による収支的運動貸借対照表，収支的変動貸借対照表および収支的在高貸借対照表が作成され，全体シス

4　コジオールの収支的貸借対照表論を以下において，本章の収支的購入時価会計論と対比する意味で，「収支的取得原価会計論」とよぶこととする。なお，コジオールは収支的購入時価会計論を説明しているが，必ずしもこの会計を提唱しているわけではなく，彼はあくまでも収支的貸借対照表論（収支的取得原価会計論）を主張していることを，ここで付言しておく。その理由は，取得原価のみが「真の」収支価値であり，購入時価は「真でない」収支価値であるからである。これに関して，コジオールは次のように述べている。純粋な購入時価貸借対照表を損益貸借対照表として拒否しなければならない。真でない収支的価値の無制限の評価によって，市場の価値実現の原則が排除されることになる。純粋な購入時価計算は，簿記の決算から切り離し，この計算システムの外で得られる状態貸借対照表としてしか是認できない（Kosiol [1976] S.398）。

テムとしての複式簿記において，購入時価評価に基づく損益計算書が作成される。

さらに，収支的購入時価会計論における勘定体系も収支的取得原価会計論における勘定体系と同じである。そこでも，現金，債権，債務，在庫および留保の各勘定が生じることになる。収支的購入時価会計論と収支的取得原価会計論との相違は，収支的購入時価会計論では損益計算書において価値変動損益が発生するということのみである。以下ではこの価値変動損益をエドワーズ＝ベルにならい，「原価節約」と表すこととする。

Ⅳ　収支的購入時価会計の具体的計算例

前節では，コジオールの会計思考を参考として収支的購入時価会計を概説した。そして，その最後において，組織的単式簿記における計算関係を説明し，収支的購入時価会計の計算表体系を示し，収支的購入時価会計の全体システムとしての複式簿記を説明した。本節ではこれらを受けて，収支的購入時価会計論を完全に理解するために，これを具体的計算例で解説する。

1　具体的計算のための取引事例

以下では，コジオールの示した収支的取得原価会計論の具体的取引事例（Kosiol［1976］S.211-213）を参考として，収支的購入時価会計の取引事例を相互に連続する3会計期間にわたって示す。その場合，収支的購入時価会計の特徴的な取引事例を太字で示すこととする。

また，説明を単純化するために，取引事例には次のような仮定をおく。

（1）　商品は各期首に購入し，各期末に販売した。

（2）　事業設備は第1会計期間の期首に購入した。

（3）　有価証券は第2会計期間の期首に購入した。

（4）　債権，債務および留保に価格変動がなかった。

（5）　各項目の各時点における購入時価は次のようであった（単位：マルク）。

	T_0	T_1	T_2	T_3
商　　品	1,000	1,100	1,200	1,250
事業設備	8,000	8,200	8,400	8,600
有価証券		9,700	9,750	9,800

(1)　第 1 会計期間

1　資本出資，総額 105,000 マルク：現金 5,000 マルク，銀行預金 100,000 マルク

2　事業設備購入，代価 8,000 マルク未払い

2a　**事業設備の減価償却 2,050 マルク（営業設備の購入時価 8,200 マルク，見積残存価額 2,050 マルク（購入時価の 1 ／ 4））**

　　事業設備原価節約 200 マルク（8,200 マルク－8,000 マルク）

3　銀行預金による商品仕入 40,000 マルク，掛け仕入 290,000 マルク，総額 330,000 マルク（1,000 マルク×330 個）

4　第 1 会計期間の営業費総額 63,850 マルク：現金支払い 2,850 マルク，銀行預金支払い 50,000 マルク，未払い 6,000 マルク，修繕引当金 5,000 マルク

5　銀行預金での商品売上 80,000 マルク，掛け売上 280,000 マルク，**総額 360,000 マルク（1,200 マルク×300 個）**

6　銀行預金による貸付金支出 10,000 マルク，期間は 2 期間

6a　償還時の割増 3％ = 300 マルクの借方計上

6b　償還時割増の期間割当て分 150 マルク

6c　第 1 および第 2 会計期間に対して現金で受け入れた貸付金利息・前受け 1,400 マルク（利息 7％ = 各期間 700 マルク）

6d　貸付金に対する第 1 会計期間の利息収益 700 マルク

7　**棚卸による商品在高 33,000 マルク（Nr.3 による商品仕入 330,000 マルク＋商品原価節約 33,000 マルク－期末商品在高 33,000 マルク＝売上原価 330,000 マルク）**[5]

(2) 第2会計期間

① 前期から引き継いだ取引事例

2b 事業設備の減価償却 2,100 マルク（事業設備の購入時価 8,400 マルク，見積残存価額 2,100 マルク）

事業設備原価節約 150 マルク（8,400 マルク×2／4－（8,200 マルク－2,050 マルク－2,100 マルク））

6e 貸付金に対する償還時割増，期間割当て分 150 マルク

6f 貸付金に対する第 2 会計期間の利息収益 700 マルク

② 第2会計期間の取引事例

8 第 2 会計期間の営業費総額 56,750 マルク：現金支払い 2,750 マルク，銀行預金支払い 45,000 マルク，未払い 9,000 マルク

9 2％＝800 マルクの割引を差し引いた銀行預金による借入金 40,000 マルク，期間は 2 期間

9a 割引の期間割当て分 400 マルク

9b 借入金に対する利息，各期間 8％＝3,200 マルク，後払い

10 第 2 および第 3 会計期間に対する銀行預金による保険料の支払い 4,000 マルク

10a 保険料の期間割当て分 2,000 マルク

11 銀行預金による商品仕入 60,000 マルク，掛け仕入 270,000 マルク，**総額 330,000 マルク（1,100 マルク×300 個）**

12 銀行預金での商品売上 150,000 マルク，掛け売上 250,000 マルク，**総額 400,000 マルク（1,250 マルク×320 個）**

13 第 2 会計期間の受取手数料 3,000 マルク，未収

14 名目 10,000 マルク，相場 97％＝9,700 マルクの銀行預金による債券の購入

14a **債券の期末購入時価 9,750 マルク**

15 手形 15,000 マルクによる顧客前払い

---

5 商品原価節約：（1,100 マルク－1,000 マルク）×330 個＝33,000 マルク
商品売上原価：1,100 マルク×300 個＝330,000 マルク
商品期末在高：1,100 マルク×30 個＝33,000 マルク

16 第2および第3会計期間に対する賃貸建物の現金で受け取った賃貸料 2,000マルク

16a 受取賃貸料の期間割当て分1,000マルク

17 売掛金決済のための顧客からの銀行預金収入300,000マルク

18 貸付金の現金収入総額10,300マルク，貸付金債権10,000マルク，償還時割増300マルク（Nr.6から）

19 買掛金決済のための仕入先への保有手形15,000マルク（Nr.15から）の裏書

20 第1会計期間の営業費に対する銀行預金支払い総額11,500マルク：未払費用6,000マルクの支払い，修繕作業に対する見積もった5,000マルク（Nr.4から）の代わりに実際の支払い5,500マルク

21 減資としての銀行預金支払い5,000マルク

22 銀行預金支払い総額358,000マルク：買掛金決済のための仕入先への支払い350,000マルク，営業設備の支払い8,000マルク（Nr.2から）

23 棚卸による商品在高12,000マルク（期首商品在高33,000マルク（Nr.7から）＋330,000マルク（Nr.11）＋商品原価節約33,000マルク－期末商品在高12,000マルク＝売上原価384,000マルク）[6]

(3) 第3会計期間

① 前期から引き継いだ取引事例

2c 事業設備の減価償却2,150マルク（事業設備の購入時価8,600マルク，見積残存価額2,150マルク）

　　事業設備原価節約100マルク（8,600マルク×1／4－（8,400マルク×2／4－2,150マルク））

9c 借入金に対する割引，借入金の期間割当て分400マルク

9d 借入金に対する利息費用3,200マルク，後払い

10b 前払いした保険料，期間割当て分2,000マルク

---

6 商品原価節約：（1,200マルク－1,100マルク）×330個＝33,000マルク
　商品売上原価：1,200マルク×320個＝384,000マルク
　商品期末在高：1,200マルク×10個＝12,000マルク

16b　前受賃貸料，期間割当て分1,000マルク

② 第3会計期間の取引事例

24　第3会計期間の営業費総額47,600マルク：現金支払い8,600マルク，
　　銀行預金支払い39,000マルク

25　銀行預金による商品仕入30,000マルク，掛け仕入240,000マルク，**総
　　額270,000マルク（1,200マルク×225個）**

26　現金による商品売上20,000マルク，銀行預金による売上145,000マル
　　ク，掛け売上200,000マルク，顧客前払いに対する売上15,000マルク
　　（Nr.15から），**総額380,000マルク（約1,617マルク×235個）**

27　銀行預金による第2会計期間の未払費用の支払い9,000マルク（Nr.8
　　から）

28　借入金に対する銀行預金支払い総額46,400マルク：借入金債務
　　40,000マルク；第2および第3会計期間に対する利息総額6,400マルク

29　現金による第2会計期間からの手数料収入3,000マルク（Nr.13から）

30　顧客に対する債権の決済：売掛金決済のための顧客からの銀行預金収
　　入427,000マルク，貸倒損失3,000マルク

31　9,900マルクでの債券（Nr.14から）の売却，銀行預金収入，**債券の
　　売却時購入時価9,800マルク**

32　第3会計期間末における商品在高ゼロ（**期首商品在高12,000マルク
　　＋270,000マルク（Nr.25）＋商品原価節約11,750マルク－期末商品在
　　高0マルク＝売上原価293,750マルク**[7]）

33　仕入先に対する残余債務の償還：買掛金決済のための仕入先への銀行
　　預金支払い433,500マルク，値引き1,500マルク

34　現金による営業設備の売却2,500マルク（**当初の見積残存価額2,150
　　マルク；Nr.2cから**）

35　銀行預金による残余資本出資100,000マルクの払戻し

7　商品原価節約：（1,250マルク－1,200マルク）×235個＝11,750マルク
　　商品売上原価：1,250マルク×235個＝293,750マルク

2　取引事例の仕訳

以上の取引事例に基づいて仕訳を行うと，以下のようになる。その場合，組織的単式簿記のみならず後述する複式簿記も説明できるように，通常の複式簿記における仕訳を示すこととする。ただし，収益および費用に関する勘定科目に関しては網掛けを付し，組織的単式簿記をまず強調することにする。またここでも，収支的購入時価会計の特徴的な仕訳を太字で示すこととする。

(1)　第1会計期間

番号	借方科目	金額	貸方科目	金額
1	現　　　金（現金収入） 銀 行 預 金（現金収入）	5,000 100,000	資 本 金（前 支 出）	105,000
2	事 業 設 備（戻し収入）	8,000	未 払 金（前 支 出）	8,000
2a	**事 業 設 備（戻し収入）** **減価償却費**	**200** **2,050**	設備原価節約 **事 業 設 備（後 支 出）**	**200** **2,050**
3	商　　　品（戻し収入）	330,000	銀 行 預 金（現金支出） 買 掛 金（前 支 出）	40,000 290,000
4	営 業 費	63,850	現　　　金（現金支出） 銀 行 預 金（現金支出） 未 払 金（前 支 出） 修繕引当金（前 支 出）	2,850 50,000 6,000 5,000
5	銀 行 預 金（現金収入） 売 掛 金（前 収 入）	80,000 280,000	売　　　上	360,000
6	貸 付 金（前 収 入）	10,000	銀 行 預 金（現金支出）	10,000
6a	貸 付 金（前 収 入）	300	前 受 利 息（戻し支出）	300
6b	前 受 利 息（後 収 入）	150	受 取 利 息	150
6c	現　　　金（現金収入）	1,400	前 受 利 息（戻し支出）	1,400
6d	前 受 利 息（後 収 入）	700	受 取 利 息	700
7	商　　　品（戻し収入） **売 上 原 価**	33,000 **330,000**	商品原価節約 商　　　品（後 支 出）	**33,000** 330,000

(2) 第2会計期間

番号	借方科目	金額	貸方科目	金額
2b	事 業 設 備（戻し収入） 減価償却費	150 2,100	設備原価節約 事 業 設 備（後 支 出）	150 2,100
6e	前 受 利 息（後 収 入）	150	受 取 利 息	150
6f	前 受 利 息（後 収 入）	700	受 取 利 息	700
8	営 業 費	56,750	現　　　金（現金支出） 銀 行 預 金（現金支出） 未 払 金（前 支 出）	2,750 45,000 9,000
9	銀 行 預 金（現金収入） 前 払 利 息（戻し収入）	39,200 800	借 入 金（前 支 出）	40,000
9a	支 払 利 息	400	前 払 利 息（後 支 出）	400
9b	支 払 利 息	3,200	未 払 利 息（前 支 出）	3,200
10	前払保険料（戻し収入）	4,000	銀 行 預 金（現金支出）	4,000
10a	保 険 料	2,000	前払保険料（後 支 出）	2,000
11	商　　　品（戻し収入）	330,000	銀 行 預 金（現金支出） 買 掛 金（前 支 出）	60,000 270,000
12	銀 行 預 金（現金収入） 売 掛 金（前 収 入）	150,000 250,000	売　　　上	400,000
13	未収手数料（前 収 入）	3,000	受 取 手 数 料	3,000
14	有 価 証 券（前 収 入）	9,700	銀 行 預 金（現金支出）	9,700
14a	有 価 証 券（前 収 入）	50	債券原価節約	50
15	受 取 手 形（前 収 入）	15,000	前 受 金（戻し支出）	15,000
16	現　　　金（現金収入）	2,000	前受賃貸料（戻し支出）	2,000
16a	前受賃貸料（後 収 入）	1,000	受 取 賃 貸 料	1,000
17	銀 行 預 金（現金収入）	300,000	売 掛 金（償還支出）	300,000
18	現　　　金（現金収入）	10,300	貸 付 金（償還支出）	10,300
19	買 掛 金（償還収入）	15,000	受 取 手 形（償還支出）	15,000
20	未 払 金（償還収入） 修繕引当金（償還収入）	6,000 5,000	銀 行 預 金（現金支出）	11,500

	営　業　費		500		
21	資　本　金（償還収入）	5,000	銀行預金（現金支出）	5,000
22	買　掛　金（償還収入）	350,000	銀行預金（現金支出）	358,000
	未　払　金（償還収入）	8,000		
23	商　　　品（戻し収入）	33,000	商品原価節約	33,000
	売　上　原　価	384,000	商　　　品（後支出）	384,000

(3)　第3会計期間

番号	借方科目	金　額	貸方科目	金　額
2c	事　業　設　備（戻し収入）	100	設備原価節約	100
	減価償却費	2,150	事　業　設　備（後支出）	2,150
9c	支　払　利　息	400	前　払　利　息（後支出）	400
9d	支　払　利　息	3,200	未　払　利　息（前支出）	3,200
10b	保　険　料	2,000	前払保険料（後支出）	2,000
16b	前受賃貸料（後収入）	1,000	受取賃貸料	1,000
24	営　業　費	47,600	現　　　金（現金支出）	8,600
			銀行預金（現金支出）	39,000
25	商　　　品（戻し収入）	270,000	銀行預金（現金支出）	30,000
			買　掛　金（前支出）	240,000
26	現　　　金（現金収入）	20,000	売　　　上	380,000
	銀　行　預　金（現金収入）	145,000		
	売　掛　金（前収入）	200,000		
	前　受　金（後収入）	15,000		
27	未　払　金（償還収入）	9,000	銀行預金（現金支出）	9,000
28	借　入　金（償還収入）	40,000	銀　行　預　金（現金支出）	46,400
	未　払　利　息（償還収入）	6,400		
29	現　　　金（現金収入）	3,000	未収手数料（償還支出）	3,000
30	銀行預金（現金収入）	427,000	売　掛　金（償還支出）	430,000
	貸　倒　損　失	3,000		
31	有　価　証　券（前収入）	50	債券原価節約	50
	銀　行　預　金（現金収入）	9,900	有　価　証　券（償還支出）	9,800

			有価証券売却益	100
32	商　　　品（戻し入）	11,750	商品原価節約	11,750
	売 上 原 価	293,750	商　　　品（後 支 出）	293,750
33	買　掛　金（償還収入）	435,000	銀 行 預 金（現金支出）	433,500
			売 上 原 価	1,500
34	現　　　金（現金収入）	2,500	事 業 設 備（後 支 出）	2,150
			固定資産売却益	350
35	資　本　金（償還収入）	100,000	銀 行 預 金（現金支出）	100,000

3　組織的単式簿記

以上の収支的購入時価会計論における取引事例および仕訳に基づいて，組織的単式簿記を表形式でまず説明し，次にそれを基として，組織的単式簿記における運動貸借対照表，変動貸借対照表および在高貸借対照表を示すこととする。その場合，第2会計期間が組織的単式簿記を最も特徴的に説明できるので，その期間における各貸借対照表を示すことにする。まず，第2会計期間の取引事例を組織的単式簿記の表形式で表すと，図表5-5のようになる。

図表5-5に基づいて，第2会計期間の組織的単式簿記における運動貸借対照表，変動貸借対照表および在高貸借対照表を示すと，図表5-6のようになる。[8]

8　第2会計期間の在高貸借対照表を作成するための資料として，第1会計期間の在高貸借対照表を示すと次のようになる。

在高貸借対照表（第1会計期間）

現金在高	83,550			
債　権	290,300	債　　務	414,000	
在　庫	39,150	留　　保	850	
期間損失1	1,850			
	414,850		414,850	

図表 5-5　第 2 会計期間取引事例の組織的単式簿記における表形式表示

Nr.	現金在高 現金収入	現金在高 現金支出	債権 前収入	債権 償還支出	債務 償還収入	債務 前支出	在庫 戻し収入	在庫 後支出	留保 後収入	留保 戻し支出	二面的記帳
2b							150	2,100			
6e									150		
6f									700		
8		2,750 45,000				9,000					
9	39,200					40,000	800				40,000
9a								400			
9b						3,200					
10		4,000					4,000				4,000
10a								2,000			
11		60,000				270,000	330,000				330,000
12	150,000		250,000								
13			3,000								
14		9,700	9,700								9,700
14a			50								
15		15,000								15,000	15,000
16	2,000									2,000	2,000
16a									1,000		
17	300,000			300,000							300,000
18	10,300			10,300							10,300
19				15,000	15,000						15,000
20		11,500			6,000 5,000						11,000
21		5,000			5,000						5,000
22		358,000			350,000 8,000						358,000
23							33,000	384,000			
	501,500	495,950	277,750	325,300	389,000	322,200	367,950	388,500	1,850	17,000	1,100,000

収入合計 − 支出合計 = 期間損失 2

1,538,050 − 1,548,950 = − 10,900

図表 5-6 　第 2 会計期間の組織的単式簿記における運動貸借対照表，変動貸借対照表および在高貸借対照表

運動貸借対照表（第 2 会計期間）

現金収入	501,500	現金支出	495,950
前 収 入	277,750	償還支出	325,300
償還収入	389,000	前 支 出	322,200
戻し収入	367,950	後 支 出	388,500
後 収 入	1,850	戻し支出	17,000
期間損失 2	10,900		
	1,548,950		1,548,950

変動貸借対照表（第 2 会計期間）

現金収入	5,550	償還支出	47,550
償還収入	66,800	後支出	20,550
期間損失 2	10,900	戻し支出	15,150
	83,250		83,250

在高貸借対照表（第 2 会計期間）

現金在高	89,100		
債 　 権	242,750	債 　 務	347,200
在 　 庫	18,600	留 　 保	16,000
期間損失 1	1,850		
期間損失 2	10,900		
	363,200		363,200

　そして，この在高貸借対照表を前述した仕訳に基づいて実務的な貸借対照表形式で購入時価貸借対照表を示すと，図表 5-7 のようになる。

154

図表 5-7　購入時価貸借対照表（第 2 会計期間）

現金在高			債　　務		
現　　　金	13,100				
銀 行 預 金	76,000	89,100	買 　掛 　金	195,000	
債　　権			未 　払 　金	9,000	
売 　掛 　金	230,000		未 払 利 息	3,200	
有 価 証 券	9,750		借 　入 　金	40,000	
未収手数料	3,000	242,750	資 　本 　金	100,000	347,200
			留　　保		
在　　庫			前 　受 　金	15,000	
商　　　品	12,000		前受賃貸料	1,000	16,000
事 業 設 備	4,200				
前払保険料	2,000				
前 払 利 息	400	18,600			
期間損失 1		1,850			
期間損失 2		10,900			
		363,200			363,200

4　複 式 簿 記

　収支的購入時価会計論の全体システムとしての複式簿記は，組織的単式簿記のさらなる展開として示される。組織的単式簿記の部分システムの複式簿記の全体システムへの拡張は，損益作用的取引事象の一面的記帳を補完することによって行われる。すなわち，収支事象のこれまでの勘定領域のほかに，二面的勘定領域の構成，つまり損益事象の構成をもたらす一般的な反対記帳の原則が用いられる。反対記帳（費用または収益）は，損益計算において鏡像的に費用支出および収益収入の損益作用性を把握する。

　複式簿記は，組織的単式簿記における表形式の表示（図表 5-5）から，損益作用的支出および収入（費用支出，収益収入）が引き出され，5 つの勘定タイプに勘定的に区別されて構成される。その場合，反対記帳の一般原則にしたがって，各勘定が追加される欄において損益計算の関係で 2 つの下位分類，つまり費用ないし収益に反対記帳される。

損益計算欄は，勘定的表示形式における損益勘定と同じ数値資料を含む。この事実は，第2会計期間に関する表示において直接確認することができる。その時々の期間損益はこの方法で2回決定される。すなわち，1回目は総括的な収益収入と費用支出の差額によって決定され，2回目は収益と費用の差額によって決定される。これらの手続は収支的取得原価会計論の手続と同じである。

第2会計期間の損益作用的取引事例を表形式で表示すると，図表5-8のようになる。そして，これを勘定形式で示し，損益作用的取引事例の運動貸借対照表と損益計算書を示すと，図表5-9のようになる。これによって，損益計算書において収益収入および費用支出が収益および費用として反対記帳されていることが明らかとなる。

図表5-8 第2会計期間損益作用的取引事例の複式記帳における表形式表示

Nr.	現金在高 現金収入	現金支出	債　権 前収入	償還支出	債　務 償還収入	前支出	在　庫 戻し収入	後支出	留　保 後収入	戻し支出	損益計算 費用	収益
2b							150	2,100			2,100	150
6e									150			150
6f									700			700
8		2,750 45,000				9,000					56,750	
9a								400			400	
9b						3,200					3,200	
10a								2,000			2,000	
12	150,000		250,000									400,000
13			3,000									3,000
14a			50									50
16a									1,000			1,000
20		500									500	
23							33,000	384,000			384,000	33,000
	150,000	48,250	253,050			12,200	33,150	388,500	1,850		448,950	438,050

すべての収益収入合計	－	すべての費用支出合計	＝期間損失2
438,050	－	448,950	＝ －10,900
すべての収益合計	－	すべての費用合計	＝期間損失2
438,050	－	448,950	＝ －10,900

図表5-9　第2会計期間における損益作用的取引事例の運動貸借対照表と損益計算書

損益作用的取引事例の運動貸借対照表（第2会計期間）

現金収入	150,000	現金支出	48,250
前 収 入	253,050	償還支出	—
償還収入	—	前 支 出	12,200
戻し収入	33,150	後 支 出	388,500
後 収 入	1,850	戻し支出	—
期間損失2	10,900		
	448,950		448,950

損益計算書（第2会計期間）

次の反対記帳費用		次の反対記帳収益	
現金支出	48,250	現金収入	150,000
償還支出	—	前 収 入	253,050
前 支 出	12,200	償還収入	—
後 支 出	388,500	戻し収入	33,150
戻し支出	—	後 収 入	1,850
		期間損失2	10,900
	448,950		448,950

　そして，この損益計算書を前述した仕訳に基づいて実務的な損益計算書形式で収支的購入時価会計論における損益計算書を示すと，図表5-10のようになる。

図表5-10　取引事例の第2会計期間における複式損益計算の勘定的表示

損益計算書（第2会計期間）

売 上 原 価	384,000	売 　 上	400,000
営 業 費	57,250	受取手数料	3,000
減価償却費	2,100	受取賃貸料	1,000
保 険 料	2,000	受 取 利 息	850
支 払 利 息	3,600	原 価 節 約	33,200
		期間損失2	10,900
	448,950		448,950

Ⅴ　む　す　び

　以上本章では，収入支出観に基づく購入時価会計の解明を目的として，収入支出概念の概念的・時制的拡張としての購入時価を説明し，この拡張された購入時価による収支的購入時価会計を概説し，さらにこの会計を具体的な計算例によって説明した。これによって，収支的購入時価会計の全体像が明らかになったことと思われる。そこで最後に，このような収支的購入時価会計の特質を解明することとしたい。

　既述のように，収支的購入時価会計の評価基準である購入時価は，収入支出概念の時制的拡張として説明することができる。収支的取得原価会計論における取得原価は計算収支による収入支出概念の拡張であるが，収支的購入時価会計論における購入時価はさらに収入支出概念を過去から現在に拡張することによって成立する概念である。

　そして，収支的購入時価会計論はこの購入時価を評価基準として適用することによって組織的単式簿記における収支的運動貸借対照表，収支的変動貸借対照表および収支的在高貸借対照表を導出する。それはさらに，複式簿記を導入することによって，収支的購入時価会計論における損益計算書を導き出す。

　このようにみると，収支的購入時価会計は一貫して収入支出概念に基づいて行われる会計であり，収入支出観による会計であるということができる。したがって，収支的購入時価会計は収入支出観による会計であるということが，この会計の第1の特質であり，そして当然の特質である。

　この収入支出観による収支的購入時価会計論は計算構造的には収支的取得原価会計論と異なるところはない。収支的購入時価会計においても，組織的単式簿記において，購入時価による収支的運動貸借対照表，収支的変動貸借対照表および収支的在高貸借対照表が作成され，全体システムとしての複式簿記において，購入時価評価に基づく損益計算書が作成される。

　さらに，収支的購入時価会計論における勘定体系も収支的取得原価会計論における勘定体系と同じである。そこでも，現金，債権，債務，在庫および留保の各勘定が生じることになる。収支的購入時価会計論と収支的取得原価会計論

との相違は，損益計算書において価値変動損益（原価節約）が発生するということのみである。ということは，収支的購入時価会計論は収支的取得原価会計論と同じ特質を有しているということができる。それは，収支的購入時価会計論における徹底的なフロー思考性である。

　コジオールの主張する収支的取得原価会計論（収支的貸借対照表論）において，最も重要なそして基本的な計算書は運動貸借対照表である。運動貸借対照表は，会計期間末において，様々な種類の収支によって構成される当該期間のすべての収入（借方）および支出（貸方）を包含するものである。これは，貸借対照表のある側の他の側に対する収支余剰として期間損益（期間利益または期間損失）を示す。

　収支的取得原価会計論において，この運動貸借対照表は貸借対照表の原型とよばれる。というのは，残高計算されていない（フロー量ともよばれる）収入および支出それ自体における貸借対照表の本来の内容がここにみられ，運動貸借対照表の形式がこの収支資料から直接導き出されるからである。それゆえ，運動貸借対照表は典型的なフロー思考に基づく貸借対照表である。

　収支的取得原価会計論において，フロー思考性は運動貸借対照表だけではない。これから導き出される変動貸借対照表もフロー思考により作成されるということができる。変動貸借対照表は，当該期間の収支運動（フロー量）から出発して，運動貸借対照表における相互に対応する収支の残高計算によって生じる。残高は収入余剰もしくは支出余剰の形式における運動差額である。それゆえ，変動貸借対照表を内容的に運動差額貸借対照表として説明することができる。ここに，変動貸借対照表のフロー思考性がある，

　さらに，収支的取得原価会計論における在高貸借対照表もフロー思考性を有しているということができる。在高貸借対照表は，繰越高の総括からおよびそれに対応する運動量から，正および負の構成要素の同時的残高計算のもとで生じる。これは収支的在高貸借対照表とよばれる。というのは，それは収支的事象（フロー事象）の記帳から生じ，それによって全体的な貸借対照表在高が収支的特質を担うからである。この収支的特質はフロー概念にほかならず，したがって，在高貸借対照表もフロー思考により作成されるのである。

　さらに，収支的取得原価会計論の全体システムとしての複式簿記において導

出される損益計算書は，もちろんフロー思考性を有している。そこにおける収支的損益計算も，組織的単式簿記における損益作用的事象，つまり収益収入および費用支出を反対記帳したものである。収益収入および費用支出がフロー概念であることから，その反対記帳としての収益および費用は当然フロー思考性を有しているからである。

このようにみてくると，収支的取得原価会計論は徹底的なフロー思考であり，首尾一貫してフロー思考性を有しているということができる。そして，収支的購入時価会計論は収支的取得原価会計論と計算構造的に同じ構造を有していることからすると，収支的購入時価会計論は収支的取得原価会計論と同じ特質を有することになる。

すなわち，そこで導出される収支的運動貸借対照表，収支的変動貸借対照表，収支的在高貸借対照表および損益計算書も首尾一貫してフロー思考性を有しているのである。したがって，この徹底したフロー思考性が収支的購入時価会計の第2の特質となり，そして非常に重要な特質となる。

収支的購入時価会計と収支的取得原価会計との計算構造的共通性はこればかりではない。損益計算において，両者とも，収益は収益収入によって認識され，費用は費用支出によって認識される。すなわち，収益は収入価値によって認識され，費用は支出価値によって認識される。両者の相違は，収支的購入時価会計が費用を購入時価によって測定し，収支的取得原価会計が費用を取得原価によって測定することにすぎない。

このことから，収支的購入時価会計の第3の特質は，収支的取得原価会計とともに，収益を収益収入によって認識し，費用を費用支出によって認識するということになる。これは当然のことであると思われるかもしれないが，例えば次章の収支的売却時価会計と対比するとき，当然ではなくなるのであり，収支的購入時価会計（および収支的取得原価会計）固有の特質となるのである。

なおここで，収支的購入時価会計と収支的取得原価会計の損益計算における全体損益が一致することを確認しておこう。本章で示した収支的購入時価会計の具体的な取引事例により各期の損益を算定すると，第1会計期間は1,850マルクの損失となり，第2会計期間は10,900マルクの損失となり，第3会計期間は42,750マルクの利益となる。したがって，全期間の全体利益は30,000マ

ルクとなる。

　他方，同じ取引例を用いて収支的取得原価会計における各期の損益を算定すると，前章で示したように，第1会計期間は5,000マルクの損失となり，第2会計期間は20,000マルクの利益となり，第3会計期間は15,000マルクの利益となる。したがって，全期間の全体利益はここでも30,000マルクとなる。

　さらに，同じ取引事例を用いて各期のキャッシュ・フローを計算すると，第1会計期間はプラス83,550マルクであり，第2会計期間はプラス5,550マルクであり，第3会計期間はマイナス59,100マルクである。したがって，全期間のキャッシュ・フローは同様に30,000マルクである。

　これらは偶然ではない。どのような会計を採用しようとも，会計の視点を収入支出観におくかぎり，会計測定の基準である測定単位が一致し，全体利益および全体キャッシュ・フローが一致するのである。換言すれば，すべての会計は測定単位の一致を前提として，収入支出観に基づいて利益計算等を行うことができ，これがシュマーレンバッハ以来の収入支出観の出発点である。

　そして，本章で示したように，購入時価会計は収入支出観によって説明することができ，取得原価会計およびキャッシュ・フロー会計ももちろん収入支出観によって説明できることからすれば，収入支出観は会計において普遍性を有しており，会計の体系を統一的に説明できるということがいえるのである。

第6章

収入支出観と売却時価会計

I　はじめに

　前章において，会計観としての収入支出観が購入時価会計を統一的に説明できることを示した。時価会計には，購入時価会計のほかに売却時価会計がある。そこで，この売却時価会計を収入支出観が統一的に説明できるか否かが，次の検討課題となる。したがって，本章の目的は，収入支出観によって会計の体系を統一的に説明することの一貫として，収入支出観に基づく売却時価会計（収支的売却時価会計）を説明し，その特質を解明することになる。

　これらの目的を達成するために，以下ではまず，収入支出概念の時制的拡張としての売却時価を説明し，次にこの拡張された売却時価による収支的売却時価会計を解説する。そしてさらに，この会計理論の理解を確実にするために収支的売却時価会計を具体的な計算例によって説明する。これによって収支的売却時価会計の全体像が明らかになるので，最後に，収入支出観に基づく売却時価会計の特質を解明し，収入支出観の普遍性を指摘したい。これらはコジオールの会計思考を参考とし，前章と同じ論述過程である。

II　収入支出概念による売却時価

　収入支出観に基づく売却時価会計を説明する手始めとして，本節では，売却時価会計の評価基準である売却時価を収入支出概念によって説明しうることを明らかにする。以下ではまず，収入支出観における価値種類を列挙し，次に売却時価は収入支出概念の概念的拡張および時制的拡張によって導き出されることを解明する。

1　収入支出観における価値種類

　前章で述べたように，コジオールによれば，企業会計はその様々な任務に対して，種類的に異なったそしてそれに応じて追求された計算目的に適用する様々な価値（価格）を展開してきた。期間損益計算は，様々な意思決定形式でともに生じる取得原価の実務および時価の実務において用いられている。すなわち，取得原価（Anschaffungswert）は収入および支出価値として，全部価値および減価価値として，事実的および想定的取得価値として，ならびに製造価値として用いられている。時価（Tageswert）は購入時価（Tagesbeschaffungswert）および売却時価（Tagesveräußerungswert）として用いられている。

　これらすべての価値種類は共通して，収支事象から導出される。原初的および派生的収支価値としてのその解釈は，簿記の収支的基本理念と最も広い意味で一致する貸借対照表価値システムの定式化を可能にする（Kosiol [1976] S.349）。すなわち，会計における評価基準としての取得原価および時価（購入時価，売却時価）はすべて収支価値として解釈することができるのである。

　この評価の基礎にある収支事象の性格によって，価値種類は2つの基本的に異なったカテゴリーに区分される。価値の第1の区分は，企業が直接参加する市場において評価すべき対象または事象と直接関連して生じる原初的収支事象に基づいている。そこでは，企業それ自体の市場で実現した収支事象が問題となる。それと結びつく価値は実現・収支価値（realisiert-pagatorische Wert）とよばれる。これには取得原価が属する。

しかし，実現・収支価値のほかに，経済実務の損益計算において企業によって実現されない収支事象に基づく価値も生じうる。それは未実現・収支価値（unrealisiert-pagatorische Wert）とよばれる。このクラスに派生的ないし推論的収支価値としての時価が属する（Kosiol［1976］S.350）。

コジオールは実現・収支価値を真の収支価値（echte pagatorische Wert）ともよぶ。これに対して，未実現・収支価値としての時価は真でない収支価値（unechte pagatorische Wert）とよばれる。これらの収支価値は，収入支出概念の拡張によって導き出される。

2 概念的・時制的拡張としての時価

コジオールによれば，「収支的」という表現の概念内容および意図は，一定の計算量がそれと関連するないしはそれと結びつく実態によって与えられる。経済的企業過程を写像する貨幣額は，(1) 収支（支払手段の運動，貨幣運動）と一致して生じ（収入および支出），(2) そのような貨幣運動と直接的に関連して生じ（債権および債務），または (3) 名目財貨運動によって間接的に写像される（在庫および留保）(Kosiol［1976］S.351)。

これによって，すべての財務諸表項目，つまり貸借対照表項目および損益計算書項目は収入支出概念を拡張することによって説明できることになる。しかし，これらの拡張は評価概念としての取得原価に対する拡張であり，時価に対する拡張ではない。時価を説明するためには，収入支出概念のさらなる拡張が必要とされる。それは，収入支出概念の時制的拡張である。すなわち，時価は収入支出概念を過去から現在に時制的に拡張することによって成立する概念であるということができる。

以上により，すべての評価概念は収支価値によって説明することができ，これらをまとめて収支価値のシステムを示すと，図表6-1のようになる（Kosiol［1976］S.367-368)。

本章において取り扱うのはこれらのうち主に収入価値としての売却時価であり，これを評価基準とする収支的売却時価会計である[1]。

164

図表6-1　収支価値のシステム

Ⅰ　取得原価，真の収支価値，すなわち実現・収支価値
　1　収入価値
　　a)　実際の収入価値
　　　(1)　現金的収入価値
　　　(2)　先取り的収入価値
　　b)　仮定的収入価値
　2　支出価値
　　a)　実際の支出価値
　　　(1)　現金的支出価値
　　　(2)　先取り的支出価値
　　b)　仮定的支出価値
Ⅱ　時価，真でない収支価値，すなわち未実現・収支価値
　1　収入価値
　　a)　実際的収入価値
　　　(1)　現金的収入価値
　　　(2)　先取り的収入価値
　　b)　仮定的収入価値
　2　支出価値
　　a)　実際的支出価値
　　　(1)　現金的支出価値
　　　(2)　先取り的支出価値
　　b)　仮定的支出価値

1　現代会計において重要な評価基準である公正価値は，売却時価と解することができる。公正価値は次のように定義されている。すなわち，測定時点で，市場参加者の秩序ある取引において，資産を売却するために受け取るであろう価格または負債を移転するために支払うであろう価格である（IASB［2011］para.9）。これは「出口価格」または「出口価値」と称せられており，本章の売却時価にほかならない。したがって，本章の論理は公正価値会計においても妥当することになる。

Ⅲ　収支的売却時価会計

　以上により，売却時価が収入支出概念により説明できることが明らかとなったので，本節はこれを受けて，収入支出観による売却時価会計を概説する。この会計を「収支的売却時価会計」とよぶことができ，本節はこれを説明することが目的であるが，売却時価会計は従来多くの論者によって提唱されているので，これを「従来の売却時価会計」としてまず説明することとする。

1　従来の売却時価会計

　一般に，売却時価会計は資産等の会計構成要素の評価基準として売却時価を適用する会計である。これはさらに，資産の評価基準として売却時価を適用することによって，決算時において資産の期末売却時価と期首売却時価との差額を保有利得として認識する会計である。

　ここではまた，資産を売却時価で測定することによって，棚卸資産の売上原価も売却時価で測定されることになり，その結果，売上原価と売上高とが等しくなるので，棚卸資産の販売益は生じず，利益はもっぱら保有利得の収益から売却時価で測定された減価償却費等の費用を控除することによって生じることになる。そして，これによって算定される利益は「実現可能利益」とよばれる。

　これまで，この売却時価会計を一貫して提唱してきた論者として，チェンバース（Chambers）が有名である。そこで本項では，彼の所論を売却時価会計論の代表とみなし，それを主な題材として，一般的な売却時価会計の概要を説明する。[2]

　チェンバースは売却時価会計の論拠の起源を「環境適応を目的とする人間行

　2　売却時価会計を提唱するもう一人の代表者は，スターリング（Sterling）である。彼は売却時価会計の論拠を会計の具備すべき重要な規準としての経験的検証可能性と目的適合性におく。彼によれば，売却時価は経験的現象を測定し言及するので，経験的検証可能性の規準を満たしている。さらに，所有資産の売却時価はその資産の実際のまたは潜在的交換に↗

動」に求める。彼によれば，人間は自己の目的を達成するために，絶えず変化する環境に適応していかなければならず，したがって，人間という有機体は，これを全体的にとらえて 1 つの恒常的組織と考え，絶えず環境に自己を適応させ，その機能を果たす力を保ち，その生存を確保していると考えることができる（Chambers［1966］pp.20-21）。

　この人間の構成体が企業であるので，このことは企業についても妥当する[3]。すなわち，企業もまた個人そのものに劣らず適応を目指す実体である。したがって，企業の予定する残存期間の長短を問わず，企業構成員の期待は次のような場合にのみ満たされることになる。つまり，次々と変化をとげる環境条件に合わせてその資源を有利に運用する形で，企業の経営の仕方と特定の企業内容が展開される場合である（Chambers［1966］p.190）。

　ここで，この環境条件の具体的内容が問題となるが，市場経済活動を営む企業にとって，経済環境として最も重要となるのが「価格」および「価格の変動」である。ところが，価格には様々なものがあるので，次に問題としなければならないのは，どの価格が企業の適応行動に適しているかということである。その場合，チェンバースによれば，現在の価格の状況を知ることが適応行動にとって不可欠となる。というのは，過去の価格（および将来の価格）は適応行動に対して有用ではないからである。

　この事情を彼は次のように述べている。現在という時点からみれば，過去の価格は，すべてが単に過ぎ去った過去のものにすぎない。現在の価格だけが，行動の選択に関して何らかの関わりをもっているのである。ある財の 10 年前の価格は，今から 20 年後について仮設される価格と同じように，この問題に

　　関するすべての意思決定にとって目的適合的である。すなわち，その売却時価はその所有資産を保有して使用するか，それともそれを売却して，その販売収入をある他の資産に投資するかという保有対売却の意思決定に適合する（Sterling［1979］pp.117-123）。すなわち，売却時価は経験的検証可能性と目的適合性の会計規準を満たすので，会計は売却時価を測定し，報告すべきであるということになる。

3　　というのは，企業それ自体は法的擬人であるために，自然人のように原動力をもつことができず，その構成員の目的が企業の目的となるからである。チェンバースはこのことを次のように表現している。企業は当該企業に関する人々個人個人がもつ目的以外の目的をもつことはない。企業は用具であるがゆえに，自然人の場合のように欲望をもつことはできないし，消費者としての満足を得ることもできない（Chambers［1966］p.187）。

とっては，何の関わりももたない。貨幣の一般購買力が変動しない間でも，個々の財の価格は変動するだろうし，逆に，いずれかの財の価格に変動はなくても，貨幣の一般購買力の方は変動することもあろう。したがって，有用で，市場においての現在における適応力について必然的な関わりをもつ結論は，過去の価格からは何も引き出せないのである（Chambers［1966］p.91）。

このように，現在の価格が適応行動にとって重要であることは明らかとなったが，次に問題となるのは，現在の価格のうちのどれが適応行動にとって有用となるかということである。というのは，現在の価格には「購入時価」と「売却時価」の2つがあるからである。そして，これに関してもチェンバースは次のように述べ，売却時価の方が適切であると主張する。

購入時価は，現在の保有額を基礎として，現在の状況に適応する目的で市場に現金を携えて参加する能力を示すものではない。これに対して，売却時価の方はそれを示すのである。だからこそ，ある時点において，市場でのすべての将来可能と思われる行動にとって，統一的に適合性をもつ唯一の財務的属性は，保有下にある財のいずれを問わず，そのすべてのものの市場売却価格または実現可能価格であると主張しているのである。適応の目的のために人々が知りたいと思うのは，すでに保有している額を超えた額の貨幣を必要とする際に，特定の対象または一群の対象に代えて，手に入れうる貨幣の券面に示される数である（Chambers［1966］p.92）。

チェンバースはさらに，その内容を別のところで以下のように具体的に説明している（Chambers［1980］p.3）。市場経済活動において，買い手が財を購入するのは，彼がその価格に等価の貨幣額を所有するよりも財を持つことを選ぶからである。売り手が財を売却するのは，彼がその財の所有を継続するよりもその価格に等価の貨幣額を持つことを選ぶからである。

ある企業が欲した財を購入するのに十分な貨幣を有していないが，ある貨幣価格で売却できる他の財（資産）を有しているならば，彼はそれらの資産のいくつかを売却することができる。それらの所有者が他の財の購入または負債の返済を考えているならば，これらの資産の所有はそれらの売却時価に等価の貨幣を有するのと同じである。

いくつかの資産を他の財を購入するために売却すると考える場合，現存資産

の継続的所有および代替財から期待される使用または満足に関して，考慮がなされる。しかし，購入できる代替財の種類と規模，それゆえ期待される使用と満足は，現存資産の貨幣等価額（売却時価）がわかっている場合にしか決定できない。

　以上によって明らかなように，売却時価は企業の経済環境に適応するために非常に有用な評価基準である。そしてさらに，この売却時価が売却時価会計の評価基準であってみれば，この会計は企業経済環境に適応できる会計システムであるということができ，ここに，売却時価会計の重要な論拠を見出すことができるのである。

　しかし，そればかりではない。この売却時価会計にはさらにもう1つの論拠がある。それは，この会計が常識的ないし日常的な「富」の概念を形成し，さらにすべての資産，負債および資本が測定される属性に関して本質的に同質になるので，それらを正しく加算し，関係づけることができるということである。すなわち，売却時価会計は加法性の特質を有しているのである。これは以下のように具体的に説明することができる。

　売却時価会計における売却時価は諸資産の「貨幣等価額」を見出すことになるが，これは，企業が所有する貨幣額を見出すことと同じである。したがって，この貨幣等価額が企業の常識的ないし日常的な「富」の概念を形成することになる。チェンバースによれば，ある時点におけるあなたの（または私のまたは企業の）額を見出す常識的または実際的な方法は，あなたが所有する現金と，あなたが所有する他の物のその時における正味売却価格とを加えることである。しかし，企業が他の者に貨幣を借りている場合，その負債額は総貨幣額または所有物の貨幣等価額から控除しなければならない（Chambers [1980] p.23）。

　これらの言明から，企業の純富を次の式で表すことができ，この富が企業の財政状態を構成し，貸借対照表に資産，負債および資本として計上されることになる。

　　　純富＝手持ち現金＋諸資産の貨幣等価額－負債額

　この貸借対照表では，すべての資産は貨幣等価額で表示される。さらに，すべての負債は負の貨幣等価額（貨幣支払額）で示される。純資産たる株主持分

第6章　収入支出観と売却時価会計　　169

（資本）はこのような資産と負債の差額であるので，正味貨幣等価額となり，金額的に企業の純富に等しくなる。これによって，売却時価会計におけるすべての資産，負債および資本は「貨幣等価額」という本質的に同じ属性で測定され，評価の論理的一貫性が達成され，加法性が成立するのである。

2　収入支出観による売却時価会計

　以上の従来の売却時価会計をコジオールの思考する収入支出観によって説明すると，前章の購入時価会計の場合と同じである。したがって，そこにおける購入時価を売却時価に代えると，売却時価会計の説明となる。

　すなわち，まず収益の評価に関して，有意義な評価は損益実現の原則のみに基づく。それは，損益作用的実質財貨事象が実際にも生じたことを意味する。その場合，この期日に生じた時価（収入価値としての売却時価）は同時に，特殊な時価として一連の可能な一般的時価から突出した，実現・収支的価値である。それゆえ，収益事象に対して唯一可能な価値評価は，実際の収益収入の額である。このように，収益に対する2つの原則が満たされ，それは時点関連的収益実現の原則と市場的価値実現の原則である。販売と価値評価は時点と価値額によって現実化される（Kosiol [1976] S.391-392）。

　次に，費用に対する時価評価の問題に関して，費用は一般に収益発生の観点によって生じる。その限りでは，費用と収益の密接な結びつきが物的および時間的見地において明らかになる。販売した財数量（収益財）に使用した財数量（使用財）を割り当てるならば，費用は販売費用として特質づけられる。費用は収益実現の時点ではじめて評価されなければならず，企業の販売過程の最終的な完了の場合に評価されなければならない（Kosiol [1976] S.393）。これにより，収益は実現収益によって評価され，費用は実現収益に対応する売却時価費用によって評価されることになる。

　さらに，在高（貸借対照表項目）の再評価に関して，この場合，純粋な時価損益計算において，原初的な収支価値の代わりに貸借対照表日の現在の価値が計上される。収入在高および収入対価は現在の収入価値で評価され，支出在高および支出対価は現在の支出価値で評価される。それゆえ，実質財に対する時

価（収入時価）は貸借対照表日における収入価値として示され，売却時価として示すことができる。債務に関して，時価は現在の支出価値を意味する。それに対して，資産の名目価値の場合，特に債権の場合，時価を収入価値とみなさなければならない（Kosiol [1976] S.396-397）。

コジオールによれば，取得原価と異なる貸借対照表在高のすべての評価は，未実現の（実現しない）費用または収益をもたらす。資産側で増価評価による取得原価の超過は，企業の販売に帰さない収益を生ぜしめる。それは，実際に存在することなしに，もっぱら価値増加によって計算されたものである。逆に，資産側の減少評価は，それが関係づけられる販売が成立することなしに，純粋に計算的な費用を意味する。負債側でより高い評価またはより低い評価が行われる場合，それに応じた未実現の損益流入が生じる。

貸借対照表における純粋な売却時価計算の場合に評価替えによって生じる費用または収益は，発生によるすべての場合に，先取り費用ないし先取り収益として特質づけられる。それゆえ，それは算入される会計期間内で，後ではじめて生じる実現時点に関して先取りされ，それゆえ未実現である非定期的費用または収益である。

（正または負の）損益先取りの量は，売却時価の額によって，すなわちその取得原価との差異によって与えられる。それゆえ，発生する費用は，それが資産の価値減少によって生じる限り価値減少費用ともよばれ，それが負債の価値増加によって生じる限り価値増加費用ともよばれ，一般に価値変動費用とよばれる。それに対応して，発生する収益は，それが資産の価値増加に基づく限り価値増加収益であり，それが負債の価値減少に基づく限り価値減少収益であり，一般に価値変動収益である（Kosiol [1976] S.399-400）。

したがって，先取りの場合，現金的または信用的収支の市場による実現の時点を待たず，それはそれ以前にすでに期間損益に作用する。それゆえ売却時価は，実現および未実現の構成要素をもつ損益量をもたらす。それは未実現利益または損失とよばれ，その場合そこでは全体的作用は残高としての損益とみなされる。

これらのことから，コジオールのいう在高の売却時価による再評価はチェンバースのそれと同じであるということができる。しかし，前者の再評価は収入

支出概念に基づいて行われることにその特徴がある。したがって，この売却時価会計論は収支的売却時価会計論とよぶことができるのである。

収支的売却時価会計論における計算表体系の形式は，コジオールの収支的貸借対照表論[4]における計算表体系と同じである。すなわち，収支的売却時価会計においても，組織的単式簿記において，売却時価による収支的運動貸借対照表，収支的変動貸借対照表および収支的在高貸借対照表が作成され，全体システムとしての複式簿記において，売却時価評価に基づく損益計算書が作成される。

さらに，収支的売却時価会計論における勘定体系も収支的取得原価会計論における勘定体系と同じである。そこでも，現金，債権，債務，在庫および留保の各勘定が生じることになる。収支的売却時価会計論と収支的取得原価会計論との相違は，収支的売却時価会計論では損益計算書において価値変動損益が発生するということのみである。以下ではこの価値変動損益を，収支的購入時価会計論と対比する意味で，「保有利得」と表すこととする。

Ⅳ 収支的売却時価会計の具体的計算例

前節では，コジオールの会計思考を参考として収支的売却時価会計を概説した。そして，その最後において，組織的単式簿記における計算関係を説明し，

---

4 コジオールの収支的貸借対照表論を以下において，本章の収支的売却時価会計論と対比する意味で，前章と同様に「収支的取得原価会計論」とよぶこととする。なお，コジオールは収支的売却時価会計論を説明しているが，必ずしもこの会計を提唱しているわけではなく，彼はあくまでも収支的貸借対照表論（収支的取得原価会計論）を主張していることを，ここで付言しておく。その理由は，取得原価のみが「真の」収支価値であり，売却時価は「真でない」収支価値であるからである。これに関して，コジオールは次のように述べている。純粋な売却時価貸借対照表を損益貸借対照表として拒否しなければならない。真でない収支的価値の無制限の評価によって，市場の価値実現の原則が排除されることになる。純粋な売却時価計算は，簿記の決算から切り離し，この計算システムの外で得られる状態貸借対照表としてしか是認できない（Kosiol［1976］S.398）。さらに，コジオールは売却時価を「清算価値」とし，会計は企業の継続の観点から出発しなければならないので，清算価値としての売却時価を会計の評価基準として採用すべきではないとしている（Kosiol［1976］S.397）。

収支的売却時価会計の計算表体系を示し，収支的売却時価会計の全体システムとしての複式簿記を説明した。本節ではこれらを受けて，収支的売却時価会計論を完全に理解するために，これを具体的計算例で解説する。

1 具体的計算のための取引事例

以下では，前章と同様に，コジオールの示した収支的取得原価会計論の具体的取引事例（Kosiol [1976] S.211-213）を参考として，収支的売却時価会計の取引事例を相互に連続する3会計期間にわたって示す。その場合，収支的売却時価会計の特徴的な取引事例を太字で示すこととする。また，説明を単純化するために，取引事例には次のような仮定をおく。

(1) 商品は各期首に購入し，各期末に販売した。

(2) 事業設備は第1会計期間の期首に購入した。

(3) 有価証券は第2会計期間の期首に購入した。

(4) 債権，債務および留保に価格変動がなかった。

(5) 各項目の各時点における売却時価は次のようであった（単位：マルク）。

	T_0	T_1	T_2	T_3
商　　品	1,000	1,200	1,250	1,617
事業設備	8,000	5,000	3,500	2,500
有価証券		9,700	9,800	9,900

(1) 第1会計期間

1 資本出資，総額105,000マルク：現金5,000マルク，銀行預金100,000マルク

2 事業設備購入，代価8,000マルク未払い

2a 事業設備の減価償却3,000マルク（営業設備の購入価額8,000マルク － 期末売却時価5,000マルク）

3 銀行預金による商品仕入40,000マルク，掛け仕入290,000マルク，総額330,000マルク（1,000マルク×330個）

4　第1会計期間の営業費総額 63,850 マルク：現金支払い 2,850 マルク，銀行預金支払い 50,000 マルク，未払い 6,000 マルク，修繕引当金 5,000 マルク

5　銀行預金での商品売上 80,000 マルク，掛け売上 280,000 マルク，**総額 360,000 マルク（1,200 マルク×300 個）**

6　銀行預金による貸付金支出 10,000 マルク，期間は 2 期間

6a　償還時の割増 3% ＝ 300 マルクの借方計上

6b　償還時割増の期間割当て分 150 マルク

6c　第1および第2会計期間に対して現金で受け入れた貸付金利息・前受け 1,400 マルク（利息 7% ＝ 各期間 700 マルク）

6d　貸付金に対する第1会計期間の利息収益 700 マルク

7　**棚卸による商品在高 36,000 マルク（Nr.3 による商品仕入 330,000 マルク＋商品保有利得 66,000 マルク－期末商品在高 36,000 マルク＝売上原価 360,000 マルク）**[5]

(2)　第2会計期間

①　前期から引き継いだ取引事例

2b　**事業設備の減価償却 1,500 マルク（事業設備の期首売却時価 5,000 マルク－期末売却時価 3,500 マルク）**

6e　貸付金に対する償還時割増，期間割当て分 150 マルク

6f　貸付金に対する第2会計期間の利息収益 700 マルク

②　第2会計期間の取引事例

8　第2会計期間の営業費総額 56,750 マルク：現金支払い 2,750 マルク，銀行預金支払い 45,000 マルク，未払い 9,000 マルク

9　2% ＝ 800 マルクの割引を差し引いた銀行預金による借入金 40,000 マルク，期間は 2 期間

9a　割引の期間割当て分 400 マルク

5　商品保有利得：（1,200 マルク－1,000 マルク）×330 個＝66,000 マルク
　商品売上原価：1,200 マルク×300 個＝360,000 マルク
　商品期末在高：1,200 マルク×30 個＝36,000 マルク

9b　借入金に対する利息，各期間8％＝3,200マルク，後払い

10　第2および第3会計期間に対する銀行預金による保険料の支払い4,000マルク

10a　保険料の期間割当て分2,000マルク

11　銀行預金による商品仕入60,000マルク，掛け仕入270,000マルク，総額330,000マルク（1,100マルク×300個）

12　銀行預金での商品売上150,000マルク，掛け売上250,000マルク，**総額400,000マルク（1,250マルク×320個）**

13　第2会計期間の受取手数料3,000マルク，未収

14　名目10,000マルク，相場97％＝9,700マルクの銀行預金による債券の購入

14a　債券の期末売却時価9,800マルク

15　手形15,000マルクによる顧客前払い

16　第2および第3会計期間に対する賃貸建物の現金で受け取った賃貸料2,000マルク

16a　受取賃貸料の期間割当て分1,000マルク

17　売掛金決済のための顧客からの銀行預金収入300,000マルク

18　貸付金の現金収入総額10,300マルク，貸付金債権10,000マルク，償還時割増300マルク（Nr.6から）

19　買掛金決済のための仕入先への保有手形15,000マルク（Nr.15から）の裏書

20　第1会計期間の営業費に対する銀行預金支払い総額11,500マルク：未払費用6,000マルクの支払い，修繕作業に対する見積もった5,000マルク（Nr.4から）の代わりに実際の支払い5,500マルク

21　減資としての銀行預金支払い5,000マルク

22　銀行預金支払い総額358,000マルク：買掛金決済のための仕入先への支払い350,000マルク，営業設備の支払い8,000マルク（Nr.2から）

23　**棚卸による商品在高12,500マルク（期首商品在高36,000マルク（Nr.7から）＋330,000マルク（Nr.11）＋商品保有利得46,500マルク－期末商品在高12,500マルク＝売上原価400,000マルク**[6]）

第6章 収入支出観と売却時価会計 175

(3) 第3会計期間

① 前期から引き継いだ取引事例

2c 事業設備の減価償却 1,000 マルク（事業設備の期首売却時価 3,500 マルク－期末売却時価 2,500 マルク）

9c 借入金に対する割引，借入金の期間割当て分 400 マルク

9d 借入金に対する利息費用 3,200 マルク，後払い

10b 前払いした保険料，期間割当て分 2,000 マルク

16b 前受賃貸料，期間割当て分 1,000 マルク

② 第3会計期間の取引事例

24 第3会計期間の営業費総額 47,600 マルク：現金支払い 8,600 マルク，銀行預金支払い 39,000 マルク

25 銀行預金による商品仕入 30,000 マルク，掛け仕入 240,000 マルク，**総額 270,000 マルク（1,200 マルク×225 個）**

26 現金による商品売上 20,000 マルク，銀行預金による売上 145,000 マルク，掛け売上 200,000 マルク，顧客前払いに対する売上 15,000 マルク（Nr.15 から），**総額 380,000 マルク（約 1,617 マルク×235 個）**

27 銀行預金による第2会計期間の未払費用の支払い 9,000 マルク（Nr.8 から）

28 借入金に対する銀行預金支払い総額 46,400 マルク：借入金債務 40,000 マルク；第2および第3会計期間に対する利息総額 6,400 マルク

29 現金による第2会計期間からの手数料収入 3,000 マルク（Nr.13 から）

30 顧客に対する債権の決済：売掛金決済のための顧客からの銀行預金収入 427,000 マルク，貸倒損失 3,000 マルク

31 9,900 マルクでの債券（Nr.14 から）の売却，銀行預金収入，**債券の売却時売却時価 9,900 マルク**

32 第3会計期間末における商品在高ゼロ（**期首商品在高 12,500 マルク**

---

6 商品保有利得：（1,250 マルク－1,200 マルク）×30 個＋（1,250 マルク－1,100 マルク）×300 個＝46,500 マルク

　商品売上原価：1,250 マルク×320 個＝400,000 マルク

　商品期末在高：1,250 マルク×10 個＝12,500 マルク

+ 270,000 マルク（Nr.25）＋商品保有利得 97,500 マルク－期末商品在高 0 マルク＝売上原価 380,000 マルク）[7]

33　仕入先に対する残余債務の償還：買掛金決済のための仕入先への銀行預金支払い 433,500 マルク，値引き 1,500 マルク

34　現金による営業設備の売却 2,500 マルク（**売却時売却時価 2,500 マルク**）

35　銀行預金による残余資本出資 100,000 マルクの払戻し

2　取引事例の仕訳

　以上の取引事例に基づいて仕訳を行うと，以下のようになる。その場合，組織的単式簿記のみならず後述する複式簿記も説明できるように，通常の複式簿記における仕訳を示すこととする。ただし，収益および費用に関する勘定科目に関しては網掛けを付し，組織的単式簿記をまず強調することにする。またここでも，収支的売却時価会計の特徴的な仕訳を太字で示すこととする。

(1)　第 1 会計期間

番号	借方科目	金　額	貸方科目	金　額
1	現　　　金（現金収入） 銀 行 預 金（現金収入）	5,000 100,000	資 本 金（前 支 出）	105,000
2	事 業 設 備（戻し収入）	8,000	未 払 金（前 支 出）	8,000
2a	減価償却費	3,000	**事 業 設 備（後 支 出）**	3,000
3	商　　　品（戻し収入）	330,000	銀 行 預 金（現金支出） 買 掛 金（前 支 出）	40,000 290,000
4	営 業 費	63,850	現　　　金（現金支出） 銀 行 預 金（現金支出） 未 払 金（前 支 出）	2,850 50,000 6,000

7　商品保有利得：（1,617 マルク－1,250 マルク）×10 個＋（1,617 マルク－1,200 マルク）×225 個＝97,500 マルク
　商品売上原価：1,617 マルク×235 個＝380,000 マルク

				修繕引当金（前 支 出）	5,000
5	銀 行 預 金（現金収入）	80,000	売　　　上		360,000
	売　掛　金（前 収 入）	280,000			
6	貸　付　金（前 収 入）	10,000	銀 行 預 金（現金支出）		10,000
6a	貸　付　金（前 収 入）	300	前 受 利 息（戻し支出）		300
6b	前 受 利 息（後 収 入）	150	受 取 利 息		150
6c	現　　　金（現金収入）	1,400	前 受 利 息（戻し支出）		1,400
6d	前 受 利 息（後 収 入）	700	受 取 利 息		700
7	商　　　品（戻し収入）	66,000	商品保有利得		66,000
	売 上 原 価	360,000	商　　　品（後 支 出）		360,000

(2)　第2会計期間

番号	借方科目	金　額	貸方科目	金　額
2b	減価償却費	1,500	事 業 設 備（後 支 出）	1,500
6e	前 受 利 息（後 収 入）	150	受 取 利 息	150
6f	前 受 利 息（後 収 入）	700	受 取 利 息	700
8	営 業 費	56,750	現　　　金（現金支出）	2,750
			銀 行 預 金（現金支出）	45,000
			未　払　金（前 支 出）	9,000
9	銀 行 預 金（現金収入）	39,200	借　入　金（前 支 出）	40,000
	前 払 利 息（戻し収入）	800		
9a	支 払 利 息	400	前 払 利 息（後 支 出）	400
9b	支 払 利 息	3,200	未 払 利 息（前 支 出）	3,200
10	前払保険料（戻し収入）	4,000	銀 行 預 金（現金支出）	4,000
10a	保 険 料	2,000	前 払 保 険 料（後 支 出）	2,000
11	商　　　品（戻し収入）	330,000	銀 行 預 金（現金支出）	60,000
			買　掛　金（前 支 出）	270,000
12	銀 行 預 金（現金収入）	150,000	売　　　上	400,000
	売　掛　金（前 収 入）	250,000		

13	未収手数料（前収入）	3,000	受取手数料	3,000
14	有価証券（前収入）	9,700	銀行預金（現金支出）	9,700
14a	有価証券（前収入）	100	債券保有利得	100
15	受取手形（前収入）	15,000	前受金（戻し支出）	15,000
16	現金（現金収入）	2,000	前受賃貸料（戻し支出）	2,000
16a	前受賃貸料（後収入）	1,000	受取賃貸料	1,000
17	銀行預金（現金収入）	300,000	売掛金（償還支出）	300,000
18	現金（現金収入）	10,300	貸付金（償還支出）	10,300
19	買掛金（償還収入）	15,000	受取手形（償還支出）	15,000
20	未払金（償還収入） 修繕引当金（償還収入） 営業費	6,000 5,000 500	銀行預金（現金支出）	11,500
21	資本金（償還収入）	5,000	銀行預金（現金支出）	5,000
22	買掛金（償還収入） 未払金（償還収入）	350,000 8,000	銀行預金（現金支出）	358,000
23	商品（戻し収入） 売上原価	46,500 400,000	商品保有利得 商品（後支出）	46,500 400,000

(3) 第3会計期間

番号	借方科目	金額	貸方科目	金額
2c	減価償却費	1,000	事業設備（後支出）	1,000
9c	支払利息	400	前払利息（後支出）	400
9d	支払利息	3,200	未払利息（前支出）	3,200
10b	保険料	2,000	前払保険料（後支出）	2,000
16b	前受賃貸料（後収入）	1,000	受取賃貸料	1,000
24	営業費	47,600	現金（現金支出） 銀行預金（現金支出）	8,600 39,000
25	商品（戻し収入）	270,000	銀行預金（現金支出） 買掛金（前支出）	30,000 240,000

26	現　　　　金（現金収入）	20,000	売　　　　　　上	380,000
	銀 行 預 金（現金収入）	145,000		
	売 掛 金（前収入）	200,000		
	前 受 金（後収入）	15,000		
27	未 払 金（償還収入）	9,000	銀 行 預 金（現金支出）	9,000
28	借 入 金（償還収入）	40,000	銀 行 預 金（現金支出）	46,400
	未 払 利 息（償還収入）	6,400		
29	現　　　　金（現金収入）	3,000	未収手数料（償還支出）	3,000
30	銀 行 預 金（現金収入）	427,000	売 掛 金（償還支出）	430,000
	貸 倒 損 失	3,000		
31	有 価 証 券（前収入）	100	債券保有利得	100
	銀 行 預 金（現金収入）	9,900	有 価 証 券（償還支出）	9,900
32	商　　　　品（戻し収入）	97,500	商品保有利得	97,500
	売 上 原 価	380,000	商　　　　品（後支出）	380,000
33	買 掛 金（償還収入）	435,000	銀 行 預 金（現金支出）	433,500
			売 上 原 価	1,500
34	現　　　　金（現金収入）	2,500	事 業 設 備（後支出）	2,500
35	資 本 金（償還収入）	100,000	銀 行 預 金（現金支出）	100,000

3　組織的単式簿記

　以上の収支的売却時価会計論における取引事例および仕訳に基づいて，組織的単式簿記を表形式でまず説明し，次にそれを基として，組織的単式簿記における運動貸借対照表，変動貸借対照表および在高貸借対照表を示すこととする。その場合，第2会計期間が組織的単式簿記を最も特徴的に説明できるので，その期間における各貸借対照表を示すことにする。まず，第2会計期間の取引事例を組織的単式簿記の表形式で表すと，図表6-2のようになる。

　図表6-2に基づいて，第2会計期間の組織的単式簿記における運動貸借対照表，変動貸借対照表および在高貸借対照表を示すと，図表6-3のようになる。[8]

図表 6-2　第 2 会計期間取引事例の組織的単式簿記における表形式表示

Nr.	現金在高		債　権		債　務		在　庫		留　保		二面的記帳
	現金収入	現金支出	前収入	償還支出	償還収入	前支出	戻し収入	後支出	後収入	戻し支出	
2b								1,500			
6e								150			
6f								700			
8		2,750				9,000					
		45,000									
9	39,200					40,000	800				40,000
9a								400			
9b						3,200					
10		4,000					4,000				4,000
10a								2,000			
11		60,000				270,000	330,000				330,000
12	150,000		250,000								
13			3,000								
14		9,700		9,700							9,700
14a			100								
15		15,000								15,000	15,000
16	2,000									2,000	2,000
16a									1,000		
17	300,000			300,000							300,000
18	10,300			10,300							10,300
19				15,000	15,000						15,000
20		11,500			6,000						11,000
					5,000						
21		5,000			5,000						5,000
22		358,000			350,000						358,000
					8,000						
23							46,500	400,000			
	501,500	495,950	277,800	325,300	389,000	322,200	381,300	403,900	1,850	17,000	1,100,000

収入合計 − 支出合計 ＝ 期間損失 2

1,551,450 − 1,564,350 ＝ − 12,900

第6章　収入支出観と売却時価会計　　181

図表 6-3　第2会計期間の組織的単式簿記における運動貸借対照表，
変動貸借対照表および在高貸借対照表

運動貸借対照表（第2会計期間）

現金収入	501,500	現金支出	495,950
前 収 入	277,800	償還支出	325,300
償還収入	389,000	前 支 出	322,200
戻し収入	381,300	後 支 出	403,900
後 収 入	1,850	戻し支出	17,000
期間損失2	12,900		
	1,564,350		1,564,350

変動貸借対照表（第2会計期間）

現金収入	5,550	償還支出	47,500
償還収入	66,800	後 支 出	22,600
期間損失2	12,900	戻し支出	15,150
	85,250		85,250

在高貸借対照表（第2会計期間）

現金在高	89,100		
債　権	242,800	債　務	347,200
在　庫	18,400	留　保	16,000
期間損失2	12,900	期間利益1	0
	363,200		363,200

そして，この在高貸借対照表を前述した仕訳に基づいて実務的な貸借対照表
形式で売却時価貸借対照表を示すと，図表6-4のようになる。

8　第2会計期間の在高貸借対照表を作成するための資料として，第1会計期間の在高貸借
対照表を示すと次のようになる。

在高貸借対照表（第1会計期間）

現金在高	83,550		
債　権	290,300	債　務	414,000
在　庫	41,000	留　保	850
		期間利益1	0
	414,850		414,850

図表6-4　売却時価貸借対照表（第2会計期間）

現金在高							
	現　　　金	13,100					
	銀 行 預 金	76,000	89,100	債　　務			
債　　権					買　掛　金	195,000	
	売 掛 金	230,000			未　払　金	9,000	
	有 価 証 券	9,800			未 払 利 息	3,200	
	未収手数料	3,000	242,800		借　入　金	40,000	
					資　本　金	100,000	347,200
在　　庫				留　　保			
	商　　　品	12,500			前　受　金	15,000	
	事 業 設 備	3,500			前受賃貸料	1,000	16,000
	前払保険料	2,000					
	前 払 利 息	400	18,400				
期間損失2			12,900	期間利益1			0
			363,200				363,200

4　複　式　簿　記

　収支的売却時価会計論の全体システムとしての複式簿記は，組織的単式簿記のさらなる展開として示される。組織的単式簿記の部分システムの複式簿記の全体システムへの拡張は，損益作用的取引事象の一面的記帳を補完することによって行われる。すなわち，収支事象のこれまでの勘定領域のほかに，二面的勘定領域の構成，つまり損益事象の構成をもたらす一般的な反対記帳の原則が用いられる。反対記帳（費用または収益）は，損益計算において鏡像的に費用支出および収益収入の損益作用性を把握する。

　複式簿記は，組織的単式簿記における表形式の表示（図表6-2）から，損益作用的支出および収入（費用支出，収益収入）が引き出され，5つの勘定タイプに勘定的に区別されて構成される。その場合，反対記帳の一般原則にしたがって，各勘定が追加される欄において損益計算の関係で2つの下位分類，つまり費用ないし収益に反対記帳される。

　損益計算欄は，勘定的表示形式における損益勘定と同じ数値資料を含む。こ

の事実は，第2会計期間に関する表示において直接確認することができる。その時々の期間損益はこの方法で2回決定される。すなわち，1回目は総括的な収益収入と費用支出の差額によって決定され，2回目は収益と費用の差額によって決定される。これらの手続は収支的取得原価会計論および収支的購入時価会計論の手続と同じである。

第2会計期間の損益作用的取引事例を表形式で表示すると，図表6-5のようになる。そして，これを勘定形式で示し，損益作用的取引事例の運動貸借対照表と損益計算書を示すと，図表6-6のようになる。これによって，損益計算書において収益収入および費用支出が収益および費用として反対記帳されていることが明らかとなる。

図表6-5　第2会計期間損益作用的取引事例の複式記帳における表形式表示

Nr.	現金在高		債権		債務		在庫		留保		損益計算	
	現金収入	現金支出	前収入	償還支出	償還収入	前支出	戻し収入	後支出	後収入	戻し支出	費用	収益
2b								1,500			1,500	
6e									150			150
6f									700			700
8		2,750 45,000				9,000					56,750	
9a								400			400	
9b						3,200					3,200	
10a								2,000			2,000	
12	150,000		250,000									400,000
13			3,000									3,000
14a			100									100
16a									1,000			1,000
20		500									500	
23							46,500	400,000			400,000	46,500
	150,000	48,250	253,100			12,200	46,500	403,900		1,850	464,350	451,450

すべての収益収入合計	−	すべての費用支出合計	＝期間損失2
451,450	−	464,350	＝−12,900
すべての収益合計	−	すべての費用合計	＝期間損失2
451,450	−	464,350	＝−12,900

184

図表6-6　第2会計期間における損益作用的取引事例の運動貸借対照表と損益計算書

損益作用的取引事例の運動貸借対照表（第2会計期間）

現金収入	150,000	現金支出	48,250
前 収 入	253,100	償還支出	—
償還収入	—	前 支 出	12,200
戻し収入	46,500	後 支 出	403,900
後 収 入	1,850	戻し支出	—
期間損失2	12,900		
	464,350		464,350

損益計算書（第2会計期間）

次の反対記帳費用		次の反対記帳収益	
現金支出	48,250	現金収入	150,000
償還支出	—	前 収 入	253,100
前 支 出	12,200	償還収入	—
後 支 出	403,900	戻し収入	46,500
戻し支出	—	後 収 入	1,850
		期間損失2	12,900
	464,350		464,350

　そして，この損益計算書を前述した仕訳に基づいて実務的な損益計算書形式で収支的売却時価会計論における損益計算書を示すと，図表6-7のようになる。

図表6-7　取引事例の第2会計期間における複式損益計算の勘定的表示

損益計算書（第2会計期間）

売 上 原 価	400,000	売 上	400,000
営 業 費	57,250	受取手数料	3,000
減価償却費	1,500	受取賃貸料	1,000
保 険 料	2,000	受 取 利 息	850
支 払 利 息	3,600	保 有 利 得	46,600
		期間損失2	12,900
	464,350		464,350

V む す び

　以上本章では，収入支出観に基づく売却時価会計の解明を目的として，収入支出概念の概念的・時制的拡張としての売却時価を説明し，この拡張された売却時価による収支の売却時価会計を概説し，さらにこの会計を具体的な計算例によって説明した。これによって，収支的売却時価会計の全体像が明らかになったことと思われる。そこで最後に，このような収支的売却時価会計の特質を解明することとしたい。

　既述のように，収支的売却時価会計の評価基準である売却時価は，収入支出概念の時制的拡張として説明することができる。収支的取得原価会計論における取得原価は計算収支による収入支出概念の拡張であるが，収支的売却時価会計論における売却時価はさらに収入支出概念を過去から現在に拡張することによって成立する概念である。

　そして，収支的売却時価会計論はこの売却時価を評価基準として適用することによって組織的単式簿記における収支的運動貸借対照表，収支的変動貸借対照表および収支の在高貸借対照表を導出する。それはさらに，複式簿記を導入することによって，収支的売却時価会計論における損益計算書を導き出す。

　このようにみると，収支的売却時価会計は，前章の収支的購入時価会計と同様に，一貫して収入支出概念に基づいて行われる会計であり，収入支出観による会計であるということができる。したがって，収支的売却時価会計は収入支出観による会計であるということが，この会計の第1の特質であり，そして当然の特質である。

　この収入支出観による収支的売却時価会計論は計算構造的には収支的取得原価会計論および収支的購入時価会計論と異なるところはない。収支的売却時価会計においても，組織的単式簿記において，売却時価による収支的運動貸借対照表，収支的変動貸借対照表および収支的在高貸借対照表が作成され，全体システムとしての複式簿記において，売却時価評価に基づく損益計算書が作成される。

　さらに，収支的売却時価会計論における勘定体系も収支的取得原価会計論お

よび収支的購入時価会計論における勘定体系と同じである。そこでも，現金，債権，債務，在庫および留保の各勘定が生じることになる。収支的売却時価会計論と収支的取得原価会計論および収支的購入時価会計論との相違は，損益計算書において価値変動損益（保有利得）が発生するということのみである。ということは，収支的売却時価会計論は収支的取得原価会計論および収支的購入時価会計論と同じ特質を有しているということができる。それは，収支的売却時価会計論における徹底的なフロー思考性である。

すなわち，そこで導出される収支的運動貸借対照表，収支的変動貸借対照表，収支的在高貸借対照表および損益計算書は，収支的取得原価会計論および収支的購入時価会計論と同様に，首尾一貫してフロー思考性を有しているのである。したがって，この徹底したフロー思考性が収支的売却時価会計の第2の特質となり，そして非常に重要な特質となる。

収支的売却時価会計と収支的取得原価会計および収支的購入時価会計との計算構造的共通性は多いが，1つだけ両者が異なるものがある。それは，収支的取得原価会計および収支的購入時価会計が収益を収益収入によって認識し，費用を費用支出によって認識するのに対して，収支的売却時価会計は収益を収益収入によって認識するが，費用も費用収入によって認識するということである。すなわち，収支的売却時価会計では収益は収入価値によって認識され，費用も収入価値によって認識されるのである。

このことから，収支的売却時価会計の第3のそして独自の特質が導き出され，それは，収支的売却時価会計が収益および費用をともに収入価値によって認識するということである。すなわち，収支的売却時価会計は徹底して収入価値思考に基づいて行われるのである。

なおここで，収支的売却時価会計と他の会計の損益計算における全体損益が一致することを確認しておこう。本章で示した収支的売却時価会計の具体的な取引事例により各期の損益を算定すると，第1会計期間は損益なしとなり，第2会計期間は12,900マルクの損失となり，第3会計期間は42,900マルクの利益となる。したがって，全期間の全体利益は30,000マルクとなる。

他方，同じ取引例を用いて収支的購入時価会計における各期の損益を算定すると，前章で示したように，第1会計期間は1,850マルクの損失となり，第2

会計期間は 10,900 マルクの損失となり，第 3 会計期間は 42,750 マルクの利益となる。したがって，全期間の全体利益はここでも 30,000 マルクとなる。

また，同じ取引例を用いて収支的取得原価会計における各期の損益を算定すると，第 4 章で示したように，第 1 会計期間は 5,000 マルクの損失となり，第 2 会計期間は 20,000 マルクの利益となり，第 3 会計期間は 15,000 マルクの利益となる。したがって，全期間の全体利益はここでも 30,000 マルクとなる。

さらに，同じ取引事例を用いて各期のキャッシュ・フローを計算すると，第 1 会計期間はプラス 83,550 マルクであり，第 2 会計期間はプラス 5,550 マルクであり，第 3 会計期間はマイナス 59,100 マルクである。したがって，全期間のキャッシュ・フローは同様に 30,000 マルクである。

これらの会計利益を 1 表にまとめると，図表 6-8 のようになる。

図表 6-8　各会計利益の比較

期間	売却時価会計	購入時価会計	取得原価会計	CF 会計
1	0	− 1,850	− 5,000	83,550
2	− 12,900	− 10,900	20,000	5,550
3	42,900	42,750	15,000	− 59,100
全体利益	30,000	30,000	30,000	30,000

前章でも述べたように，これらは偶然ではない。どのような会計を採用しようとも，会計の視点を収入支出観におくかぎり，会計測定の基準である測定単位が一致し，全体利益および全体キャッシュ・フローが一致するのである。換言すれば，すべての会計は測定単位の一致を前提として，収入支出観に基づいて利益計算等を行うことができ，これがシュマーレンバッハ以来の収入支出観の出発点である。

そして，本章で示したように，売却時価会計は収入支出観によって説明することができ，購入時価会計，取得原価会計およびキャッシュ・フロー会計ももちろん収入支出観によって説明できることからすれば，収入支出観は会計において普遍性を有しており，会計の体系を統一的に説明できるということがいえるのである。

第7章

収入支出観と資金会計

I　はじめに

　これまで，会計観としての収入支出観が取得原価会計，購入時価会計および売却時価会計を統一的に説明できることを示してきた。換言すれば，収入支出観によりこれらの会計を統一的に説明してきた。しかし，さらに解明すべき会計領域がある。それは資金会計および本格的なキャッシュ・フロー会計である。そこで，本章の目的は，収入支出観によって会計の体系を統一的に説明することの一貫として，収入支出観に基づく資金会計およびキャッシュ・フロー会計を説明し，その論理を解明することである。

　これらの目的を達成するためにはやはり，コジオールの会計思考が参考となる。以下ではまず，コジオールの収支的貸借対照表論における運動貸借対照表および変動貸借対照表を拡張し，次にこの拡張された運動貸借対照表および変動貸借対照表によって様々な種類の資金会計を説明する。これによって収入支出観による資金会計のほとんどが明らかになるので，さらに，収入支出観による会計の典型であるキャッシュ・フロー会計を説明する。そして最後に，収入支出観に基づく資金会計およびキャッシュ・フロー会計の論理を解明し，収入支出観の普遍性を改めて指摘したい。

II　運動・変動貸借対照表の拡張

コジオールの収支的貸借対照表論は，簿記の形式的構成を現金収支および計算収支のシステムとして解釈することにおいて，計算目的を収支的期間損益の決定として設定することにおいて，そこから規定される収支的価値をもつ基本的な取得原価計算の意味で実現計算として評価問題を解決することにおいて，そして，それに対応する資本維持の問題を名目資本維持として回答することにおいて，統一的な収支的計算理念を見出す。

そこにおける第1の目的は収支的期間損益の決定であるが，コジオールによれば，この主目的に第2の目的が加わる。それは「財務経済的分析」である。これは，過去期間の流動性の展開を立証し，統制し，実現した財運動を手がかりとして，とりわけ企業の貨幣の流れを手がかりとして，財務手段の調達（資本源泉としての負債）およびその投資（資本運用としての資産）を判断するものである。この分析から，財務経済的措置を決定するために必要な流動性の将来の展開に関する推論が引き出される。

過去期間の流動性および財務手段の源泉と運用を認識するために，純粋な取得原価原則に基づいた実現・収支的損益計算，その結果としての収支的運動貸借対照表もしくは変動貸借対照表およびそれに付随する損益計算書が考慮される。これらの計算表は，貨幣的に実現した時点および評価に応じて，市場における販売によって実現した損益を確定し，さらに実際に発生した収支の流れのみを期間損益に作用する財の流れの等価物として把握する（Kosiol [1976] S.588)。

収支的運動貸借対照表および変動貸借対照表は，企業損益を実現した収支運動に基づいて確定するという前提のもとに，収支的損益計算を財務分析，財務統制，さらには対応する分類方法による財務計画にも拡充する出発点を示す。そこでは，これらの貸借対照表から適当な項目を分離し，固有の分離された決算単位にまとめられ，財務フロー計算ないし資金計算が行われる。その場合，これらの貸借対照表項目もしくは貸借対照表項目グループの全体は資金とよばれ，ここに「資金会計」が生じることになる。

したがって，資金計算ないし資金会計を説明するために，まず運動貸借対照表および変動貸借対照表を作成しなければならない。そのために，第4章と同様に，コジオールが示した連続する2会計期間の具体的取引事例をここで提示する（Kosiol［1976］S.211-212）。

(1) 第1会計期間

1　資本出資，総額105,000マルク：現金5,000マルク，銀行預金100,000マルク

2　事業設備購入，代価8,000マルク未払い

2a　営業設備の減価償却2,000マルク（全3期間で各期間2,000マルク，見積残存価額2,000マルク）

3　銀行預金による商品仕入40,000マルク，掛け仕入290,000マルク，総額330,000マルク

4　第1会計期間の営業費総額63,850マルク：現金支払い2,850マルク，銀行預金支払い50,000マルク，未払い6,000マルク，修繕引当金5,000マルク

5　銀行預金での商品売上80,000マルク，掛け売上280,000マルク

6　銀行預金による貸付金支出10,000マルク，期間は2期間

6a　償還時の割増3％＝300マルクの借方計上

6b　償還時割増の期間割当て分150マルク

6c　第1および第2会計期間に対して現金で受け入れた貸付金利息・前受け1,400マルク（利息7％＝各期間700マルク）

6d　貸付金に対する第1会計期間の利息収益700マルク

7　棚卸による商品在高30,000マルク（Nr.3による商品仕入330,000マルク－期末在高30,000マルク＝売上原価300,000マルク）

(2) 第2会計期間

①　前期から引き継いだ取引事例

2b　事業設備の減価償却2,000マルク

6e　貸付金に対する償還時割増，期間割当て分150マルク

6f 貸付金に対する第2会計期間の利息収益 700 マルク

② 第2会計期間の取引事例

8 第2会計期間の営業費総額 56,750 マルク：現金支払い 2,750 マルク，銀行預金支払い 45,000 マルク，未払い 9,000 マルク

9 2％＝800 マルクの割引を差し引いた銀行預金による借入金 40,000 マルク，期間は2期間

9a 割引の期間割当て分 400 マルク

9b 借入金に対する利息，各期間 8％＝3,200 マルク，後払い

10 第2および第3会計期間に対する銀行預金による保険料の支払い 4,000 マルク

10a 保険料の期間割当て分 2,000 マルク

11 銀行預金による商品仕入 60,000 マルク，掛け仕入 270,000 マルク，総額 330,000 マルク

12 銀行預金での商品売上 150,000 マルク，掛け売上 250,000 マルク

13 第2会計期間の受取手数料 3,000 マルク，未収

14 名目 10,000 マルク，相場 97％＝9,700 マルクの銀行預金による債券の購入

15 手形 15,000 マルクによる顧客前払い

16 第2および第3会計期間に対する賃貸建物の現金で受け取った賃貸料 2,000 マルク

16a 受取賃貸料の期間割当て分 1,000 マルク

17 売掛金決済のための顧客からの銀行預金収入 300,000 マルク

18 貸付金の現金収入総額 10,300 マルク，貸付金債権 10,000 マルク，償還時割増 300 マルク（Nr.6 から）

19 買掛金決済のための仕入先への保有手形 15,000 マルク（Nr.15 から）の裏書

20 第1会計期間の営業費に対する銀行預金支払い総額 11,500 マルク：未払費用 6,000 マルクの支払い，修繕作業に対する見積もった 5,000 マルク（Nr.4 から）の代わりに実際の支払い 5,500 マルク

21 減資としての銀行預金支払い 5,000 マルク

22　銀行預金支払い総額 358,000 マルク：買掛金決済のための仕入先への
　　支払い 350,000 マルク，営業設備の支払い 8,000 マルク（Nr.2 から）

23　第 2 会計期間における販売商品の売上原価 315,000 マルク

23a　棚卸による商品在高 40,000 マルク，期首在高 30,000 マルク（Nr.7
　　から）＋ 330,000 マルク（Nr.11）－ 315,000 マルク（Nr.23）＝ 45,000 マル
　　ク；棚卸減耗費 5,000 マルク

　以上の取引事例に基づいて，第 2 会計期間の組織的単式簿記における運動貸
借対照表および変動貸借対照表を示すと，第 4 章で示したように，図表 7-1 の
ようになる（Kosiol［1976］S.226）。

図表 7-1　第 2 会計期間の組織的単式簿記における運動貸借対照表
　　　　　および変動貸借対照表

運動貸借対照表（第 2 会計期間）

現金収入	501,500	現金支出	495,950
前 収 入	277,700	償還支出	325,300
償還収入	389,000	前 支 出	322,200
戻し収入	334,800	後 支 出	324,400
後 収 入	1,850	戻し支出	17,000
		期間利益 2	20,000
	1,504,850		1,504,850

変動貸借対照表（第 2 会計期間）

現金収入	5,550	償還支出	47,600
償還収入	66,800	戻し支出	15,150
戻し収入	10,400	期間利益 2	20,000
	82,750		82,750

　しかし，これらの運動貸借対照表および変動貸借対照表は，このままでは財
務フロー計算および資金計算に適用することができず，そのためには，両貸借
対照表形式の損益決定のみに適合したこれまでの分類を合目的に分類し，拡張
することが必要である。これに関して，コジオールは収支事象を図表 7-2 のよ
うに 2 つの次元に分類する（Kosiol［1976］S.592）。

194

図表 7-2　収支事象の分類

収支的性質によって	損益的性格によって
Ⅰ　現金収支	Ⅰ　当該会計期間における損益作用的収支
Ⅱ　計算収支	Ⅱ　当該会計期間における損益非作用的収支
1. 前収支	1. 期間中性的収支
2. 償還収支	2. 本質中性的収支（相関的収支）
3. 戻し収支	
4. 後収支	

　この分類に基づいて，例示における第 2 会計期間の拡張された運動貸借対照表および変動貸借対照表を作成すると，それぞれ図表 7-3 および 7-4 のようになる（Kosiol [1976] S.595-598, 601-602）[1]。

図表 7-3　拡張された運動貸借対照表（第 2 会計期間）

A　収　入			
Ⅰ　現金収入			
1. 損益作用的現金収入：銀行預金 (k)	(12)		150,000
2. 期間中性的現金収入			
a) 損益作用的前収入に対する決済収入：銀行預金 (k)	(17)	300,000	
b) 留保：前収入に対する決済収入：現金 (k)	(18)	300	
c) 留保収入：現金 (k)	(16)	2,000	302,300
3. 相関的現金収入			
a) 債務収入：銀行預金 (k)	(9)	39,200	
b) 相関的前収入に対する決済収入：現金 (k)	(18)	10,000	49,200
現金収入合計			501,500
Ⅱ　計算収入			
1. 前収入			
a) 損益作用的前収入：売掛金 (k)	(12)	250,000	
未収手数料 (k)	(13)	3,000	253,000
b) 期間中性的前収入（留保・前収入）：受取手形 (k)	(15)		15,000
c) 相関的前収入：債券 (l)	(14)		9,700
前収入合計			277,700
2. 償還収入			
a) 損益作用的前支出に対する償還収入：未払金 (k)	(20)	6,000	
修繕引当金 (k)	(20)	5,000	11,000
b) 期間中性的前支出に対する償還収入（在庫支出）：買掛金 (k)	(19)	15,000	
買掛金・未払金	(22)	358,000	373,000

1　図表 7-3 において，括弧 (k) はその在高に関して現金収支が短期的に当該会計期間内で解消し，(l) は長期的に後の会計期間に解消し，(t) は全体期間の終わりにはじめて解消することを示している。また，括弧の数字は取引番号を表している。図表 7-4 において，括弧は理解を容易にするために計算過程を示している。以下の図表においても同じである。

c) 相関的前支出に対する償還収入：資本金の払戻し (t)	(21)		5,000
償還収入合計			389,000
3. 戻し収入：			
前払保険料 (k)	(10)	4,000	
前払利息 (l)	(9)	800	
商品仕入 (k)	(11)	330,000	334,800
4. 後収入：			
前受利息 (l)	(6e)	150	
前受賃貸料 (k)	(16a)	1,000	
前受利息 (k)	(6f)	700	1,850
計算収入合計			1,003,350
収入合計			1,504,850

B 支　出

I 現金支出

1. 損益作用的の現金支出：			
現金 (k)	(8)	2,750	
銀行預金 (k)	(8)	45,000	
銀行預金 (k)	(20)	500	48,250
2. 期間中性的現金収支			
a) 損益作用的前支出に対する決済支出：銀行預金 (k)	(20)	11,000	
b) 在庫・前支出に対する決済支出：銀行預金 (k)	(22)	358,000	
c) 在庫支出：銀行預金 (k)	(10)	4,000	
銀行預金 (k)	(11)	60,000	433,000
3. 相関の現金支出			
a) 債券支出：銀行預金 (k)	(14)	9,700	
b) 相関的前支出に対する決済支出：銀行預金 (k)	(21)	5,000	14,700
現金支出合計			495,950

II 計算支出

1. 前支出			
a) 損益作用的前支出：未払金 (k)	(8)	9,000	
未払利息 (k)	(9b)	3,200	12,200
b) 期間中性的前支出（在庫支出）：借入金（前払利息）(l)	(9)	800	
買掛金 (k)	(11)	270,000	270,800
c) 相関的前支出：借入金 (l)	(9)		39,200
前支出合計			322,200
2. 償還支出			
a) 損益作用的前収入に対する償還支出：売掛金 (k)	(17)		300,000
b) 期間中性的前収入に対する償還支出（留保・前収入）：貸付金 (l)	(18)	300	
受取手形 (k)	(19)	15,000	15,300
c) 相関的前収入に対する償還支出：貸付金 (l)	(18)		10,000
償還支出合計			325,300
3. 戻し支出：前受賃貸料 (k)	(16)	2,000	
前受金 (k)	(15)	15,000	17,000
4. 後支出：事業設備 (l)	(2b)	2,000	
前払利息 (l)	(9a)	400	
商品 (k)	(23, a)	320,000	
前払保険料 (k)	(10a)	2,000	324,400
計算支出合計			988,900
支出合計			1,484,850
残高：期間損益			20,000
			1,504,850

図表 7-4 拡張された変動貸借対照表（第 2 会計期間）

資産増加 負債減少			負債増加 資産減少
	1. 現金在高変動		
	a）損益作用的：		
	現金		2,750
104,500	銀行預金	（150,000 − 45,000 − 500）	
	b）期間中性的：		
2,300	現金	（300 + 2,000）	
	銀行預金（300,000 − 11,000 − 358,000 − 4,000 − 60,000）		133,000
	c）相関的：		
10,000	現金		
24,500	銀行預金	（39,200 − 9,700 − 5,000）	
	合計：現金在高の増加（残高）		5,550
141,300			141,300
	2. 債権在高変動		
	a）損益作用的：		
3,000	未収手数料		
	売掛金	（250,000 − 300,000）	50,000
	b）期間中性的：		
	貸付金（前受利息）		300
	c）相関的：		
9,700	債券		
	貸付金		10,000
47,600	合計：債権在高の減少（残高）		
60,300			60,300
	3. 債務在高減少		
	a）損益作用的：		
5,000	修繕引当金		
	未払金	（6,000 − 9,000）	3,000
	未払利息		3,200
	b）期間中性的：		
103,000	買掛金	（15,000 + 358,000 − 270,000）	
	借入金（前払利息）		800
	c）相関的：		
5,000	資本金		
	借入金		39,200
	合計：負債在高の減少（残高）		66,800
113,000			113,000
	4. 在庫在高変動		
10,000	商品	（330,000 − 320,000）	

2,000	前払保険料　（4,000 − 2,000）		
400	前払利息　　（800 − 400）		
	事業設備		2,000
	合計：在庫在高の増加（残高）		10,400
12,400			12,400
	5.　留保在高変動		
700	前受利息		
150	前受利息		
	前受賃貸料　（1,000 − 2,000）		1,000
	前受金		15,000
15,150	合計：留保在高の増加（残高）		
16,000			16,000
*82,750	変動総額		*62,750
	残高：期間損益		20,000
82,750			82,750

＊変動総額：82,750 = 5,550 + 66,800 + 10,400
　　　　　　62,750 = 47,600 + 15,150

Ⅲ　資金会計の諸相

　これらの拡張された運動貸借対照表および変動貸借対照表に基づいて，様々な資金計算を行うことができる。コジオールによれば，収支的貸借対照表の5つの勘定タイプに応じて，それらの運動または変動による現金在高，債権，在庫，債務および留保の資金が形成される。それらはここでは資金計算の基本タイプとよばれる。これらの資金を広く区分し，例えば，債権または在庫の一定の部分を資金とみなすことは可能である。完全な貸借対照表は極限的事例としての総資金である。選択した貸借対照表形式によって，資金運動，資金変動および資金在高に区別される。

　追加的な特徴および選別規準によって，任意の多様性をもって，資金計算の混合タイプが形成される。これらの混合タイプは目的指向的であり，適切に選択された資金資産ないし資金負債から構成される。

　資金計算の目的は，財務事象および投資事象の表示であり，最も広い意味における過去の会計期間の流動性展開の表示である。それゆえ，それは流動性報

告もしくは流動性展開証明ともよばれる。流動手段の勘定（例えば，現金および銀行預金）のみが考慮に入れられるならば，いわゆる現金流動性が問題となる。より広い短期的もしくは長期的な流動作用的在高が考慮されるならば，様々な程度および段階の流動性が算定される。

　資金の分類は，勘定に計算的に限定される一定の実態の財務的分析を可能にする。資金の選択はその経営経済的意味および言明力によって行わなければならない。資金計算は，一定の目的設定と事実的適合性をもつ特定の計算である。それは絶対的な資金変動を示すのみならず，勘定および勘定グループによる構造的構成も示す。とりわけそれは，手段の源泉および運用による資金変動の成立に関する原因分析を可能にする（Kosiol［1976］S.604-605）。

1　資金貸借対照表の基本型

　資金計算の基本型は収支的在高貸借対照表の基本形式の5つの在高に対応する。それは現金在高，債権，在庫，債務および留保のみを資金として含み，資産在高または負債在高を含む。資産資金在高と負債資金在高の結合は，混合型においてのみ現れる。

　上述した数値例の第2会計期間に関して，まず現金に対する資金運動貸借対照表および資金変動貸借対照表を示すと，図表7-5および7-6のようになる（Kosiol［1976］S.608,609）。これらは図表7-3および7-4の拡張された運動貸借対照表および変動貸借対照表の部分として得られる。そして，これらの詳細に分類した資金貸借対照表は，流動性報告として後で扱うキャッシュ・フロー計算に非常に近くなる。

第7章 収入支出観と資金会計 199

図表 7-5 現金に対する資金運動貸借対照表

現金収入：		現金支出：	
1. 損益作用的現金収入：		1. 損益作用的現金支出：	
銀行預金	150,000	現金	2,750
		銀行預金	45,500
2. 期間中性的現金収入：		2. 期間中性的現金支出：	
a）損益作用的前収入に対する決済収入		a）損益作用的前支出に対する決済支出	
銀行預金	300,000	銀行預金	11,000
b）在庫・前収入に対する決済収入		b）在庫・前支出に対する決済支出	
現金	300	銀行預金	358,000
c）留保収入		c）在庫支出	
現金	2,000	銀行預金	64,000
3. 相関的現金収入：		3. 相関的現金支出：	
a）債務収入		a）債権支出	
銀行預金	39,200	銀行預金	9,700
b）相関的前収入に対する決済収入		b）相関的前支出に対する決済支出	
現金	10,000	銀行預金	5,000
		残高：現金資金増加	5,550
	501,500		501,500

図表 7-6 現金に対する資金変動貸借対照表

資産増加（増加）：		資産減少（減少）：	
1. 損益作用的		1. 損益作用的	
銀行預金	104,500[1]	現金	2,750
2. 期間中性的		2. 期間中性的	
現金	2,300[2]	銀行預金	133,000[4]
3. 相関的			
現金	10,000		
銀行預金	24,500[3]	残高：現金在高増加	5,550
	141,300		141,300

1) $150,000 - 45,500 = 104,500$
2) $300 + 2,000 = 2,300$
3) $39,200 - 9,700 - 5,000 = 24,500$
4) $300,000 - 11,000 - 358,000 - 64,000 = -133,000$

他の４つの基本型，つまり債権，債務，在庫および留保に対する資金運動貸借対照表および資金変動貸借対照表も拡張された運動貸借対照表および変動貸借対照表から得られ，それらの構成は図表7-7のようになる（Kosiol［1976］S.609）。

図表7-7　５つの基本型の構成

資金タイプ	資産増加・負債減少	負債増加・資産減少
現　金　（501,500−495,950）	5,550	
債　権　（277,700−325,300）		47,600
債　務　（389,000−322,200）	66,800	
在　庫　（334,800−324,400）	10,400	
留　保　（1,850−17,000）		15,150
残　高：総増加＝利益		20,000
	82,750	82,750

基本型は，損益作用的収支，期間中性的収支，本質的に中性的ないし相関的収支における下位分類によって，流入した資金の源泉および運用を部分的に認識する。しかし，収支運動の正確な原因分析のために，形式的および実質的規準による追加的な分類が必要であり，本格的な財務フロー計算を行わなければならない。これは資金貸借対照表の混合型によって得られる。

2　資金貸借対照表の混合型

資金計算の混合型として，収支的運動貸借対照表または変動貸借対照表とは異なった資金から，資産在高ないし負債在高の統合によって様々な収支的カテゴリーを形成することができる。その場合，一般に適用される選別規準は貸借対照表在高の流動期間である。この期間の範囲によって，様々な流動性の在高をもつ資金が生じる。それらの代表的な資金貸借対照表を示すと，以下のようである。

(1) 純流動資産に対する資金貸借対照表

純流動資産の場合，流動資産にそれに対応する短期的負債が加わる。つまり，債務および留保が加わる。企業の流動性がある会計期間における純流動資産の運動に関して測定されるならば，それに相応する資金貸借対照表は流動性の証明となる。

図表7-8は純流動資産に対する資金運動貸借対照表を表しており，図表7-9は資金変動貸借対照表を表している（Kosiol［1976］S.612-615）。その場合，それらの数値は第2会計期間に対する例示から取っている。全体的な基礎資料は図表7-3および7-4の拡張された運動貸借対照表および変動貸借対照表に含まれており，それゆえそこから導出可能である。

資金増加は57,050マルクになる。その場合，現金増加，債権増加および在庫増加ならびに債務減少および留保減少は資金増加を意味し，現金減少，債権減少および在庫減少ならびに債務増加および留保増加は資金減少を意味している。

図表7-8　純流動資産に対する資金運動貸借対照表

A　資金収入		
Ⅰ　現金収入		
1.　損益作用的現金収入：		
銀行預金		150,000
2.　期間中性的現金収入：		
現金	2,300	
銀行預金	300,000	302,300
3.　相関的現金収入：		
現金	10,000	
銀行預金	39,200	49,200
現金収入合計		501,500
Ⅱ　計算収入		
1.　短期的前収入：		
a）損益作用的：		
売掛金	250,000	
未収手数料	3,000	253,000
b）期間中性的：		

受取手形		15,000
c）相関的		—
前収入合計		268,000
2. 短期的の前支出に対する償還収入		
a）損益作用的前支出に対して：		
未払金	6,000	
修繕引当金	5,000	11,000
b）期間中性的前支出に対して：		
買掛金		373,000
c）相関的前支出に対して		—
償還収入合計		384,000
3. 短期的の戻し収入：		
前払保険料		4,000
商品		330,000
戻し収入合計		334,000
4. 短期的の戻し支出に対する後収入：		
前受賃貸料		1,000
前受利息		700
後収入合計		1,700
計算収入合計		987,700
収入合計		1,489,200

B　資金支出
I　現金支出

1. 損益作用的現金支出：		
現金	2,750	
銀行預金	45,500	48,250
2. 期間中性的現金支出：		
銀行預金		433,000
3. 相関的現金支出：		
銀行預金		14,700
現金支出合計		495,950

II　計算支出

1. 短期的の前支出：		
a）損益作用的：		
未払金	9,000	
未払利息	3,200	12,200

第7章 収入支出観と資金会計　203

b) 期間中性的:	
買掛金	270,000
c) 相関的	—
前支出合計	282,200
2. 短期的前収入に対する償還支出	
a) 損益作用的前収入に対して:	
売掛金	300,000
b) 期間中性的前収入に対して:	
受取手形	15,000
c) 相関的前収入に対して	—
償還支出合計	315,000
3. 短期的戻し支出:	
前受賃貸料	2,000
前受金	15,000
戻し支出合計	17,000
4. 短期的戻し収入に対する後支出:	
商品	320,000
前払保険料	2,000
後支出合計	322,000
計算支出合計	936,200
支出合計	1,432,150
資金増加	57,050
	1,489,200

図表 7-9　純流動資産に対する資金変動貸借対照表

資産増加 負債減少 (個別変動)			負債増加 資産減少 (個別変動)
	1. 現金在高変動		
	a) 損益作用的:		
	現金		2,750
104,500	銀行預金	(150,000 − 45,500)	
	b) 期間中性的:		
2,300	現金		
	銀行預金	(300,000 − 433,000)	133,000
	c) 相関的:		

10,000	現金	
24,500	銀行預金　　(39,200 − 14,700)	
	残高：	
	現金増加　　(2,300 + 10,000 − 2,750)	9,550
4,000	銀行預金減少 (104,500 − 133,000 + 24,500)	
	合計：資金増加 5,550	
145,300		145,300

2. 短期債権の在高変動
　a）損益作用的：

3,000	未収手数料	
	売掛金　　(250,000 − 300,000)	50,000
47,000	残高：資金減少	

　b）期間中性的：　　　　　　　　　　　　　　　　　—
　c）相関的：　　　　　　　　　　　　　　　　　　　—
　　合計：資金減少 47,000

50,000		50,000

3. 短期債務の在高変動
　a）損益作用的：

5,000	修繕引当金	
	未払金　　(6,000 − 9,000)	3,000
	未払利息	3,200
1,200	残高：資金減少	

　b）期間中性的：

103,000	買掛金　　(373,000 − 270,000)	
	残高：資金増加	103,000

　c）相関的：　　　　　　　　　　　　　　　　　　　—
　　合計：資金増加 101,800

109,200		109,200

4. 短期的在庫の在高変動

10,000	商品　　(330,000 − 320,000)	
2,000	前払保険料　(4,000 − 2,000)	
	残高：資金増加	12,000
12,000		12,000

5. 短期的留保の在高変動

700	前受利息	
	前受賃貸料　(1,000 − 2,000)	1,000
	前受金	15,000

15,300	残高：資金減少	
16,000		16,000
	総残高：資金増加 57,050	

(2)　短期的に自由に使用できる純貨幣手段に対する資金貸借対照表

　この資金の場合，純流動資産の場合と同様に，短期的な債務が現金在高および短期的債権のほかに考慮される。図表7-8において，短期的戻し収入，後収入，戻し支出ならびに後支出が省略され，図表7-9において，短期的在庫ならびに留保の在高変動が省略される。

　それに対して，実務的な利用のために，領域によっては形式的分類を実質的分類によって補うこと（例えば，調達と販売，設備，長期的債権および債務）が，合目的であるとコジオールはいう。これにより，図表7-10が得られる（Kosiol [1976] S.617-618）。当該記帳の取引番号は，括弧で示されている。括弧(e)は，損益作用的項目が問題になることを表している。損益作用的純資金増加は，342,550マルクになる。これは(e)の増加合計と減少合計の差額である。領域Iにおける資金増加は，28,750マルクを示している。

　領域Iにおける自由に使用できる収入余剰は，将来の措置および拡張に対する企業の財務的余地ならびに配当に対する財務的潜在性を示す。領域を活動分野，費用および収益種類，収入および支出カテゴリーにさらに分類するならば，言明力は高められる。支出余剰の場合，逆に，短期的純貨幣資産における財務的欠損が生じる。

　領域IIは，例示において展開されない。通常，ここでは出資からの収入および物的および財務的設備の売却からの収入が発生する。支出は設備に対する総投資を示す。純収入は自由に使用できる財務余剰を意味する。逆に，純支出の場合，場合によっては領域Iから全部または部分的に相殺しうる，もしくはそれによってさらに高められる財務需要が生じる。

　領域IIIは，合目的に自己資本と他人資本に分割される。そして，この方法で，図表7-10は，個々の勘定，勘定グループ，領域および部分領域による純貨幣資産の構造および構成を示す。短期的純貨幣手段余剰は，それが損益作用的収支運動を含むのみならず，現金運動のほかに短期的債権および債務も含む

図表 7-10　短期的に自由に使用できる純貨幣手段に対する資金運動貸借対照表

	増　加	減　少	残　高
I　調達と販売			
a)　現金収入（現金，銀行預金）			
（12）　商品販売	150,000 (e)		
（16）　前受賃貸料	2,000		
（17）　売掛金の決済	300,000		
b)　前収入（債権の発生）			
（12）　売掛金の増加	250,000 (e)		
（13）　未収手数料	3,000 (e)		
（15）　受取手形による前受金	15,000		
c)　償還収入（債務の減少）			
（19，20，22）買掛金・未払金の減少	371,000		
（20）　修繕引当金の減少	5,000		
領域 I の総収入	1,096,000		
d)　現金支出（現金，銀行預金）			
（8，20）営業費		48,250 (e)	
（10）　前払保険料		4,000	
（11）　商品仕入		60,000	
（20，22）買掛金・未払金の決済		361,000	
e)　前支出（債務の発生）			
（8）　未払金による営業費		9,000 (e)	
（11）　買掛金の増加		270,000	
f)　償還支出（債権の減少）			
（17）　売掛金の減少		300,000	
（19）　受取手形の減少		15,000	
領域 I の総支出		1,067,250	
領域 I の純収入（資金増加）			+28,750
II　設備			
償還収入（債務の減少）			
（22）　事業設備に対する未払金の減少	8,000		
現金支出			
（22）　事業設備の支払い		8,000	
残高			—
III　長期的債権および債務			
現金収入			
（9）　前払利息を控除した借入金	39,200		
（18）　前受利息を追加した貸付金の返済	10,300		
	49,500		
現金支出			
（14）　債券の購入		9,700	
（21）　資本金の払戻し		5,000	
前支出（負債の発生）			
（9b）　未払利息		3,200 (e)	
		17,900	
領域 III の純収入（資金増加）			+31,600
総資金増加（純収入）			+60,350

ということによって，後述するキャッシュ・フロー（cash flow）から区別される。

(3)　設備資産および純設備資産に対する資金貸借対照表

　設備資産の資金はすべての長期的（および継続的）債権および在庫を含む。図表7-11は，第2会計期間の数値による設備資産に対する資金運動貸借対照表を表している（Kosiol［1976］S.620）。

図表7-11　設備資産に対する資金運動貸借対照表

A　資金収入		
1．長期的前収入		
a）損益作用的		—
b）期間中性的		—
c）相関的：		
債券		9,700
3．長期的戻し収入		
前払利息		800
収入合計		10,500
B　資金支出		
2．償還支出		
a）損益作用的前収入に対する	—	
b）期間中性的前収入に対する：		
貸付金（前受利息）	300	
c）相関的前収入に対する：		
貸付金	10,000	10,300
4．長期的後支出		
事業設備	2,000	
前払利息	400	2,400
支出合計		12,700
残高：資金減少		2,200

　そして，図表7-12の純設備資産に対する資金運動貸借対照表は，図表7-11を長期的（および継続的）債務および留保に関して補足している（Kosiol［1976］

S.621）。

図表 7-12　純設備資産に対する資金運動貸借対照表

A　資金収入		
1.　長期的前収入（図表 7-11）		9,700
2.　償還収入		
a）損益作用的前支出に対する		—
b）期間中性的前支出に対する		—
c）相関的前支出に対する：		
資本金		5,000
3.　長期的前収入（図表 7-11）		800
4.　長期的後収入：		
前受利息		150
収入合計		15,650
B　資金支出		
1.　長期的前支出		
a）損益作用的		—
b）期間中性的：		
借入金（前払利息）	800	
c）相関的：		
借入金	39,200	40,000
2.　償還支出（図表 7-11）		10,300
3.　長期の戻し支出		—
4.　長期的後支出（図表 7-11）		2,400
支出合計		52,700
残高：資金減少		37,050

(4)　純名目資産に対する資金貸借対照表

　短期的純現金資産に対する資金の拡張において，長期的債権および債務の運動も含めるならば，名目資産および名目債務のすべての運動を含む純名目資産の資金が得られる。それは図表 7-13 において集約した形式で示されている（Kosiol［1976］S.622）。それらの数値は，図表 7-3 から導き出すことができる。

第7章 収入支出観と資金会計 209

図表 7-13 純名目資産に対する資金運動貸借対照表

A 資金収入			
現金収入			501,500
短期的前収入（債権）	(277,700 - 9,700)		268,000
短期的前支出（債務）の償還	(389,000 - 5,000)		384,000
長期的前収入（債権）			9,700
長期的前支出（債務）の償還			5,000
収入合計			1,168,200
B 資金支出			
現金支出			495,950
短期的前支出（債務）	(322,200 - 40,000)		282,200
短期的前収入（債権）の償還	(325,300 - 10,300)		315,000
長期的前支出（債務）			40,000
長期的前収入（債権）の償還			10,300
支出合計			1,143,450
資金増加			24,750
			1,168,200

(5) 資金計算の総括

以上によって，いくつかの典型的な資金計算に関する概観および収支的貸借対照表からのその導出が完了したことになる。要約すると，様々な流動性の階層において純流動資産の財務分析展開を構築することが可能であることが指摘できる。その場合，この多段階的流動性の説明は，設備資産に対する資金計算に関して拡張することができる。第2会計期間の数値に基づく様々な資金の構成は，図表 7-14 のようになる（Kosiol［1976］S.623）。

ただし，取り扱った資金貸借対照表により，すべての可能性が汲み尽くされたわけではない。図表 7-3 および 7-4 における収支的貸借対照表から，さらに各々の望まれる資金貸借対照表を導出することができる。

210

図表7-14 第2会計期間における様々な資金の構成

番　号	資金の種類	資金変動		図表
1	現金資金	増加	＋5,550	7-5, 6, 9
2	短期的債権の資金	減少	－47,000	7-9
3＝1＋2	短期的貨幣手段の資金	減少	－41,450	7-9
4	短期的在庫の資金	増加	＋12,000	7-9
5＝3＋4	流動資産の資金	減少	－29,450	7-9
6	短期的債務の資金	減少	－101,800	7-9
7＝3－6	短期的純貨幣手段の資金	増加	＋60,350	7-9, 10
8	短期的留保の資金	増加	＋15,300	7-9
9＝5－6－8 ＝4＋7－8	純流動資産の資金	増加	＋57,050	7-9
10	長期的債権の資金	減少	－600[1]	7-11
11	長期的在庫の資金	減少	－1,600[2]	7-11
12＝10＋11	設備資産の資金	減少	－2,200	7-11
13	長期債務の資金	増加	＋35,000[3]	7-12
14	長期的留保の資金	減少	－150	7-12
15＝12－13 －14	純設備資産の資金	減少	－37,050	7-12
16＝7＋10 －13	純名目資産の資金	増加	＋24,750	7-13
17＝5＋12	総資産の資金	減少	－31,650	7-4, 9, 11
18＝9＋15	純総資産の資金	増加 （＝利益）	＋20,000	7-4

1) 9,700－10,300
2) 800－2,400
3) 40,000－5,000

財務分析および流動性分析に関して，名目的価値在高のみを含む資金貸借対照表，すなわち広い意味における現金，貨幣における債権ないし債務のみを含む資金貸借対照表（名目的資金貸借対照表）は，大きな言明力を有し，特別な

意義を有している。それは在庫も留保も示さず，実質財，実質債権および実質債務を示さない。

それによって，在庫および留保と結びつくすべての計算量はなくなる。特に，期間限定に関してきわめて主観的で，論証も検証もできない配分仮説に支えられた在庫における後計算がなくなる。後計算ではとりわけ，転換過程および販売過程における材料，仕掛品，製品および商品の費消が問題となり，減価償却および価値修正ならびにそれに関連する評価問題が生じる。そこでは計算操作が可能であり，数値資料の一意性を著しく阻害することになる。

コジオールによれば，名目的資金貸借対照表のうち，特に3つの貸借対照表が流動性分析において重要である。それらは段階的に相互に関連して構築され，最も基本的段階は最も狭い意味における流動手段の資金，つまり現金貨幣資金を形成する。これに短期的貨幣債権および貨幣債務（短期的貨幣信用資金）を加えるならば，短期的純貨幣手段の資金が生じる。そして，長期的貨幣債権および貨幣債務（長期的貨幣信用資金）を含めることによって，純名目資産の資金が得られる。それゆえ，この最後の資金は3つの部分資金に分解することができる。すなわち，それは現金資金，短期的貨幣信用資金および長期的貨幣信用資金である（Kosiol [1976] S.624）。

図表7-5は第2会計期間の数値による現金資金運動貸借対照表を表し，図表7-6はそれに付随する現金資金変動貸借対照表を表している。それらは損益作用的および損益非作用的現金収入および現金支出により分類され，さらに様々な収支タイプ（債務収入，留保収入および前収入に対する決済収入；債権支出，在庫支出および前支出に対する決済支出）により分類される。これらの資金は最も大きな一意性および言明力を有する。というのは，それは流動手段の運動（収入および支出）のみを考慮しているからである。期間限定の何らかの仮定はそこには存在しない。

資金運動貸借対照表および資金変動貸借対照表の残高は，当該期間中の資金の変動を示し，例示では5,550マルクの資金増加を示している。資金の期首在高を貸借対照表に含めるならば，期末における資金在高が得られる。[2]

2　現金資金の期首在高は83,550マルクであり，それゆえ期末在高は89,100（＝83,550 + 5,550）マルクとなる。

図表 7-10 は，第 2 会計期間の数値による短期的純貨幣手段に対する資金運動貸借対照表を示しており，さらに，（1）調達と販売，（2）設備および（3）長期的債権および債務の 3 つの領域に区分している。ここでは，現金資金に短期的債権（前収入と償還支出）および債務（前支出と償還収入）が加わる。それによって，かなりの程度の一意性と正確性を示す現金運動の予測が可能となる。

そこでは原則として，金額およびその期間限定が契約，協定および計算に基づいて固定されている。計算技術的戻し計算および後計算がここでもないので，計算操作および期間決算に及ぼす主観的影響がそれによって発生しえない。例示では 60,350 マルクの資金増加を示している。これに期首在高を含めるならば，資金の期末在高が得られる。

上述した 2 つの資金は，短期的な名目運動および名目変動のみを含んでいる。それゆえ，それは流動性の説明に特に適合するが，長期的資金の影響も明らかにしようとするならば，全体的な名目価値を含む純名目資産の資金貸借対照表が問題となる。図表 7-13 は第 2 会計期間に対する純名目資産の資金運動貸借対照表を示しており，24,750 マルクの資金増加を示している。ここでも，操作可能な期間限定が排除されるので，数値の一意性，正確性および信頼性が保証される。

これらの方法により，5 つの名目的資金貸借対照表の段階的構築が図表 7-15 のように生じる（Kosiol [1976] S.625）。

図表 7-15　5 つの名目的資金貸借対照表の段階的構築

（1）	現金資金（流動手段の資金）	5,550	
＋（2）	短期的な名目的債権および債務の資金	＋54,800	（101,800 － 47,000）
（3）	短期的純貨幣手段の資金	60,350	
＋（4）	長期的な名目的債権および債務の資金	－35,600	（35,000 ＋ 600）
（5）	純名目資産の資金	24,750	

Ⅳ　キャッシュ・フロー会計

　これまで述べてきた資金貸借対照表では，損益作用的収支，期間中性的収支，および本質的に中性的ないし相関的収支事象が全体的に取り入れられた。そして，資金を限定するために，資金の種類および在高の流動化期間が使用された。ここではさらに資金を限定し，損益作用的資金および現金資金のみの資金貸借対照表を考察する。それは大体においてキャッシュ・フロー会計にほかならない。

　コジオールは損益に作用するキャッシュ・フローのみを含むキャッシュ・フロー会計と，損益に作用しないキャッシュ・フローを含めた全体的なキャッシュ・フロー会計を区別している。以下ではこれらを説明し，最後に現在実務において行われているキャッシュ・フロー計算書を前述の取引事例に基づいて示すこととする。

1　損益作用的資金会計とキャッシュ・フロー会計

　まず損益作用的資金会計およびキャッシュ・フロー会計であるが，ここでははじめに損益作用的収支事象のみを考慮するような資金が問題となる。その場合，資金変動は資金が損益に寄与した貢献を示す。それは，収入（収益収入）および支出（費用支出）が企業の経営過程に基礎をおく限り，経営活動，営業もしくは販売からの資金フローないし資金流入（または資金流出）とよばれる。その場合，その他のすべての損益の影響は排除される。

　コジオールによれば，資金の損益貢献は，当該会計期間に関係する損益作用的収入および支出からの資金運動貸借対照表で示され，損益作用的収入余剰または支出余剰からの資金変動貸借対照表で示される。その場合，資金収入は資金の源泉である収益に対応し，資金支出は資金の運用を示す費用を表す（Kosiol [1976] S.626）。

　すべての損益作用的資金貸借対照表は，第2会計期間の数値資料による図表7-3および7-4における収支的損益貸借対照表から導出され，それに対応する

資金貸借対照表の基本タイプおよび混合タイプから導出される。

　基本タイプに対する損益作用的資金貸借対照表，すなわち現金在高，債権，在庫，債務および留保に対する損益作用的資金貸借対照表は，この方法で得られる。それはすべて図表 7-16 における損益作用的収支事象の運動貸借対照表に含まれており，これは直ちに図表 7-3 における拡張された運動貸借対照表から導き出すことができる（Kosiol [1976] S.627）。

図表 7-16　損益作用的収支事象の運動貸借対照表（図表 7-3 から抜粋）

〈収益収入〉	
1.　損益作用的現金収入	150,000
2.　損益作用的前収入（債権）	253,000
3.　後収入（留保）	1,850
	404,850
〈費用支出〉	
1.　損益作用的現金支出	48,250
2.　損益作用的前支出（債務）	12,200
3.　後支出（在庫）	324,400
残高：期間損益	20,000
	404,850

　混合タイプから，2 つの損益作用的資金貸借対照表のみが取り扱われる。すなわち，図表 7-17 における純流動資産に対する資金運動貸借対照表および図表 7-18 における短期的に自由に使用できる純貨幣手段に対する資金運動貸借対照表である（Kosiol [1976] S.631）。

第 7 章　収入支出観と資金会計　215

図表 7-17　純流動資産に対する損益作用的資金運動貸借対照表（図表 7-8 から抜粋）

〈損益作用的資金収入〉	
1.　損益作用的現金収入	150,000
2.　短期的損益作用的前収入（債権）	253,000
3.　短期的戻し支出に対する後収入（留保）	1,700
	404,700
〈損益作用的資金支出〉	
1.　損益作用的現金支出	48,250
2.　短期的損益作用的前支出（債務）	12,200
3.　短期的戻し収入に対する後支出（在庫）	322,000
残高：損益貢献（利益）	22,250
	404,700

図表 7-18　短期的に自由に使用できる純貨幣手段に対する損益作
用的資金運動貸借対照表（図表 7-17 から抜粋）

〈損益作用的資金収入〉	
1.　損益作用的現金収入	150,000
2.　短期的損益作用的前収入（債権）	253,000
	403,000
〈損益作用的資金支出〉	
1.　損益作用的現金支出	48,250
2.　短期的損益作用的前支出（債務）	12,200
残高：損益貢献（利益）	342,550
	403,000

　損益作用的資金において，特に重要なのは現金資金である。ここに，損益作
用的キャッシュ・フローが問題となる。現金在高の損益作用的資金運動貸借対
照表の残高に関して，現金流入（図表 7-16 において，差額 150,000 - 48,250 ＝
101,750 マルク）および現金流出に（営業活動による）キャッシュ・フローの
用語が使用される。この現金流入および流出は，生産過程および販売過程から
の現金的損益貢献である。それは損益作用的運動貸借対照表から残高として直

接算定することができる。その構成は，図表7-3による第2会計期間に対して
図表7-19のような運動を示す（Kosiol［1976］S.628）。この場合も，括弧の数字
は取引番号である。

図表7-19　損益作用的現金流入（直接法）

現金収入：商品販売（銀行預金）	150,000	(12)
現金支出：営業費（銀行預金）	45,000	(8)
営業費（現金）	2,750	(8)
修繕費（銀行預金）	500	(20)
残高：損益作用的現金流入	101,750	
	150,000	

　キャッシュ・フローは特別な損益と解することもでき，この意味で企業の財
務的成果または貨幣利益とよぶこともできる，とコジオールはいう。それは収
益性から流動性への橋渡しをする。それは，例えば投資および債務償還に対し
て自由に使用できる損益作用的現金手段を示す。またそれは，計算技術的記帳
によって，特に減価償却および引当金によって操作できない。
　図表7-19はいわゆる直接法によるキャッシュ・フロー計算であるが，キャ
ッシュ・フローを間接的に計算するために，期間損益（純利益）から出発する
ならば，図表7-3および7-16により，全体的な損益作用的非現金または計算
収入ならびにすべての損益作用的非現金または計算支出も排除され，図表
7-20のように，全体的な資金的でない損益作用的運動が排除される（Kosiol
［1976］S.628）。

第 7 章 収入支出観と資金会計　217

図表 7-20　損益作用的現金流入（間接法）

収入		+20,000
−前収入（債権）	253,000	
−後収入（留保）	1,850	−254,850
		−234,850
+前支出（債務）	12,200	
+後支出（在庫）	324,400	+336,600
損益作用的現金流入		+101,750

　図表 7-20 における 4 つの形式的な項目は，例示において図表 7-21 のように構成される（Kosiol［1976］S.629）。これも図表 7-3 の拡張された運動貸借対照表から導出される。

図表 7-21　損益作用的現金流入（間接法）

純利益		20,000
マイナス前収入（非現金収益）		
売掛金	250,000	
未収手数料	3,000	253,000
マイナス後収入（非現金収益）		
前受賃貸料	1,000	
前受利息	700	
前受利息	150	1,850
プラス前支出（非現金費用）		−234,850
未払金	9,000	
未払利息	3,200	12,200
プラス後支出（非現金費用）		
商品売上原価	320,000	
前払保険料	2,000	
減価償却費	2,000	
支払利息	400	324,400
損益作用的現金流入		101,750

これにより，一般に次のような関係が妥当することになる。

利益＝現金収益－現金費用

$$\begin{aligned}
&+\text{非現金収益} & 20{,}000 &= 150{,}000 - 48{,}250 \\
&-\text{非現金費用} & &+ (253{,}000 + 1{,}850) \\
& & &- (12{,}200 + 324{,}400) \\
&=\text{キャッシュ・フロー}+\text{非現金収益} & &= 101{,}750 + 254{,}850 \\
&-\text{非現金費用} & &\quad\; - 336{,}600
\end{aligned}$$

2　全体的キャッシュ・フロー会計

これまでの考察は，当該期間において損益作用的収支事象に基づく資金フローないしキャッシュ・フローを把握することから出発した。そこでは，さらなる資金フローは考慮されなかった。

そこで，さらなる資金フローを考慮し，どの期間に損益作用が生じたかにかかわらず，すべての経営活動に由来するキャッシュ・フローを決定することが次に問題となる。ここでは，経営活動からの期間作用的キャッシュ・フローのほかに，以前または後の期間の損益作用的債権および債務を償還する期間中性的現金運動（決済収入および決済支出）を考慮しなければならない。さらに，留保収入および在庫支出も考慮しなければならない。というのは，それらは後の期間に損益作用的となるからである。

この場合，経営活動からの当該期間の全体的キャッシュ・フローが得られる。図表7-22は，第2会計期間の例示におけるキャッシュ・フローの算定を示している（Kosiol［1976］S.633）。これは，図表7-3の拡張された運動貸借対照表から導き出すことができる。

第7章　収入支出観と資金会計　219

図表7-22　第2会計期間の例示におけるキャッシュ・フロー

現金収入		
1. 損益作用的現金収入		
商品販売（12）		150,000
2. 期間中性的現金収入		
a）損益作用的前収入に対する決済収入：		
売掛金（17）	300,000	
b）留保収入：		
前受賃貸料（16）	2,000	302,000
		452,000
現金支出		
1. 損益作用的現金支出		
営業費（8）	47,750	
修繕費（20）	500	48,250
2. 期間中性的現金支出		
a）損益作用的前支出に対する決済支出：		
未払金（20）	6,000	
修繕引当金（20）	5,000	
b）在庫・前支出に対する決済支出：		
買掛金・未払金（22）	358,000	
c）在庫支出：		
前払保険料（10）	4,000	
商品仕入（11）	60,000	433,000
		481,250
残高：経営活動の取引と在高からの現金流出		29,250

この現金流出は，図表7-23のように3つの段階で示される（Kosiol［1976］S.633）。

図表 7-23　3 段階におけるキャッシュ・フローの計算

1. 経営活動からの期間損益作用的流入	＋101,750
2. 前の期間における損益作用性による損益作用的前収支に対する	
決済収支（償還）による貨幣流入	＋289,000
すでに生じた損益作用からの貨幣流入	＋390,750
3. 後の期間における損益作用性による在庫・前支出に対する留保	
収入，在庫支出および決済支出からの貨幣流出	－420,000
経営活動からの全体的貨幣流出（今期，前期または後期の損益	
作用的）	－29,250

　これは次のように説明することができる。第 1 段階は，経営活動からの期間
損益作用的現金流入（101,750 マルク）を再現している。それは，その期間の
現金収益収入（150,000 マルク）と現金費用支出（48,250 マルク）の差額であ
る。第 2 段階は，以前の損益作用的信用取引（300,000 マルクの前収入と
11,000 マルクの前支出）を含み，289,000 マルクの現金流入を示している。こ
の段階で，先行期間の収益収入と費用支出が問題となり，全体ですでに生じた
損益作用からの流入が 390,750 マルクになる。

　第 3 段階は，損益作用的取引を超えて，後の期間にはじめて損益作用的にな
る在高（留保および在庫）をもたらす現金運動を含む。すなわち，前受賃貸料
2,000 マルク，買掛金・未払金の支払い 358,000 マルク，前払保険料 4,000 マル
クおよび商品仕入 60,000 マルクである。それは 420,000（＝358,000＋4,000＋
60,000－2,000）マルクの現金流出をもたらす。それゆえ，経営活動の取引およ
び在高からの総現金流出は，29,250 マルクになる。

　ただし，この 29,250 マルクはいわゆる営業活動によるキャッシュ・フロー
であることに注意する必要がある。現在実務で行われている全体的なキャッシ
ュ・フローを算定するためには，このほかに投資活動によるキャッシュ・フロ
ーおよび財務活動によるキャッシュ・フローを加えなければならない。これを
行って，全体的なキャッシュ・フロー計算書を作成すると，図表 7-24 のよう
になる。これも，図表 7-3 の拡張された運動貸借対照表から導き出される。

第7章　収入支出観と資金会計　221

図表 7-24　キャッシュ・フロー計算書（直接法）

Ⅰ	営業活動によるキャッシュ・フロー	
	商品売上収入（12）	150,000
	売掛金の決済による収入（17）	300,000
	賃貸料の受取額（16）	2,000
	営業費支出（8）	△ 47,750
	営業費支出（修繕費，未払金，修繕引当金）（20）	△ 11,500
	買掛金・未払金の決済による支出（22）	△ 358,000
	保険料支出（16）	△ 4,000
	商品の仕入れによる支出（11）	△ 60,000
	営業活動によるキャッシュ・フロー	△ 29,250
Ⅱ	投資活動によるキャッシュ・フロー	
	貸付金の回収による収入（18）	10,000
	利息の受取額（18）	300
	債券の取得による支出（14）	△ 9,700
	投資活動によるキャッシュ・フロー	600
Ⅲ	財務活動によるキャッシュ・フロー	
	長期借入れによる収入（9）	39,200
	株式の払戻しによる支出（21）	△ 5,000
	財務活動によるキャッシュ・フロー	34,200
Ⅳ	現金の増加額	5,550
Ⅴ	現金の期首残高	83,550
Ⅵ	現金の期末残高	89,100

　これは直接法におけるキャッシュ・フロー計算書である。いま間接法による
キャッシュ・フロー計算書を作成すると，図表 7-25 のようになる。

222

図表 7-25　キャッシュ・フロー計算書（間接法）

Ⅰ	営業活動によるキャッシュ・フロー	
	当期純利益	20,000
	減価償却費	2,000
	未払利息	3,200
	前払利息の減少額	400
	前受賃貸料の増加額	1,000
	前受金の増加額	15,000
	売掛金の減少額	50,000
	未収手数料	△3,000
	前払保険料	△2,000
	修繕引当金の減少額	△5,000
	前受利息の減少額	△850
	未払金の減少額	△5,000
	買掛金の減少額	△95,000
	商品の増加額	△10,000
	営業活動によるキャッシュ・フロー	△29,250
Ⅱ	投資活動によるキャッシュ・フロー	
	貸付金の回収による収入	10,000
	利息の受取額	300
	債券の取得による支出	△9,700
	投資活動によるキャッシュ・フロー	600
Ⅲ	財務活動によるキャッシュ・フロー	
	長期借入れによる収入	39,200
	株式の払戻しによる支出	△5,000
	財務活動によるキャッシュ・フロー	34,200
Ⅳ	現金の増加額	5,550
Ⅴ	現金の期首残高	83,550
Ⅵ	現金の期末残高	89,100

　ここにおける営業活動によるキャッシュ・フローは，次の式で算定することができる。

　　　当期純利益＋費用－収益
　　　　　　＋資産の減少－資産の増加
　　　　　　＋負債の増加－負債の減少
　＝営業活動によるキャッシュ・フロー

また，間接法によるキャッシュ・フロー計算書を作成する場合に必要な期首

貸借対照表，期末貸借対照表および期中増減の資料は，図表 7-26 のとおりである。

図表 7-26　期首・期末貸借対照表および期中増減

貸借対照表

勘定科目	期首	期末	増減
現 金 預 金	83,550	89,100	5,550
売 掛 金	280,000	230,000	△ 50,000
貸 付 金	10,300		△ 10,300
商 品	30,000	40,000	10,000
備 品	6,000	4,000	△ 2,000
前 払 利 息		400	400
前 払 保 険 料		2,000	2,000
未 収 手 数 料		3,000	3,000
債 券		9,700	9,700
資 産 合 計	409,850	378,200	△ 31,650
未 払 金	14,000	9,000	△ 5,000
買 掛 金	290,000	195,000	△ 95,000
資 本 金	100,000	115,000	15,000
修 繕 引 当 金	5,000		△ 5,000
前 受 利 息	850		△ 850
借 入 金		40,000	40,000
未 払 利 息		3,200	3,200
前 受 賃 貸 料		1,000	1,000
前 受 金		15,000	15,000
負債資本合計	409,850	378,200	△ 31,650

Ｖ　む　す　び

　以上本章では，収入支出観によって会計の体系を統一的に説明することの一貫として，コジオールの所論に基づき，収入支出観に基づく資金会計およびキャッシュ・フロー会計を説明してきた。

コジオールは組織的単式簿記の提唱により，収支的運動貸借対照表および変動貸借対照表を導出する。その主要な目的は企業の期間損益計算であるが，これを企業の財務分析および流動性分析に適用しようとする。そこにおける会計が収入支出観に基づく資金会計およびキャッシュ・フロー会計である。

しかし，通常の運動貸借対照表および変動貸借対照表は，このままでは資金計算およびキャッシュ・フロー計算に適用することができず，そのためには，両貸借対照表形式を拡張することが必要である。そして，それによって作成されるのが，拡張された運動貸借対照表および変動貸借対照表である。

この拡張された運動貸借対照表および変動貸借対照表によって，様々な資金運動貸借対照表および資金変動貸借対照表の導出が可能となり，様々な資金計算およびキャッシュ・フロー計算が行われることになる。本章では，資金貸借対照表として，純流動資産に対する資金貸借対照表，短期的に自由に使用できる純貨幣手段に対する資金貸借対照表，設備資産および純設備資産に対する資金貸借対照表，そして純名目資産に対する資金貸借対照表を導出した。

上述したように，財務分析および流動性分析に関して，名目的価値在高のみを含む資金貸借対照表，すなわち広い意味における現金，貨幣における債権ないし債務のみを含む資金貸借対照表（名目的資金貸借対照表）は，大きな言明力を有し，特別な意義を有している。それは在庫も留保も示さず，実質財，実質債権および実質債務を示さない。

それによって，在庫および留保と結びつくすべての計算量はなくなる。特に，期間限定に関してきわめて主観的で，論証も検証もできない配分仮説に支えられた在庫における後計算がなくなる。後計算ではとりわけ原価配分ないし費用配分が問題となり，減価償却および価値修正ならびにそれに関連する評価問題が生じる。そこでは計算操作が可能であり，数値資料の一意性を著しく阻害することになる。資金貸借対照表にはこのような原価配分ないし費用配分の問題はなく，評価問題も生じない。これによって計算操作が不可能となり，一意的で言明力のある計算表が作成されることになる。

名目的資金貸借対照表のうち，特に3つの貸借対照表が流動性分析において重要となる。それらは段階的に相互に関連して構築され，最も基本的段階は最も狭い意味における流動手段の資金，つまり現金貨幣資金を形成する貸借対照

表である。これに短期的貨幣債権および貨幣債務（短期的貨幣信用資金）を加えるならば，短期的純貨幣手段の資金を示す貸借対照表が生じる。そして，長期的貨幣債権および貨幣債務（長期的貨幣信用資金）を含めることによって，純名目資産の資金を示す貸借対照表が得られる。

　これらのうち，最も大きな一意性および言明力を有するのが，現金資金運動貸借対照表および現金資金変動貸借対照表である。というのは，それは流動手段つまり現金の運動（収入および支出）のみを考慮しているからである。期間限定の何らかの仮定はそこには存在しない。そして，これを行う会計がキャッシュ・フロー会計である。

　このキャッシュ・フロー会計においてもいくつかのキャッシュ・フロー計算が考えられ，本章では損益作用的キャッシュ・フロー会計および損益作用的キャッシュ・フローのみならずすべてのキャッシュ・フローを含む全体的キャッシュ・フロー会計を説明した。この全体的キャッシュ・フロー会計により作成される計算表が，実務において行われているキャッシュ・フロー計算書にほかならない。

　以上のように，収入支出観に基づいて様々な資金会計およびキャッシュ・フロー会計が可能となり，様々な資金およびキャッシュ・フローが算定されることになるが，これらはすべて拡張された運動貸借対照表および変動貸借対照表から導出され，とりわけ拡張された運動貸借対照表から導き出されることに注意しなければならない。

　拡張された運動貸借対照表から拡張された変動貸借対照表が導出され，これらから通常の形式における運動貸借対照表および変動貸借対照表が作成され，さらに在高貸借対照表が作成可能となる。そして，この拡張された運動貸借対照表が損益計算および財政状態計算のみならず，資金計算およびキャッシュ・フロー計算を可能とする。

　このようにみると，拡張された運動貸借対照表が会計の原点であり，最も重要な計算表であるということができる。そして，これはまさに収入支出観に基づく会計の原理に由来しており，収入支出観が拡張された運動貸借対照表を通じて会計の体系を統一的に説明するのである。本章の資金会計およびキャッシュ・フロー会計はその一貫として位置づけられ，これらは収入支出観により統

一的に説明されるのである。

　しかし，収入支出観が拡張された運動貸借対照表を通じて会計の体系を統一的に説明するのは，そればかりではない。これは，予算および現在価値計算（現在価値会計）につながる将来計算ないし予測計算をも説明することができるのである。

　元来，コジオールの会計理論は収支概念を本来の現金収支のみならず，すべての会計対象に拡張したものであり，その具体例が計算収支である。これらは，過去の会計対象に対する収支概念の拡張であるが，彼はこれを，現在を含む将来に対しても拡張しようとする。過去の会計対象に対する収支概念の拡張は会計範囲の拡張であり，現在を含む将来に対する収支概念の拡張は時制的拡張であるということができる。

　コジオールによれば，財務簿記において行われる損益計算，在高計算および財務計算がその本質において過去計算であり，そうでなければならないというほとんど信奉されている見解は，誤りである。それらはむしろ回顧的に（事後的に）経過した期間にも，予期的に（事前的に）将来の期間にも適用することができる。計算システムの構成的構築は時間の次元に依存しない。様々な型の収入および支出の概念論的術語集は，もっぱらその時々の当該期間に関係づけられる。費用および収益の実現時点は，目でとらえられる決算期間内にある。その場合，当該期間が観察者の観点からみると，過去に拡張するか将来に拡張するかは，重要ではない。

　対象期間が過去にあるならば，全体的に入手した収入および支出は過去に行われた収支運動である。それは，現金収入および支出において，償還収入および支出において，ならびに戻し収入および支出において，後収入および支出において，直ちに明確である。しかし，前収入および前支出も，当該期間に行われた先取りである。場合によっては将来の期間にはじめて行われる当該決済収入および支出は，そのようなものとして先取りの期間に時間的に行われない。たとえ一定の影響が将来に出現しようとも，全体的な数値資料それ自体は過去指向的である（Kosiol［1976］S.1052）。

　将来計算の場合，事情は別である。ここでは，その全体的数値資料による当該期間は，観察者の観点から，将来にある。その時々の資料からみると，例え

ば契約および協定からみると，数値は予測，計画もしくは他の将来見積りの方法によって得られなければならない。それは簿記で記録された過去の数値から導き出すことはできない。それは，算定される予測量を簿記の特別欄に記入することを妨げないし，それに対して別の予測的簿記を構築することも妨げない。

予測数値に含められる価格は，それが過去計算において実務的に生じうるような，未実現時価では決してない。むしろ，それが予測的に実現価値として期待されるように，計画期間における取得価格が問題となる。実現の時点は，損益作用的収入および支出に対して当該将来期間にある。それゆえ，実現は予測される。ここから続く予期される収支的損益計算は，予測的に計画期間に適用される実現収支的損益計算である。予測的運動貸借対照表は，収支的に本章で示した図表 7-1 および 7-3 と同じ内容を有している。相違は，数値が将来の期間に適用され，それゆえ予測数値であるということだけである。同じことが予測的変動貸借対照表および在高貸借対照表に妥当する（Kosiol［1976］S.1053）。

運動貸借対照表，変動貸借対照表および在高貸借対照表の予測に，予測的流動計算もしくは資金計算が結びつく。資金運動を直接計画することができ，もしくは在高予測および利益予測から出発して，資金変動をそこからの差額形成によって導出することができる。期末貸借対照表に関連させて，次期の将来的期末貸借対照表を予測し，在高差額（変動）を算定するならば，この間接的方法が提案される。予測的資金計算に対して，本章で取り扱った可能性が問題となる。

実務では，合目的に過去的および予測的計算に対して同じ表示形式が用いられ，両計算の形式的一致は，予算と決算の比較を可能にし，それとともに差異の原因分析を可能にする。それゆえ，その時々の貸借対照表の構造を特質づけるために，本章で示した図表を予測的考察に対する原型として援用することができる（Kosiol［1976］S.1066）。

現金資金は，より狭い流動性計算の基礎としてすでに上記の考察において検討された。図表 7-5 は 5,500 マルクの予測的資金増加の例として現金資金運動貸借対照表の図式を示しており，図表 7-6 は現金資金変動貸借対照表の図式を示している。図表 7-22 および 7-23 は経営活動の販売および在高から 29,250

マルクの現金流出を示しており，すなわち，期間中性的現金運動の包含のもとに，その現金流出を示している。図表 7-19 および 7-20 において，損益作用的現金増加が 101,750 マルクで算定された。

　実務ではしばしば，短期的債権および債務を含め，したがって全体的な短期的純名目資産を示す純貨幣手段の資金が使用される。資金運動貸借対照表は図表 7-10 において 60,350 マルクの資金増加で表されており，さらに 3 つの領域に分類されている。図表 7-18 は損益作用的資金運動のみを含み，342,550 マルクの利益貢献を示している。

　さらに，純流動資産の資金に関して，図表 7-8 は 57,050 マルクの資金増加による運動貸借対照表を示しており，図表 7-9 は変動貸借対照表を示している。図表 7-17 は損益作用的資金運動のみを含んでおり，22,250 マルクによる利益貢献を示している。

　これらによって明らかなように，収入支出観による会計は過去計算のみならず将来計算にも適用し，説明しうる会計である。それゆえ，本章で解明した資金会計およびキャッシュ・フロー会計に加えて，収入支出観はすべての会計を一貫して統一的に説明しうるということができる。すなわち，収入支出観は，これまで会計実務および会計理論において提唱されてきた取得原価会計，購入時価会計，売却時価会計，資金会計，キャッシュ・フロー会計，予算会計および現在価値会計のすべてを一貫して統一的に説明することができる。ここに，収入支出観の会計における究極的な普遍性があるのである。

第8章

収入支出観の公理化

Ⅰ　はじめに

　学問分野の進歩は，その分野のできるだけ正確な理論の言明によって促進される。正確性の理念は，演繹システムもしくは公理システムとして一般に認識される。公理システムは，ある分野の命題のあるものが他のものの論理的帰結であることを示すために，その分野の様々な概念および命題を構成する。ある理論の性質および命題を明確化することによって，公理的方法は，その理論の多くの質に関するその後の進展を助長する。学問分野が発展するにつれて，それらの学問分野には公理化が有益であり，必然でさえある。

　会計理論においても例外ではない。会計理論はこれまで，様々な学者によって展開され，発展してきた。それらの内容を論理的に明確にし，矛盾点を排除し，さらなる発展を期するために，会計理論の公理化が必要となる。

　本書の目的は，会計観としての資産負債観および収益費用観に代えて，「収入支出観」（Einnahme und Ausgabe Auffassung）によって会計の体系を統一的・論理的に説明することである。ここで，収入支出観とは，会計を収入および支出を中心として見，利益も1期間における収入と支出の差額として測定しようとする利益観である。

　これまで述べてきたように，この会計観をはじめて提唱したのがシュマーレ

ンバッハ（Schmalenbach）であり，彼の動的貸借対照表論は収入支出観の萌芽であるということができる。そして，収入支出観の完成型に向けて，シュマーレンバッハの会計理論をさらに展開したのが，ワルプ（Walb）の給付・収支損益計算論にほかならない。しかし，ワルプの会計理論にはいくつかの問題点が内在していた。

そこで，ワルプ理論に内在するこの問題点を解決したのが，シュマーレンバッハおよびワルプの後継者としてのコジオール（Kosiol）の「収支的貸借対照表論」（pagatorische Bilanztheorie）である。それはもっぱら収支事象の記帳に由来し，それゆえ，シュマーレンバッハおよびワルプの基本的思考を統一し，これらの試みの首尾一貫した仕上げにおいて，体系的に完結した簿記理論，勘定理論，貸借対照表論および評価論として損益計算の包括的な理論を統一的な収支的基礎に基づいて示すものである。

このコジオール理論は収入支出観による会計理論の一応の完成型である。それゆえ，収入支出観によって会計の体系を統一的に説明するために，さらには，収入支出観の内容を論理的に明確にし，矛盾点を排除し，さらなる発展を期するために，いまや，彼によって展開された収入支出観による会計理論を公理化する段階に至った。収入支出観を公理化し，そこにおける特質とその会計理論のさらなる発展の可能性を思考することが，本章の目的である。

この目的を達成るために，以下ではまず，公理システムを一般的に説明し，次にコジオールによって展開された収入支出観の公理システムを各計算段階に応じて詳述する。これによって収入支出観における公理システムの全体像が明らかとなるので，さらに，この公理システムの特質を解明する。そして最後に，この公理システムに基づく収入支出観をさらに展開することによって，会計観としての収入支出観が会計の体系を統一的・論理的に説明しうることを改めて指摘したい。

II　公理システム

上述したように，公理システムは，ある分野の命題のあるものが他のものの

論理的帰結であることを示すために，その分野の様々な概念および命題を構成するものである。ある理論の公理化は，システムのすべての言明を限定した数の前提に還元し，完全で完結した，非常に論理的な演繹関係に統合することにある。公理システムのすべての主張される言明は，もっぱら論理的推論であり，すなわちシステムの原初命題の含意である。

理論システムの公理化は，すべてのシステム要素およびその関係の完全で正確な定式化を相互に必要とする。それはまず，理論的開始点の全体的含意において無制限の洞察を可能にする。それゆえ，科学的認識過程において，ある理論の公理化はその展開の最高の発展段階である。これによって，理論は形式および内容によるその言明の最も簡潔な表現方法となる。

公理システムでは一般に，（構文論的）無矛盾性，完全性および独立性が要求される。無矛盾性は，システムにおいてすべての可能な言明が導き出せないときに，成立する。それゆえ，公理から導き出された定理がこの定理の否定と共存する場合，システムは矛盾となる。というのは，その場合，システムの公理からあらゆる任意の言明を導出することが可能であるからである。

完全性は，システムにおいて導出できないさらなる基本的仮定に関する公理の増加が，そのシステムに矛盾をもたらすときに，付与される。すなわち，そこにおいて定理ではないあらゆる言明がその定理の否定であるとき，公理システムは完全であるということになる。それは，システムにおいて導出できない領域の言明が真ではないこと，つまり，公理システムがその領域のすべての真の言明を生み出すことを意味している。

独立性は，所与の演繹規則の適用のもとで定式化された公理が相互に導出できないことを意味している（Kosiol［1976］S.835）。これらの3つの要件がすべて満たされるとき，システムの一貫性および機能性が保証される。

ある理論を公理化しようとする場合，コジオールによれば，4つのクラスのシステム構成要素を次のように区別しなければならない(Kosiol［1976］S.836)[1]。

(1)　システムの操作的概念網（語彙）を形成する定義，つまり，原初命題によって規定される計算言語

(2)　システムの演繹されない（証明されない）基本的仮定としての公理

(3)　定義および公理を適用する演繹規則，特に数学的計算規定としての計

算規則（操作規則，アルゴリズム）

(4)　前提(1)から(3)より演繹される（証明される）結論としての定理

公理システムの定式化は，適切な言語を必要とする。その場合，コジオールによれば，数学的もしくは論理学的記号をもつ人工言語を利用することは，不可欠ではない。口語記号をもつ自然言語は完全に使用することができる。ここでは，経営経済学の科学的専門用語が適用される。無内容の記号システムの数学的・論理学的表現は，計算モデルを直接経営経済学的問題に意味論的に写像するために，使用されない。これらの処理は次のような多くの利点をもたらす（Kosiol [1976] S.837）。

(1)　自然的専門用語の定義と構文論的形成規則を用いないことができる。というのは，それらは周知のものとして仮定されるからである。

(2)　未定義の経済学的基本概念をあげる必要はない。というのは，それらは経営経済学の一般的な用語に属するからである。それゆえ，企業，財，消費，生産等のような概念は，明示的に定義されないし，列挙もされない。定義，公理および計算規則は基本的に会計の構成内容に限定される。それは，計算的理論が問題となり，経済的・説明的理論が問題とならないという事実に一致する。

(3)　自然的専門用語の適用によって，公理化の表現は単純明確で，より良く理解できるのみならず，公理システムの構文論的および意味論的次元が同時に構築されることになる。その場合，定理の論理的演繹は，意味論的解釈をまったく考慮しないし，それから独立である。構文論的計算は，その構造および機能様式において，モデルの意味論的・言語的定式化によっては言及されず，経済的にのみ解釈される[2]。

したがって，コジオールの公理システムは，論理学的記号の人工言語によってではなく，会計的専門用語の自然言語によって構築される。

1　コジオールの後継者であるシュヴァイツアー（Schweitzer）も収入支出観による会計理論を公理化しているが，彼の公理システムは，定義，公理および演繹規則（計算規則）の3つのものから構成され，これらが会計計算の主要構成要素とよばれる（Schweitzer [1972] S.65）。そこにはコジオールの定理はなく，この定理まで導出しているところに，コジオールの公理システムの特質があるということができる。これについては後述する。

Ⅲ 収入支出観の公理システム

コジオールの収入支出観による公理システムの展開は，相互に構成する部分システムを認識させるために，そしてそれらの相違を明確に際立たせるために，多くの段階で行われる。

最初の基本的な段階は，収入および支出の運動計算を含む公理システムである。第2段階は，運動計算の継続的続行として，資産および負債を伴う在高計算の公理システムである。これらの2つの段階は，共通の変動計算によって補完され，第3段階たる運動と在高を伴う変動計算の公理システムとなる。これらの3つすべての段階は，単式損益計算（組織的単式簿記）の基本システムを明確にする。

第4段階は費用および収益計算の補完システムを含む公理システムである。そして，これらの4段階は，上位システムであり，基本システムであり，下位システムとしての補完システムを含む，複式損益計算（複式簿記）の最終的な全体システムを構成する。[3]

1 収入支出による運動計算

収入および支出による運動計算の公理システム，すなわち定義，公理，計算規則および定理は，以下のとおりである（Kosiol [1976] S.838-849）。

---

[2] ここで，構文論，意味論および語用論について説明しておく必要がある。論理学，特に記号論理学では，3つの主要な因子が問題となる。それは，記号（言語），（記号の）指示対象および（記号の）解釈者である。これらのうち，特に記号と記号との形式的関係を抽象して扱う部門を構文論（syntactics；syntax）とよぶ。そして，特に記号と指示対象との指示関係を抽象して扱う部門を意味論（semantics）とよび，特に記号と解釈者との表現関係を抽象して扱う部門を語用論（pragmatics）とよぶ（永井 [1971] 144-145 頁）。

[3] さらに，コジオールは第5段階としてフロー計算（資金計算および財務フロー計算）の公理システムを構想する。それは運動計算および変動計算の継続的発展である。そして最後に，収支の損益計算は（現在計算を含む）過去計算としても，（予測される）将来計算としても生じうるということが，公理的に画定されるとコジオールはいう。これらは前章において論じたことであり，これらが収入支出観における公理システムの特質ということになるが，それに関しては，後で詳述することとする。

D　定　　義：

D_1　数量尺度（対象尺度）

　自然的スカラもしくは数量スカラは，あるクラスまたは下位クラスの対象に数量を割り当て，数えることができ，加法的な，非負で一意的な尺度である（対象尺度）。空のクラス（ゼロクラス）に対して，数量は常にゼロに等しい。同じクラスの２つの数量は，それらの数量尺度の同じ量を示す場合，同値であり，それゆえ相互に代替可能である。数量尺度は，不変のゼロ点（基本スカラ）をもつ尺度法による比率スカラ（関係スカラ）である。

D_2　価値尺度（計算尺度）

　基本クラスとして選択される対象のある特定クラスの有限の量をもつ数量尺度は，計算尺度に高められる。貨幣が基本クラスとして利用されるならば，それは貨幣単位で表される貨幣的計算尺度（価値尺度）とよばれる。基本クラスたる貨幣に関して，数量尺度（対象尺度）と価値尺度（計算尺度）は等しい。

　非貨幣クラスの対象への貨幣単位の割当ては，これらの対象の評価とよばれる。同種の対象のある数量の貨幣価値をこれらの数量で除すならば，これらの対象の価格（数量単位当たりの価値）が得られる。したがって，ある数量の対象の評価は，数量と価格の積を意味する。

D_3　収支

　収支は貨幣単位における運動である。収支の下位クラスは，（1）運動方向によって収入および支出に，（2）計算の性格によって現金収支および計算収支に，そして（3）損益の影響によって損益作用的収支および損益非作用的（損益中性的）収支に区別される。収支は時間的に全体期間および特定の部分期間に適用される。

　運動方向，計算の性格および損益の影響はすべての出現するクラスの収支を規定する。

$D_{3,1}$　現金収支

　現金収支，すなわち現金収入または現金支出は，基本クラスたる貨幣の対象の運動である。それは原則として時間的に，つまり，同時的，事前的もしくは事後的に，同じもしくは別のクラスの対象の対置される運動と結びつけられ，あるいはそれは一般にそのような運動を伴わない。現金収支の次のような下位

クラスが区別されなければならない。(1) $D_{3,11}$ による損益作用的現金収支,
(2) $D_{3,12}$ による相関的現金収支および (3) $D_{3,13}$ による決済収支。

$D_{3,11}$　損益作用的現金収支

損益作用的現金収入（現金支出）は，原則として時間的に，つまり，同時
的，事前的もしくは事後的に，非貨幣的（実質）クラス（A_3）における運動と
結びつけられ，もしくはそれは一般に別の運動を伴わない。それは常に損益に
影響を及ぼし，現金収益収入（費用支出）ともよばれる。

$D_{3,12}$　相関的現金収支

債務収入（債権支出）は，後の対置される現金収支と基本的に同じ額で結び
つけられる（$D_{3,13}$ による決済収支）現金収支である。原則として，それは損
益に影響しない。ただし，両現金収支間の差異は損益作用的である。期間損益
計算において，相関関係により対置される計算収支の最初の現金収支（$D_{3,21}$
による前収支）は同じ額を伴う。

$D_{3,13}$　決済収支

決済収入（決済支出）は，$D_{3,12}$ により以前に対置された現金収支，つまり
債権支出（債務収入）に基本的に同じ額で続くが，必ずしも続く必要のない現
金収支である。期間損益計算において，決済収支は常に，$D_{3,21}$ による先行の
当該前収支と同じ額を示す，$D_{3,22}$ により対置される償還収支を伴う。決済収
支と償還収支との差異は，損益作用的である。

$D_{3,2}$　計算収支

計算収支，つまり，計算収入または計算支出は，基本クラスにおける現金運
動ではない，基本クラスの測定単位における運動である（非現金運動もしくは
非貨幣運動）。それは次の4つの下位クラスに区分することができる。

$D_{3,21}$　前収支

前収支，つまり，前収入または前支出は，別の対象運動と結びつくことが期
待される，後の現金収入（現金支出）を予測する計算収支である。損益作用的
前収支は，$D_{3,11}$ による現金収支を予測する。$D_{3,3}$ によって予測される収入（支
出）は，留保前収入（在庫前支出）とよばれる。相関的前収支は，$D_{3,13}$ によ
る決済収支を予測し，それゆえ $D_{3,12}$ による現金収支を中和化する。

$D_{3,22}$　償還収支

償還収支，つまり，償還収入または償還支出は，$D_{3,13}$ による当該決済収入（決済支出）が生じる場合，$D_{3,21}$ による前支出（前収入）を減少させる計算収支である。それは基本的に損益に影響を及ぼさない。償還収支とそれに相応する決済収支との差異のみが，損益作用的である。

$D_{3,23}$　戻し収支

戻し収支，つまり，戻し収入または戻し支出は，実質（非貨幣）対象のクラスに属する運動が行われる，後の期間に損益作用を繰り越すために，$D_{3,3}$ による対置される在庫支出（留保収入）を期間的に中和化する計算収支である。

$D_{3,24}$　後収支

後収支，つまり，後収入または後支出は，$D_{3,23}$ による上述した戻し支出（戻し収入）を減少させる計算収支である。それは基本的に損益作用的である。

$D_{3,3}$　留保収入と在庫支出

留保収入（在庫支出）は，損益にまだ影響しない（後ではじめて影響する）実質（非貨幣）クラスにおける対象の運動に対応する貨幣単位における運動である。それゆえ，それは $D_{3,23}$ による対置される戻し収支によって期間的に中和化される。留保収入と在庫支出は，現金収支かそれとも $D_{3,21}$ による前収支である。

$D_{3,4}$　損益作用的収支

収益収入（費用支出）は，基本的に実質（非貨幣）クラスにおける損益作用的運動に基づく貨幣単位における運動である。それは，$D_{3,11}$ による現金収支か，$D_{3,21}$ による計算収支（前収支）か，$D_{3,24}$ による計算収支（後収支）かである一面的収支である。収入と支出が同じ額で一致するすべての二面的収支は，損益非作用的である。損益作用的差異は，$D_{3,13}$ ないし $D_{3,22}$ による決済収支または償還収支の余剰である。

D_4　損益

損益は，全体損益かまたは期間損益である。対象の損益作用的（収益作用的または費用作用的）運動は，特定クラスの対象の企業過程からの払出し（繰出し）か，または企業過程への別のクラスの対象の受入れ（繰入れ）である。それは一面の収支によって写像される。損益非作用的運動は，対置され，同じ額

で相互に決済される運動である。それゆえ，それは二面的収支によって再現される。対象の期間的に中和化される（期間中性的）運動は，確かに原則として損益作用的であるが，将来の期間にはじめて損益作用的となる。

$D_{4,1}$　全体損益

全体損益は，企業の全存続期間における現金収入と現金支出との差額である。この差額は，正（利益），ゼロもしくは負（損失）でありうる。

$D_{4,2}$　期間損益

期間損益は，当該期間の収益収入と費用支出との差額である。この差額は，正（利益），ゼロもしくは負（損失）でありうる。[4]

A　公　理：

A_1　数量公理（量公理）

会計制度で扱われる企業のすべての対象（計算対象）は，数えることのできる数のクラスに分類することのできる，自由に利用できる財（資産）または義務を負っている財（負債）のいずれかである財の把握可能な数量である。各クラスに対して，各時点に関するクラスおよび各下位クラスのすべての対象に数量としての一意的な数値（尺度）を割り当てる数量的尺度スカラ D_1 が存在する。

A_2　運動公理

確認可能で数えることができ，一意的で完全に，それらの発生時点によって分類される資産および負債の運動がある。受け入れた（払い出した）資産および負債は，手許にある対象の数量を増加させる（減少させる）。

　4　定義 D_1 と D_2 は，数量単位と貨幣単位とを区別する。それらは，会計制度で利用される周知の測定方法，すなわち数量的（量的）測定と価値的（質的）測定を確定する。

　　現代の経済を考慮すると，貨幣が基本クラスとして選ばれる。それゆえ，通貨スカラは，会計制度のすべての対象，クラスおよび下位クラスを測定する統一的な尺度である。貨幣スカラは尺度法的比率スカラ（関係スカラ）もしくは基本スカラでもある。すべての種類の収支は貨幣単位における運動として定義され，それとともに，すべての対象の運動は貨幣で写像される。両者のスカラは基本的に合理的な数システムを利用する。

　　全体損益 $D_{4,1}$ は現金収支によってのみ定義される。現金的差異はそこに包含される。計算収支は期間損益 $D_{4,2}$ に対してのみ必要とされる。これはもっぱら各種の損益作用的収支によって定義される（Kosiol［1976］S.842-843）。

A₃　写像公理

　基本クラスたる貨幣の対象の運動（現金収支）は，それ自体直接的に把握され，貨幣に写像される。将来の貨幣における予測的運動（前収入および前支出ならびにそれに付随する償還収支）も直接的に貨幣単位で現れ，それゆえ同様に直接的に写像される。したがって，現在および将来の貨幣における運動を伴う対象およびクラスは，貨幣的（名目的）対象およびクラスとよばれる。他のすべての非貨幣的（実質的）クラスの対象の運動は，置き換えられなければならず，それゆえ間接的に貨幣に写像される。それらは，それらとは並行して逆の方向に進行する，貨幣クラスの対象の対応する交換運動によって把握される。貨幣クラスにおけるこれらの運動は，非貨幣クラスにおける運動の写像に役立つ。このようにして，結局全部の運動は，直接的または間接的に，貨幣単位で表される（収支的写像）。

　両面的信用運動（いわゆる未決取引），すなわち決済的前支出（名目債務）を伴う戻し収入（実質債権）および決済的戻し支出（実質債務）を伴う前収入（名目債権）は，伝統的規則として，収支的に写像されない。ある把握のための前提は，少なくとも（貨幣もしくは実質財での）原初財におけるある運動が行われたということである。しかし，両面的信用運動は，特定の考慮において計算に支障なく取り入れることができる。というのは，それは損益に影響を及ぼさないからである。

A₄　評価公理

　受け入れた（払い出した）貨幣対象，つまり現金収入，前収入および前支出（現金支出，償還支出および償還収入）は，直接的に貨幣単位で評価される。受け入れた（払い出した）非貨幣対象は，間接的に貨幣単位で評価され，そこでは交換で払い出した（受け入れた）貨幣単位の合計がそれらに計算尺度として割り当てられる。貨幣クラスで受け入れた（払い出した）貨幣単位は，他の対象の付随的交換運動なしに，収益収入（費用支出）として損益に影響を及ぼす。逆に，非貨幣クラスにおける運動がある貨幣クラスにおける交換運動を伴わない場合，計算尺度は（1）ゼロか，もしくは（2）適当な方法で収支的に仮定することができる。

第8章　収入支出観の公理化　239

$A_{4,1}$　短期的費消

短期的に費消する使用財の各クラスの後支出は，そのクラスの計算尺度，つまり前期に取得された財を含めて，当該期間において自由に利用できるすべての財に対する貨幣単位の合計（戻し収入）を，（費消として）払い出した財とそのときに残っている財とにそれらの数量の比率で配分するという方法で，評価される。

$A_{4,2}$　長期的費消

長期的費消を伴う各使用財の後支出は，その使用財に対するすべての貨幣単位の合計（戻し収入）を，この財の経済的利用期間に期間配分することによって評価される（減価償却）。

A_5　実現公理

収益は，生産過程の払出し財が市場で販売され，受け入れた交換財が貨幣財のクラスに属するとき，つまり現在の貨幣（現金収入）もしくは将来の貨幣（前収入）を収益収入として表すとき，そしてそのときに限り，実現される。同時に，当該使用財（受入れ財）に対して払い出した交換財は，費用支出を実現させる。収益の実現および費用の実現は，ともに損益の実現を意味する。販売の時点まで，その使用財の計算尺度は集積され，蓄えられ，まだ実現していない在庫支出（戻し収入）である。一般に当該未実現の収益収入を保有しているならば，費用支出はそれらの発生時点で実現したものとみなされる。

A_6　計算目的公理

すべての計算対象に対する計算目的は，全体損益 $D_{4,1}$ もしくは期間損益 $D_{4,2}$ のいずれかの，損益 D_4 の決定である[5]。

R　計算規則：

R_1　運動の把握

対象のすべての損益作用的（損益非作用的）運動は，それらの計算尺度によ

5　これら8つの公理は，収支的損益計算の基本的な枠組みである。公理 A_1 は，すべての計算対象が数量化可能であり，それゆえ測定可能であることを確定し，それで尺度スカラ D_1 および D_2 が適用されることを確定する。公理 A_2 は，財の運動方向として受け入れた財と払い出した財の重要な区別を確定する。それは収入および支出として貨幣単位における運動に対応する。↗

って1度（2度）把握され，記帳される。

R₂　資産の運動の分類

すべてのクラスの資産（自由に利用できる財）に対して，計算尺度は収入（受け入れた自由に利用できる貨幣単位）と支出（払い出した自由に利用できる貨幣単位）とに分類されなければならない。勘定に表す場合，収入（支出）は左側（右側）に記帳される。

R₃　負債の運動の分類

すべてのクラスの負債（債務を負っている財）に対して，計算尺度は同様に分類されるが，R_2 に比して反対の方向に区分され，支出（受け入れた債務を負っている貨幣単位）と収入（払い出した債務を負っている貨幣単位）に分類されなければならない。勘定に表す場合，収入（支出）は同様に左側（右側）に記帳されるが，負債の運動の反対の意味で記帳される。

R₄　運動の差額としての損益

$R_{4,1}$　全体損益＝全体収入の合計－全体支出の合計

$R_{4,2}$　期間損益＝すべての期間収入の合計－すべての期間支出の合計[6]

T　定　　理：

T₁　全体損益

$T_{1,1}$　(1) 全体収入と全体支出の差額（$R_{4,1}$）は，(2) 全体現金収入と全体現金支出の差額（$D_{4,1}$）に等しく，(3) 全体現金収益収入と全体現金費用支出の

　　公理 A_3 は，財運動の平行公理とよぶことができる。それは，すべての非貨幣対象を写像することを可能にする。それはすべての財運動の収支的測定に対する基礎を形成する。公理 A_4 は，収入価値および支出価値として現れるいわゆる取得原価で，すべての対象および運動を統一的に評価することを規定する。実現価値が問題となるので，A_4 を価値実現の公理とよぶこともできる。公理 $A_{4,1}$ は，材料，仕掛品および製品，ならびに商品に対して妥当する。$A_{4,2}$ に関して，期間配分の種類に対して，費消に対応する仮説（減価償却仮説）が立てられる。公理 A_6 は，その他のすべての公理的要素に対する中心的な基準点である。定義 $D_{4,1}$ および $D_{4,2}$ ならびに多くの計算規則および定理は，いまや損益に関係する（Kosiol［1976］S.845-847）。

6　　規則 R_1 は単式損益計算の基本システムにとって特徴的である。規則 R_2 と R_3 は計算技術の独立性を示す。勘定への表示は多くの可能性のうちの1つにすぎない。公理的定式化では，例示的に商人的計算様式の勘定で，勘定表示が適用される。規則 R_4 は全体損益および期間損益を同様に規定する。定義 $D_{4,1}$ および $D_{4,2}$ による一致は定理によって証明される（Kosiol［1976］S.848）。

差額に等しく，（4）全体収益収入と全体費用支出の差額に等しい。

$T_{1,2}$ （1）全体計算収入と全体計算支出の差額は，（2）全体損益非作用的現金収入と全体損益非作用的現金支出の差額に等しく，（3）全体損益非作用的収入と全体損益非作用的支出の差額に等しく，ゼロに等しい。

$T_{1,3}$ 非貨幣対象の各下位クラスに対して，全体計算収入と全体計算支出の差額はゼロに等しい。

T_2 期間損益

$T_{2,1}$ （1）すべての期間収入とすべての期間支出の差額（$R_{4,2}$）は，（2）すべての期間収益収入とすべての期間費用支出の差額（$D_{4,2}$）に等しい。

$T_{2,2}$ すべての損益非作用的期間収入とすべての損益非作用的期間費用の差額は，ゼロに等しい。

$T_{2,3}$ 資産の各下位クラス（各勘定）（R_2）に対して，常に，すべての収入の合計は少なくともすべての支出の合計に等しい。

$T_{2,4}$ 負債の各下位クラス（各勘定）（R_3）に対して，常に，すべての支出の合計は少なくともすべての収入の合計に等しい。

T_3 一致

全体損益はすべての期間損益の合計に等しい。

T_4 収支勘定の構造

勘定に表す場合，勘定システムは2系列の収支勘定，つまり資産（R_2）の勘定および負債（R_3）の勘定からなる。

資産勘定は，（1）$D_{3,1}$ と $R_{5,1}$ による現金勘定（現金貨幣），（2）$D_{3,21}$，$D_{3,22}$ および $R_{5,2}$ による名目債権の勘定，もしくは（3）$D_{3,23}$，$D_{3,24}$ および $R_{5,4}$ による実質財の勘定のどれかである。負債勘定は，（4）$D_{3,21}$，$D_{3,22}$ および $R_{5,3}$ による名目債務の勘定，もしくは（5）$D_{3,23}$，$D_{3,24}$ および $R_{5,5}$ による実質債務の勘定のどれかである。このように，5つのタイプの収支勘定が生み出される[7]。

---

[7] 定理は定義と公理から計算規則を利用して導出できる（証明できる）。定理 $T_{1,1}$ は，規則 $R_{4,1}$ が定義 $D_{4,1}$ に対応することを示している。同様に，規則 $R_{4,2}$ は定理 $T_{2,1}$ において定義 $D_{4,2}$ に属する。定理 T_3 は，一貫した言明として，全体損益計算と期間損益計算の基本的な関係を示している。公理システムは非常に重要であるので，全体損益は完全にまた完璧↗

これらが収入および支出による運動計算の公理システムであり，上記の計算規則 $R_{4.2}$ より，図表 8-1 のような収支的運動貸借対照表が導き出される（Kosiol [1976] S.850）。そして，この収支的運動貸借対照表が，コジオールの収入支出観による会計理論において，貸借対照表の原型となり，最も重要な貸借対照表となる。

図表 8-1　運動貸借対照表

収入	支出
Ⅰ　現金収入	Ⅰ　現金支出
Ⅱ　計算収入	Ⅱ　計算支出
1　前収入	1　前支出
2　償還収入	2　償還支出
3　戻し収入	3　戻し支出
4　後収入	4　後支出

2　資産負債を伴う在高計算

運動計算は，運動貸借対照表で完了する損益計算のすでに完結したシステムである。在高計算は損益決定に対して不可欠ではなく，むしろ，この計算の継続性を容易にし，確保することに役立つ。同時に，それは損益決定のさらなる手段を提供し，妥当な副次目的を果たす。

資産および負債を伴う在高計算の公理システム，すなわち定義，公理，計算規則および定理は，以下のとおりである（Kosiol [1976] S.851-854）。

D　定　義：

　D_5　在高

ある特定の時点に関係する対象の数量における在高は，対象の先行する運動（受入れおよび払出し）から生じる。受入れ（払出し）は在高の増加（減少）

＼に部分期間に分解され，それゆえ一致の定理が満たされる。定理 T_4 は，単式的損益計算の公理的下位システムに含まれる，2 勘定系列と 5 勘定タイプの事実を確認する（Kosiol [1976] S.849-850）。

に導く。期首在高はある会計期間の期首に現れ，期末在高は期末に現れる。

資産在高のクラスは，現金在高（現金），（名目）債権および在庫（実質財）である。負債在高のクラスは，（名目）債務および留保（実質債務）である。

在高の計算尺度は，2つの対応する，すでに定義された種類の収支（収入および支出）から生じる。このように，在高は収支余剰による集積的および蓄積的価値を表す。

$D_{5,1}$　現金在高

現金在高は，基本クラスたる貨幣の収入余剰としての収入における在高である。その計算尺度は，現金収支，つまり，現金収入および現金支出から生じる（$D_{3,1}$）。

$D_{5,2}$　債権在高

名目（貨幣）債権における在高は，予測的，将来的現金収入（$D_{3,1}$）による収入余剰としての収入における在高である。その計算尺度は前収入（$D_{3,21}$）および償還支出（$D_{3,22}$）から生じる。

$D_{5,3}$　債務在高

名目的（貨幣的）債務における在高は，予測的，将来的現金支出（$D_{3,1}$）による支出余剰としての支出における在高である。その計算尺度は前支出（$D_{3,21}$）および償還収入（$D_{3,22}$）から生じる。

$D_{5,4}$　在庫在高

実質的（非貨幣的）資産（在庫）における在高は，決済的戻し収入による収入余剰としての現金支出もしくは前支出の対価である。その計算尺度は戻し収入（$D_{3,23}$）および後支出（$D_{3,24}$）から生じる。在庫は基本的に後支出による後の期間において損益作用的（支出の期間的移転）である。

$D_{5,5}$　留保在高

実質的（非貨幣的）債務（留保）の在高は，決済的戻し支出による支出余剰としての現金収入もしくは前収入の対価である。その計算尺度は戻し支出（$D_{3,23}$）および後収入（$D_{3,24}$）から生じる。留保は基本的に後収入による後の期間において損益作用的（収入の期間的移転）である。

244

$A_{4,1}{}^*$　公理 $A_{4,1}$ に対する定義的補足

前期に取得し，期首になお存在する財は，財クラスの期首在高と同じである。購入した後に期末になお残存する財は，財クラスの期末在高で表示される。この定義は意味的に $A_{4,2}$ に対しても妥当する。

R　計算規則：

R_5　在高に対する一般規則

すべての対象（資産および負債）の期末在高は，一般に次の規則によって決定される。

期首在高＋受入れ－払出し＝期末在高

最初の期間はゼロの期首在高で始まる。他のすべての期間に対して，期首在高は前期の期末在高に等しい。

$R_{5,1}$　現金

現金収入における期首在高（収入余剰）＋現金収入－現金支出
＝現金収入における期末在高（収入余剰）

$R_{5,2}$　債権

債権における期首在高（収入余剰）＋前収入－償還支出
＝債権における期末在高（収入余剰）

$R_{5,3}$　債務

債務における期首在高（支出余剰）＋前支出－償還収入
＝債務における期末在高（支出余剰）

$R_{5,4}$　在庫

在庫における期首在高（収入余剰）＋戻し収入－後支出
＝在庫における期末在高（収入余剰）

$R_{5,5}$　留保

留保における期首在高（支出余剰）＋戻し支出－後収入
＝留保における期末在高（支出余剰）

$R_{1,1}$　在高の把握

すべての財（資産および負債）は，期首在高および期末在高に対するその計算規則によって1度把握され，つまり記帳されなければならない。

$R_{2,1}$　資産在高の分類

資産在高の計算尺度は，その運動にしたがって分類されなければならない（R_2）。

$R_{3,1}$　負債在高の分類

負債在高の計算尺度は，その運動にしたがって分類されなければならない（R_3）。

$R_{4,3}$　在高の差額としての期間損益

期間損益

＝資産におけるすべての期末在高の計算尺度の合計（収入余剰）

－負債におけるすべての期末在高の計算尺度の合計（支出余剰）

T　定　　理：

$T_{2,5}$　期間損益

在高の差額としての期間損益（$R_{4,3}$）は，運動（$R_{4,2}$）の差額としての期間損益に等しい[8]。

これらが資産および負債を伴う在高計算の公理システムであり，上記の定理 $T_{2,5}$ は，図表 8-2 のような在高貸借対照表を導出する（Kosiol［1976］S. 854）。

図表 8-2　在高貸借対照表

資産（収入余剰）	負債（支出余剰）
1.　現金在高（現金）： 　　現金収入の余剰	
2.　名目（貨幣）債権の在高： 　　前収入の余剰	4.　名目（貨幣）債務の在高： 　　前支出の余剰
3.　（実質債権を含む）実質財の在高： 　　戻し収入の余剰	5.　実質債務の在高： 　　戻し支出の余剰

残高＝期間損益

8　追加した定義および計算規則は，すでに定義した収支によって展開される。在高の 5 タイプにおける最少分類は，5 勘定タイプの対応する区分にしたがう。公理 $A_{4,1}{}^*$ における在高の導入は，純粋に定義的な事柄であり，事実を変更しない。定理 $T_{2,1}$ および $T_{2,5}$ は，定義 $D_{4,2}$ とともに（運動および在高による）両計算結果の一致を明らかにする（Kosiol［1976］S. 854）。

3 運動と在高を伴う変動計算

変動計算は運動計算ならびに在高計算を補完する。というのは，変動計算は運動差額および在高差額として理解することができるからである。運動と在高を伴う変動計算の公理システム，すなわち定義，計算規則および定理は，以下のとおりである（Kosiol［1976］S.855-856）。

D 定　　義：

D_6　変動

5つの個別規則 R_5 における収入と支出の正の差額もしくは負の差額は，運動による変動（運動差額）とよばれる。それは収入余剰もしくは支出余剰である。同じ規則における期末在高と期首在高の正の差額もしくは負の差額は，在高の変動（在高差額）とよばれる。それは同様に収入余剰もしくは支出余剰である。

D_7　自己資本

　　すべての負債在高の計算尺度の合計（支出余剰）

　　－名目債務ならびに実質債務の部分としての債務（支出余剰）

　　＝名目債務の部分としての自己資本（支出余剰）

その場合，負債在高における前支出としての期間利益および償還収入としての期間損失を考慮しなければならない。すべての負債在高の合計の代わりに，すべての資産在高（収入余剰）の同じ額の合計も記載することができる。

R 計算規則：

R_6　変動の差額としての期間損益

変動の差額としての期間損益は，次のいずれかとして決定される。

$R_{6,1}$　　収入余剰である，すべての期間運動差額の合計

　　　　－支出余剰である，すべての期間運動差額の合計

または

$R_{6,2}$　　収入余剰である，すべての期間在高差額の合計

　　　　－支出余剰である，すべての期間在高差額の合計

第 8 章　収入支出観の公理化　247

T　定　　理：

T$_5$　変動の同一性

対象のすべてのクラスおよび下位クラスに対して，在高差額はそれに付随する運動差額（D$_6$）に等しい。

T$_6$　期間損益

T$_{6,1}$　運動差額の差額（R$_{6,1}$）としての期間損益は，在高差額の差額（R$_{6,2}$）としての期間損益に等しく，運動の差額（R$_{4,2}$）としての期間損益に等しい。

T$_{6,2}$　在高（負債）としての期間損益を把握する場合，つまり，前支出（名目債務）としての利益および（当該名目債務から控除すべき）償還収入としての損失を把握する場合，次のような等式が得られる。

（1）　すべての資産在高と負債在高の差額はゼロに等しい（資産は負債に等しい）。

（2）　期間損益は期首と期末における自己資本の差額に等しい[9]。

これらが運動と在高を伴う変動計算の公理システムであり，上記の計算規則 R$_6$ は図表 8-3 のような変動貸借対照表を導出する（Kosiol［1976］S.856）。

図表 8-3　変動貸借対照表

収入余剰	支出余剰
当該期間の現金収入の余剰 ＝現金在高の増加	当該期間の現金支出の余剰 ＝現金在高の減少
当該期間の前収入の余剰 ＝名目債権の在高の増加	当該期間の償還支出の余剰 ＝名目債権の在高の減少
当該期間の償還収入の余剰 ＝名目債務の在高の減少	当該期間の前支出の余剰 ＝名目債務の在高の増加
当該期間の戻し収入の余剰 ＝実質財の在高の増加	当該期間の後支出の余剰 ＝実質財の在高の減少
当該期間の後収入の余剰 ＝実質債務の在高の減少	当該期間の戻し支出の余剰 ＝実質債務の在高の増加

残高＝期間損益

9　変動貸借対照表は，対応する差額形成によって，運動貸借対照表からも在高貸借対照表からも導出することができる。定理 T$_5$ は，両種の相違を同時に証明するある唯一の変動貸借対照表があることを示している。定理 T$_{6,1}$ は，規則 R$_{6,1}$ および R$_{6,2}$ が規則 R$_{4,2}$ と一致し↗

運動計算，在高計算および変動計算3つすべての形式は，共同して，単式損益計算の完全な公理システムを形成する（複式簿記の下位システム）。

4　収益費用計算

収支のみからなる下位システムは，これまでのすべての一面的記帳に対する反対記帳によって補完される。それが収益費用計算であり，複式損益計算である。その公理システム，すなわち定義，計算規則および定理は，以下のとおりである（Kosiol [1976] S.857-859）。

D　定　　義：

D_8　費用および収益（損益の構成要素）

費用（収益）は，損益に影響を及ぼす，すべてのクラスおよび下位クラスにおける対象の期間運動を直接反映する，貨幣単位における運動である。それらの計算尺度は，一面的収支運動（$D_{3,4}$）の対価（反対記帳）として把握され，費用支出（収益収入）と一致する。費用（収益）の減少は，収益収入（費用支出）として扱われる。

R　計算規則：

R_7　費用および収益の把握

対象（資産および負債）のすべての損益作用的運動は，規則 R_1 によるほかに，それらの計算尺度によって2回把握され，記帳される。

R_8　費用および収益の分類

把握された（記帳された）費用および収益は，下位クラスにおいて，規則 R_2 および R_3 による分類とは独立に分類され区分される。勘定に表す場合，費用（収益）は左（右）側で把握される（記帳される）。

＼て同じ期間損益を生み出すという事実を含んでいる。それゆえ，すべての貸借対照表形式は同じ結果をもたらすことが示される。定理 $T_{6,2}$ は，(1) 周知の貸借対照表等式を示し，(2) 期間損益を D_7 による自己資本比較によって決定するさらなる可能性を示す（Kosiol [1976] S.857）。

R_9　収益と費用の差額としての期間損益

　　期間損益＝すべての期間収益の合計−すべての期間費用の合計

T　定　　　理：

　T_7　期間損益

　収益と費用の差額としての期間損益（R_9）は，運動の差額としての期間損益（$R_{4,2}$）に等しい。それは，規則 R_2 および R_3 に比して反対側で対価として現れる。勘定に表す場合，それは残高として左側（利益）もしくは右側（損失）で現れる。損益計算書において，それは $T_{6,2}$ における反対側での負債在高に相当する。

　T_8　収益収入および費用支出

　単式損益計算において，損益作用的反対記帳を利用することなしに，損益構成要素を決定することが可能である。

　　$T_{8,1}$　　すべての期間収入（運動貸借対照表で表されている）

　　　　−すべての二面的（損益非作用的）収入

　　　　＝期間収益収入（＝収益）

　　$T_{8,2}$　　すべての期間支出（運動貸借対照表で表されている）

　　　　−すべての二面的（損益非作用的）支出

　　　　＝期間費用支出（＝費用）

　T_9　損益勘定の構造

　勘定に表す場合，勘定システムは2つの系列の損益勘定（下位勘定システム），つまり費用勘定および収益勘定（R_7 および R_8）からなる。

　T_{10}　記録（記帳）の同調

　すべての収入および費用の合計は，すべての支出および収益の合計に等しい。勘定に表す場合，すべての借方（左側）記帳の合計は，すべての貸方（右側）記帳の合計に等しい。

　T_{11}　収支の財的（物的）解釈

　貨幣単位における損益計算のすべての数値は，貨幣における写像であり，形式的には，運動，在高および変動による収支のみからなる。費用および収益も，まず第1に費用支出および収益収入を反映する。

これらの数値を，財それ自体（移動し蓄積される財）の運動および在高として解釈することも可能であるし，さらに，自由に利用できる財（資産）および債務を負っている財（債務，負債）の運動および在高として解釈することも可能である。この解釈は次のような対置に導く。

収支カテゴリー	財カテゴリー
（1）　現金収入	貨幣の受入れ
現金支出	貨幣の払出し
（2）　前収入	名目債権の受入れ
償還支出	名目債権の払出し
（3）　戻し収入	実質財の受入れ
後支出	実質財の払出し
（4）　前支出	名目債務の受入れ
償還収入	名目債務の払出し
（5）　戻し支出	実質債務の受入れ
後収入	実質債務の払出し
（6）　収益（収益収入の対価）	販売財の発生と払出し
費用（費用支出の対価）	使用財の受入れと費消

　貨幣および（貨幣での）名目債権は資産側の名目財である。資産側の実質財は本来の実質財であり，（実質財での）実質債権である。名目債務および実質債務は負債である。自己資本は名目債務の下位クラスである。

　T_{12}　名目資本維持
　収支的損益（D_4）の概念は，名目資本維持の観念に対応する。それは，収支的利益（損失）が名目資本の増加（減少）に一致することを意味している。損益ゼロは，名目資本維持のゼロ点に一致する（増加と減少はゼロに等しい）。収益（費用）は，名目資本の流入（流出）を意味する。したがって，資本変動としての損益は，ゼロ点が任意の，尺度法による区間スカラもしくは間隔スカラによって測定される[10]。

　これらが収益費用計算の公理システムであり，上記の計算規則 R_9 は，図表

8-4のような損益計算書を導出する（Kosiol [1976] S.860）。

図表 8-4　損益計算書（残高計算なし）

費用支出に対する反対記帳	収益収入に対する反対記帳
1. 費　　用	1. 収　　益
2. 収益の減少	2. 費用の減少
3. 暫定的費用	3. 暫定的収益
4. 暫定的収益の減少	4. 暫定的費用の減少

残高＝期間損益

　定理 T_{11} は，全体システムに対する収支の形式理論の物的財解釈を示している。費用および収益の反対記帳は，貸借対照表の収支特性から独立して，損益計算においてもっぱら財的観点による両損益構成要素の各々の望ましい分類を可能にする。

　さらに，在高貸借対照表の物的解釈は，図表 8-5 のように生じる（Kosiol [1976] S.861）。

10　ここでも，$R_{4,3}$ による在高的損益計算の場合のように，R_9 による費用計算および収益計算が損益の定義 $D_{4,2}$ に還元できる，ということが妥当する。というのは，それは収支事象に基づいているからである。つまり，固有の定義は必要ではない。それは確かに独立的な損益計算であるけれども，基本システムに依存する第4の形式の損益計算である。

　定理 T_7 は，収益と費用の差額としての期間損益が収支から導出される期間損益と一致することを示すものである。それによって，両者の下位システムを統一的で完結した計算システムとして包括する，複式損益計算の完全な全体システム（および複式簿記）が確立される。定理 T_8 は，なお単式損益計算のシステムに属し，複式の反対記帳もしくは利益および損失計算が必須であるということなしに，収益収入および費用支出による収益および費用を，運動計算および貸借対照表自体からだけで導出することが可能である，ということを示すものである。

　定理 T_4 および T_9 は，（2×2の）勘定系列，つまり2つの主要系列とそれぞれ2つの下位系列に基づく収支の勘定理論を示す。定理 T_{10} は，記録（記帳）の周知の調整等式を含んでいる。定理 T_{11} は，全体システムに対する収支の形式理論の物的財解釈を示している。名目資本維持はシステムの公理ではなく，定理 T_{12} により定義および計算規則から演繹されるものである。物的解釈も全体システムに包含され，それゆえ導出可能である。それは収支における形式的写像を再び取り上げており，写像される対象にさかのぼる（Kosiol [1976] S.860-861）。

図表 8-5　在高貸借対照表

資産	負債
1. 現金（および預金）	
2. 名目債権	2. 名目債務
3. 実質債権を含む実質財	3. 実質債務

残高＝期間損益

　以上により，収入支出観における公理システムの全体的内容が明らかになる。コジオールは公理的構造の全体的結果として次のものを得るとする（Kosiol [1976] S.861-862）。

　（組織的単式簿記の）単式損益計算の基本システムは，すでに，収入および支出による運動計算の形式で収支的損益計算の計算理論のすべての構成要素を含んでいる。運動貸借対照表は貸借対照表の原型である。

　資産および負債による在高計算の形式における損益計算は，基本的に追加の定義と計算規則を必要とする原初的運動計算のさらなる展開である。その場合，在高は収支余剰を表す。

　変動計算の形式における損益計算は，最初の両形式の変形として示される。すなわち，それはそれらから単式の差額形成によって導出される。それは特に変動貸借対照表に対して妥当する。

　費用および収益計算の形式における損益計算は，反対記帳の原則によって補完システムを提供し，それゆえ，基本システムと補完システムは共同で複式損益計算（複式簿記）の全体システムを生み出す。3つの貸借対照表形式を伴う4形式の損益計算が認められる。

　損益計算の収支的理論は，すべての収支運動の物的（財的）解釈を認める。ここから特に，資産（自由に使用できる財）と負債（債務を負っている財）の対置としての在高貸借対照表の解釈が生じる。物的な貸借対照表理解は，収支的理論に意味論的に内在している。

Ⅳ　収入支出観の公理システムの特質

　これまで，公理システムを一般的に説明し，さらに，コジオールによって展開された収入支出観の公理システムを各計算段階に応じて詳述してきた。これによって，この段階における収入支出観の公理システムの全体像が明らかになったこと思われる。そこで本節では，このような内容をもつ収入支出観における公理システムの特質を解明してみたい。

　これを行うためには，コジオールの展開した公理システムと他の論者のそれとを比較する必要がある。コジオールの公理システムとの関係で対比すべきは，シュヴァイツァー（Schweitzer）の公理システムと井尻の公理体系である。シュヴァイツァーはコジオールの後継者とみられ，コジオールの収入支出観による会計理論を公理化しているからであり，井尻はその基本部分である取得原価会計の公理を提唱しているからである。まず，彼らの公理体系を紹介することとする。

1　シュヴァイツァーの公理システム

　シュヴァイツァーの公理システムは，次の３つのものから構成され，これらが会計計算の主要構成要素とよばれる（Schweitzer [1972] S.65）。
- （1）　定　義
- （2）　公　理
- （3）　演繹規則（計算規則）

　これに基づいて，シュヴァイツァーは収入支出観の公理システムを構築するが，その場合，コジオールと同様に，組織的単式簿記の公理システムと複式簿記の公理システムに分けて展開する。

(1)　組織的単式簿記の公理システム

　シュヴァイツァーによる組織的単式簿記の公理システムは，以下のとおりである（Schweitzer [1972] S.67-72）。

D 定　　義：

D$_1$　対象クラスの財尺度として，クラスに帰属する対象（その部分クラスを含む）について数えることのできる加法性をもつ非負の数量関数が決定される。空クラスに関して，関数はゼロの値をとり，同一クラスの2つの対象数量は，その財尺度の値が同じ大きさである場合，等値である。

D$_2$　計算尺度は，その価値が有限であるクラスの財尺度である。特定の対象クラスについてその財尺度によって計算尺度が説明される場合，このクラスは基本クラスとよばれる。貨幣計算の場合，貨幣が基本クラスであり，基本クラスでは財尺度と計算尺度は同一である。

D$_3$　収支は，基本クラスの尺度単位における運動である。運動の方向によって支出と収入に区別され，計算の性格によって現金収支と計算収支が区別され，損益作用性によって，損益作用的収支と損益中性的（損益非作用的）収支が区別される。運動の方向，計算の性格および損益作用性が，出現するすべての収支クラスを決定する。

D$_{31}$　現金収入（現金支出）は，時間的に財運動の前に，財運動に伴ってもしくは財運動の後に直接生じるような基本クラスの尺度単位における運動である。現金収入と現金支出は現金収支とよばれる。

D$_{32}$　前収入（前支出）は，すべての時間的に特定の財運動の後に期待される現金収入（現金支出）を特定の計算時点に先取りするような基本クラスの尺度単位における運動である。前収入と前支出は前収支とよばれる。

D$_{33}$　償還収入（償還支出）は，前支出（前収入）を決済する場合に前支出（前収入）の在高の減少を損益中性的に把握するような基本クラスの尺度単位における運動である。償還収入と償還支出は償還収支とよばれる。

D$_{34}$　戻し収入（戻し支出）は，そのすべてが時間的に特定の財運動の前に生じており，以前の収入（支出）の在高を一時的に特定の計算時点で相殺計算するような基本クラスの尺度単位における運動である。戻し収入と戻し支出は戻し収支とよばれる。

D$_{35}$　後収入（後支出）は，戻し支出（戻し収入）の損益作用的な減少を期間適合的に把握するような基本クラスの尺度単位における運動である。後収入

と後支出は後収支とよばれる。前収支，償還収支，戻し収支および後収支は計算収支とよばれる。

D_{36}　収益収入（費用支出）は，すべてのクラスの損益作用的な財の受入れ（財の払出し）を期間適合的に把握するような基本クラスの尺度単位における運動である。収益収入と費用支出は損益作用的収支とよばれる。

D_4　期間余剰は，すべての期間収益収入の合計とすべての期間費用支出の合計との差額である。プラス（マイナス）の余剰（不足）は，利益（損失）とよぶことができる。

A　公　　理：

A_1　数量公理

企業計算のすべての対象（計算対象）に対して，次のことが妥当する。これらの対象は，数えることのできる数において測定可能なクラスおよび部分クラスに細分しうる財（利用可能な財：資産）もしくは債務（債務財：負債）の数量である。財および債務は，各クラスないし部分クラスに対してすべての時点 t に一意的に1度直接その財尺度単位により，そしてもう1度すべてのクラスを超えて間接的に選択された計算尺度単位によって測定（写像）することができる。

A_2　運動公理

企業のすべての財および債務に対して，次のことが妥当する。これらの運動の検証可能性に関連して，次の2つの部分クラスがある。第1の部分クラスにおいて，各受入れもしくは払出しに際して一意的に受入れもしくは払出しを生ぜしめる運動が検証される。出現するすべての運動は，検証可能であり，数えることができ，そして完全かつ一意的にその遂行時点にしたがって配列することができる。第2の部分クラスにおいて，運動の検証可能性は確認によってもたらされなければならない。

A_{21}　すべてのクラスの利用財に対して，次のことが妥当する。利用財およびその計算尺度の期間的な潜在力の減少は，事後計算可能な配分方法によって決定される（減価償却）。

A_{22}　すべてのクラスの市場給付に対して，次のことが妥当する。市場給付

は，それが市場に現れるときに実現される。市場給付の計算尺度も，この時点で実現される（実現原則）。

A$_3$　写像公理（交換公理）

すべての財および債務に対して，次のことが妥当する。受入れ（払出し）が非基本クラスにおいて行われる場合，それには計算尺度として，交換において出て行く（受け取る）基本クラスのすべての計算単位の合計が割り当てられる。基本クラスのすべての受入れ（払出し）については，計算尺度として，交換において出て行く（受け取る）その財尺度のすべての単位の合計が割り当てられる。ここでは，財尺度と計算尺度は同一である。

財および債務を貨幣において写像することに対する基本原則は，少なくとも非基本クラスもしくは基本クラスにおけるある運動が生じたということである。

A$_{31}$　すべてのクラスの在庫品に対して，次のことが妥当する。これらの財の価格が一定である場合，財の払出しに際して，このクラスの計算尺度は残余在高と払出高とにその財尺度に比例して配分される。これらの財の価格が変動する場合，異なった価格があるのと同じほど多くの部分クラスが歴代順に形成される。この場合，財の払出しに際して，そのつど時間的に最近のクラスの計算尺度がこのクラスの残余在高と払出高とにその財尺度に比例して配分される（後入先出法原則）。

A$_{32}$　帰属する交換なしに基本クラスの受入れ（払出し）が行われる場合，収益形成（費用形成）が生じる。帰属する交換なしに非基本クラスの受入れ（払出し）が行われる場合，計算尺度はゼロであるかもしくは確認によって決定されなければならない（例えば贈与財）。

A$_4$　計算目的公理

計算目的は，財および債務の期間的運動の合計について基本クラスの尺度単位における期間的余剰（不足）を決定することである。

R　計算規則：

R$_1$　すべての財クラスに対して，次のことが妥当する。期首在高と受入れ高の計算尺度は勘定の左側において把握され，それに対して払出し高と期末在高

は右側において把握される。

R_2　すべての債務クラスに対して，次のことが妥当する。期首在高と受入れ高の計算尺度は勘定の右側において把握され，それに対して払出し高と期末在高は左側において把握される。

R_3　すべての財および債務に対して，次のことが妥当する。損益中性的な財運動において，その計算尺度は2度，そして損益作用的な財運動においては，1度だけ把握される。

R_4　すべての財および債務に対して，次のことが妥当する。各クラスの期末在高は，次の等式に従って決定される。

　　　　期首在高＋受入れ高－払出し高＝期末在高

R_5　すべての財および債務に対して，次のことが妥当する。各計算期間に対して，基本クラスの尺度単位における余剰もしくは不足（損益）は，次の等式によって決定される。

　　　　すべての期間収入の合計－すべての期間支出の合計

　　＝基本クラスの計算尺度における期間余剰（不足）

　計算システムの目的は，期間的に実現された企業過程の収益性の尺度表現として選択された基本クラスの尺度単位における余剰もしくは不足を決定することである。

　以上が組織的単式簿記の公理システムであるが，このようにして形成された収支概念の下位概念は，一対として並べると，5つの勘定タイプに帰属されることになり，その勘定形式はコジオールのそれと同様になる。そして，それに基づいて，これも同様に，運動貸借対照表，在高貸借対照表および変動貸借対照表が作成されることになる。

(2)　複式簿記の公理システム

　以上の組織的単式簿記を補完し，損益計算書に導く複式簿記の公理システムを，シュヴァイツァーは以下のように示している（Schweitzer [1972] S.76-77）。

　彼によれば，単式計算から複式計算に移行する場合，これまでの公理システムに簡単な変更と若干の補完を行うことが必要である。拡張された公理システムに対して，次のものが変更されずに保持される。

(1) 定義 D_1, D_2, D_3

(2) 公理 A_1, A_2, A_3, A_4

(3) 計算規則 R_1, R_2, R_4

定義 D_4 と計算規則 R_3 および R_5 は変更されているが，これらの変更は単に言明体系の構文論的レベルに関係しているだけである。

R'_3　すべての財および債務に対して，次のことが妥当する。すべての財運動の計算尺度は，その運動の損益作用性を考慮することなく2度把握される。

R'_5　すべての財および債務に対して，次のことが妥当する。各計算期間に対して，基本クラスの尺度単位における余剰もしくは不足（損益）は，次のように決定される。

　　すべての期間収益の合計 – すべての期間費用の合計

　　＝基本クラスの計算尺度における期間余剰（不足）

損益作用的収入（収益収入）と損益作用的支出（費用支出）を2重に把握するために，費用および収益概念の定義ならびに期間余剰概念を新たに決定することが必要となる。

D_5　収益（費用）は，すべてのクラスの損益作用的な財の受入れ（財の払出し）を一方的な収支運動に対する対価として期間適合的に把握するような基本クラスの尺度単位における運動である。その額において，収益（費用）は常に収益収入（費用支出）と一致する。

D'_4　期間余剰は，すべての期間収益の合計とすべての期間費用の合計との差額である。プラス（マイナス）の余剰（不足）は，利益（損失）とよぶことができる。

2　井尻の公理体系

会計公理を明確にしたもう一人の強力な論者は，井尻である。彼は取得原価会計の提唱者であり，取得原価会計を厳密に論理的な関係において説明するために，その会計公理を提唱する。

井尻理論の特徴の1つは，会計測定の基礎概念から会計公理を体系的に導き出していることである。彼によれば，会計測定を行うに際して3つの基礎的な

概念があり，これらの概念に基づいて，3つの基礎的な判断能力が要求されることになる。それらの概念と判断能力は次のとおりである（井尻［1976］104-105頁）。

支配：現時点を t とするとき，すべての $\tau \leq t$ について，財産 R_τ を認識する能力

数量：すべての $\tau \leq t$ について，R_τ に含まれる財を分類し，当該クラスに定義された（無差別性，加法性，非負性をもつ）数量測度に基づいてそのクラスの財を測定する能力

交換：$\tau \leq t$ における R_τ のすべての変化を，増分と減分とからなる交換の集合に類別する能力

これらは次のことを意味している。すなわち，会計測定の過程を実行するには，まず，いかなる財がその主体によって支配されているかを認識できなければならない。その主体によって支配されている財のみが会計測定の対象となり，支配されていない財は測定の対象とはならないからである。次に，財を分類し，各クラスに数量測度を定義して，同じクラスに属し同じ数量をもつ財については互いに無差別であるようにする能力が必要である。そして，この能力によって各クラスの財の数量測定が可能になるのである。

しかし，これだけでは会計測定にはならない。というのは，各クラスの財の数量が決定されたとしても，各数量の単位が異なるがゆえに，各クラスの財を比較することができず，したがって，会計測定の目的である業績測定ができないからである。換言すれば，数量の概念だけでは財の価額を決定することができず，業績測定が行えないのである。そして，これを可能にするものが交換の概念にほかならない。

この概念では，どの財が別のどの財と交換されたかを認識できなければならないのであるが，これによって，財の間の数量的な関係が明らかになる。その場合さらに，多様な財のクラスのなかで，すべての財を測定するための共通尺度としての「貨幣」のクラスを設定し，この貨幣とどの財が交換されたかを認識することによって，異質の財を価額という統一的な測定値にすることが可能となる。そして，これによって業績測定ができることになるのである。

以上のことを，井尻は次のようにまとめている。支配を認識する能力によっ

て，主体が支配している財産を識別し，それを要素ごとに記述することが可能になる。財を分類し，各クラスの財を数量測度によって測定する能力によって，財産を数量のベクトルで表現することができる。そして最後に，どの財とどの財が交換されたかを認識する能力によって，数量のベクトルを，業績測定のために利用しうる単一次元の測定値へ統合することが可能になる（井尻［1976］105頁）。

そこで次に問題となるのは，このような会計測定の基礎概念と取得原価とはどのように関係づけられるのかということである。これに関して，井尻は支配，数量および交換の概念に基づいた取得原価会計の公理を次のように3つあげている（井尻［1976］110-111頁）。

支配公理：時点 t に主体の支配下にあるすべての財の集合は，その時点およびそれ以後において，一意的に識別することができる。

数量公理：時点 t に主体の支配下にあるすべての財は，その時点またはそれ以後において，財のクラス別に一意的に分割し，各クラスに数量測度を規定することができる。その数量測度は非負で加法性をもち，かつ同じクラスに属する財の間では，その数量が等しいとき，そしてそのときに限って，その使用上代替可能であるという性質をもっている。

交換公理：主体の支配下にある財の集合における変化は，それが発生する都度，古い単純交換の終結財か，予測される終結財をもった新しい単純交換の先行財かのいずれかに一意的に分類することができる。

3 コジオールの公理システムの特質

これらの公理システムとコジオールのそれとを比較してみると，コジオールの公理システムには次のような特質があることが明らかとなる。

(1) 詳細な公理システムと全体損益計算
(2) 運動公理の重要性
(3) 収支概念の拡張可能性

これらを順に論じ，最後に，この拡張可能性に基づいてコジオール自身が示した上記以外の公理システムを明示することとする。

(1) 詳細な公理システムと全体損益計算

コジオールの公理システムとシュヴァイツァーの公理システムを比較する
と，コジオールのそれは非常に詳細であることが一目瞭然である。両者を比較
したものが，図表8-6である。ここでは，コジオールの公理システムに対して
シュヴァイツァーがどれを規定しているかを示している（それはＳ欄で示さ
れている）。

これによって明らかなように，コジオールの公理システムはシュヴァイツア
ーの公理システムに比して非常に詳細であるが，その原因の１つは，コジオー
ルは定義，公理および計算規則から定理を導出しているということである。図
表8-6をさらによくみてみると，コジオールの公理システムは損益計算に関し
て全体損益から出発しているのに対して，シュヴァイツァーの公理システムは
期間損益から出発していることに気づく。

コジオールが会計理論構築の出発点を全体損益におくのは，シュマーレンバ
ッハの会計思想を受け継いでいるからにほかならない。第２章で述べたよう
に，シュマーレンバッハは全体利益計算から考察を始め，全体利益計算の部分
としての期間利益計算を考え，期間利益の合計＝全体利益という一致の原則
（Grundsatz der Kongruenz）を導き出す。そして，この全体利益は純粋に収入支
出計算によって導き出されるとともに，一致の原則の前提が継続性の原則
（Grundsatz der Kontinuität）ということになる。さらに，ここで重要なことは，
全体利益は収入支出計算によって導き出されるので，その部分計算としての期
間利益計算は収入支出計算を基礎としているということである。

コジオールはこのシュマーレンバッハの会計思想を受け継いでおり，その公
理システムは詳細であるとともに，収入支出計算に基づく全体損益計算から出
発するというのが彼の公理システムの大きな特徴である。そして，これは収入
支出観の基本的原理であるということができる。

(2) 運動公理の重要性

コジオールの公理システムと井尻の公理体系を比較する場合，コジオールは
運動公理を重視していることは明らかである。上述したように，コジオールの
公理は数量公理，運動公理，写像公理，評価公理，実現公理および計算目的公

図表 8-6　コジオールとシュヴァイツアーの公理システムの比較

D　定義	S		S		S
D_1　数量尺度	D_1	D_2　価値尺度	D_2	D_3　収支	D_3
$D_{3,1}$　現金収支	D_{31}	$D_{3,11}$　損益作用的現金収支		$D_{3,12}$　相関的現金収支	
$D_{3,13}$　決済収支		$D_{3,2}$　計算収支	D_{35}	$D_{3,21}$　前収支	D_{32}
$D_{3,22}$　償還収支	D_{33}	$D_{3,23}$　戻し収支	D_{34}	$D_{3,24}$　後収支	D_{35}
$D_{3,3}$　留保収入と在庫支出		$D_{3,4}$　損益作用的収支	D_{36}	D_4　損益	
$D_{4,1}$　全体損益		$D_{4,2}$　期間損益	D_4	D_5　在高	
$D_{5,1}$　現金在高		$D_{5,2}$　債権在高		$D_{5,3}$　債務在高	
$D_{5,4}$　在庫在高		$D_{5,5}$　留保在高		D_6　変動	
D_7　自己資本		D_8　費用および収益	D_5		
A　公理	S		S		S
A_1　数量公理	A_1	A_2　運動公理	A_2	A_3　写像公理	A_3
A_4　評価公理	A_{32}	$A_{4,1}$　短期的費消	A_{31}	$A_{4,2}$　長期的費消	A_{21}
A_5　実現公理	A_{22}	A_6　計算目的公理	A_4	$A_{4,1}{}^{*}$　$A_{4,1}$の定義的補足	
R　計算規則					
R_1　運動の把握	R_3	R_2　資産の運動の分類	R_1	R_3　負債の運動の分類	R_2
R_4　運動の差額としての損益		$R_{4,1}$　全体損益		$R_{4,2}$　期間損益	R_5
R_5　在高に対する一般規則	R_4	$R_{5,1}$　現金		$R_{5,2}$　債権	
$R_{5,3}$　債務		$R_{5,4}$　在庫		$R_{5,5}$　留保	
$R_{1,1}$　在庫の把握		$R_{2,1}$　資産在高の分類		$R_{3,1}$　負債在高の分類	
$R_{4,3}$　在高差額の期間損益		R_6　変動差額の期間損益		$R_{6,1}$　運動差額の期間損益	
$R_{6,2}$　在高差額の期間損益		R_7　費用および収益の把握	R'_3	R_8　費用および収益の分類	
R_9　費用収益差額の期間損益	R'_5				
T　定理	S		S		S
T_1　全体損益		T_2　期間損益		T_3　一致	
T_4　収支勘定の構造		$T_{2,5}$　期間損益		T_5　変動の同一性	
T_6　期間損益		T_7　期間損益		T_8　収益収入と費用支出	
T_9　損益勘定の構造		T_{10}　記録の同調		T_{11}　収支の財的解釈	
T_{12}　名目資本維持					

理から構成されている。これに対して，井尻の公理は支配公理，数量公理および交換公理から構成されている。

これら両者を比較してみると，井尻の支配公理はコジオールにはないが，これは会計の前提であるので，コジオールはこれをあえて公理に加える必要がなかったと解することができる。というのは，これは，いかなる財がその主体によって支配されているかを認識する公理であり，その主体によって支配されている財のみが会計測定の対象となり，支配されていない財は測定の対象とはならないという公理であるからである。これは会計において自明の事柄である。

コジオールの計算目的公理は井尻にはないが，井尻は暗黙のうちにこの公理を会計測定の前提としており，これをあえて明示する必要がなかったと解することができる。というのは，井尻は会計測定において会計責任に基礎をおく業績評価を非常に重視しており，この業績測定は損益計算にほかならないからである。井尻にとって，これは当然のことであるのである。

数量公理はコジオールと井尻で共通であるので，両者の相違は井尻の交換公理とコジオールの他の公理であるということになる。しかし，井尻の交換公理を注意深くみると，この交換公理はコジオールの写像公理，評価公理および実現公理を包含したものであると解することができる。

コジオールのこれらの公理を再掲すると，次のようである。

A₃ 写像公理

基本クラスたる貨幣の対象の運動（現金収支）は，それ自体直接的に把握され，貨幣に写像される。将来の貨幣における予測的運動（前収入および前支出ならびにそれに付随する償還収支）も直接的に貨幣単位で現れ，それゆえ同様に直接的に写像される。したがって，現在および将来の貨幣における運動を伴う対象およびクラスは，貨幣的（名目的）対象およびクラスとよばれる。他のすべての非貨幣的（実質的）クラスの対象の運動は，置き換えられなければならず，それゆえ間接的に貨幣に写像される。それらは，それらとは並行して逆の方向に進行する，貨幣クラスの対象の対応する交換運動によって把握される。貨幣クラスにおけるこれらの運動は，非貨幣クラスにおける運動の写像に役立つ。このようにして，結局全部の運動は，直接的または間接的に，貨幣単位で表される（収支的写像）。

A₄ 評価公理

受け入れた（払い出した）貨幣対象，つまり現金収入，前収入および前支出（現金支出，償還支出および償還収入）は，直接的に貨幣単位で評価される。受け入れた（払い出した）非貨幣対象は，間接的に貨幣単位で評価され，そこでは交換で払い出した（受け入れた）貨幣単位の合計がそれらに計算尺度として割り当てられる。貨幣クラスで受け入れた（払い出した）貨幣単位は，他の対象の付随的交換運動なしに，収益収入（費用支出）として損益に影響を及ぼす。逆に，非貨幣クラスにおける運動がある貨幣クラスにおける交換運動を伴わない場合，計算尺度は（1）ゼロか，もしくは（2）適当な方法で収支的に仮定することができる。

A₅ 実現公理

収益は，生産過程の払出し財が市場で販売され，受け入れた交換財が貨幣財のクラスに属するとき，つまり現在の貨幣（現金収入）もしくは将来の貨幣（前収入）を収益収入として表すとき，そしてそのときに限り，実現される。同時に，当該使用財（受入れ財）に対して払い出した交換財は，費用支出を実現させる。収益の実現および費用の実現は，ともに損益の実現を意味する。販売の時点まで，その使用財の計算尺度は集積され，蓄えられ，まだ実現していない在庫支出（戻し収入）である。一般に当該未実現の収益収入を保有しているならば，費用支出はそれらの発生時点で実現したものとみなされる。

これらの公理に共通する概念は「交換」であり，したがって，これらの公理は井尻の交換公理に内在されているということができる。そうすると，残るのはコジオールの運動公理であり，これを明示し，重要視するところにコジオールの公理システムの特質があるのである。

この運動公理にかかわる定義，公理および計算規則は次のとおりである。

D₃ 収支

収支は貨幣単位における運動である。収支の下位クラスは，（1）運動方向によって収入および支出に，（2）計算の性格によって現金収支および計算収支に，そして（3）損益の影響によって損益作用的収支および損益非作用的（損益中性的）収支に区別される。収支は時間的に全体期間および特定の部分期間に適用される。

運動方向，計算の性格および損益の影響はすべての出現するクラスの収支を規定する。

A_2　運動公理

確認可能で数えることができ，一意的で完全に，それらの発生時点によって分類される資産および負債の運動がある。受け入れた（払い出した）資産および負債は，手許にある対象の数量を増加させる（減少させる）。

R_4　運動の差額としての損益

$R_{4,1}$　全体損益＝全体収入の合計－全体支出の合計

$R_{4,2}$　期間損益＝すべての期間収入の合計－すべての期間支出の合計

そして，これらの定義と公理を適用した計算規則 $R_{4,2}$ より，収支的運動貸借対照表が導き出され，この収支的運動貸借対照表が，コジオールの収入支出観による会計理論において，貸借対照表の原型となり，最も重要な貸借対照表となる。この運動貸借対照表の導出源は運動公理であり，運動公理が彼の公理システムにおいて最も重要な公理となるのである。

(3)　収支概念の拡張可能性

シュヴァイツァーの公理システムと井尻の公理体系は取得原価会計を論拠としたものである。すなわち，シュヴァイツァーの数量公理，運動公理，写像公理（交換公理）および計算目的公理は取得原価会計を主張するものであり，井尻の支配公理，数量公理および交換公理も取得原価会計を提唱するものである。

計算目的公理はシュヴァイツァーが掲げた会計公理であり，井尻はこれについて言及していないが，上述したように，井尻においても暗黙のうちのこの公理が前提とされていると推察できる。シュヴァイツァーの計算目的公理（A_4）は，「計算目的は，財および債務の期間的運動の合計について基本クラスの尺度単位における期間的余剰（不足）を決定することである」というものであり，具体的には，取得原価会計において期間的に実現した損益計算を目的とするものである。

しかし，その背後には，計算目的として井尻の主張する会計責任の遂行がある。会計責任は業績測定・損益測定を重視し，取得原価によって保証されるか

らである。したがって，取得原価会計における計算目的公理は，実現した期間損益計算を通じて，会計責任を遂行することであるということができる。そして，ここに計算目的公理の取得原価会計に対する本質がある。

次に，写像公理と交換公理を取得原価会計との関係で検討する。写像公理はシュヴァイツァーによって提唱され，交換公理は井尻によって提唱されたが，これらは内容的に同一のものである。そして，写像公理および交換公理は，次のような理由で取得原価会計に対する本質であるということができる。

すなわち，写像公理（交換公理）は，実現した収支によるものとして，実現した財運動についての他のすべての写像可能性を排除する。写像されるべき財および債務における基本クラスの財の帰属する空間は，写像公理により規定される唯一の場合に限定される。この限定される評価基準が取得原価である。すなわち，写像公理によって取得原価会計を行う場合，会計数値は一意的に決定され，測定の硬度性が保証されるのである。

そして，写像公理（交換公理）により評価基準が取得原価に限定されるということは，他の会計システムが行われる余地がないということである。したがって，写像公理は取得原価会計特有の公理ということになり，写像公理および交換公理は，取得原価会計に対する本質であるということになる。

以上のことから，シュヴァイツアーおよび井尻の会計公理の本質は，取得原価会計に対して次のようにいうことができる。すなわち，取得原価会計に基づく計算目的公理は，実現した期間損益計算を通じて，会計責任を遂行するものであり，写像公理および交換公理は，会計数値を一意的に決定し，測定の硬度性を保証するものである。

このようにみると，これまで述べてきたコジオールの公理システムはシュヴァイツアーおよび井尻の公理システムに共通しており，あたかも取得原価会計における公理システムであるようにみえる。しかしながら，コジオールの公理システムは取得原価会計に限定されるものではなく，資金計算（キャッシュ・フロー計算）はもとより，現在計算および将来計算にまで収支概念を拡張する可能性を有している。

元来，コジオールの会計理論は収支概念を本来の現金収支のみならず，すべての会計対象に拡張したものであり，その具体例が計算収支である。これら

は，過去の会計対象に対する収支概念の拡張であるが，彼はこれを，現在を含む将来に対しても拡張しようとする。過去の会計対象に対する収支概念の拡張は会計範囲の拡張であり，現在を含む将来に対する収支概念の拡張は時制的拡張であるということができる。

　すなわち，コジオールの収入支出観における公理システムは，収支概念の範囲的拡張および時制的拡張の可能性を有しているのである。これらの可能性を示すのが，コジオールの提示した次の公理システムであり，これらはいわば第5段階および第6段階の公理システムである。

(1)　資金計算および財務フロー計算

(2)　過去計算および将来計算

4　資金計算および財務フロー計算

　コジオールによれば，収支的損益計算のシステムからともに追求できる最も重要な副次目的の1つは，経営的財務経済の流動性分析および因果分析である。ここで展開される資金計算および財務フロー計算（流動計算）は，収支的計算システムの内在的な構成要素である。それは，すでにシステムに含められた運動計算および変動計算をさらに拡充するものである。それらの内容は前章で説明したところである[11]。

　計算システムのこの部分も公理的に定着させるために，もっぱら，必要な定義，公理および若干の定理を付け加えることが必要である。計算規則は，すでに存在する数値のクラス化，グループ化，区分および選別，集計および分類ならびに割当ての様々な手続にある（Kosiol［1976］S. 862）。

　資金計算および財務フロー計算の公理システム，すなわちこれまでの公理システムに追加する定義，公理および定理は，次のとおりである（Kosiol［1976］S.862-865）。

11　ただし，以下で述べる「対照資金」および「対照資金計算書」に関しては，そこでは言及されていない。コジオールはこの対照資金概念を重視しているが，それには立ち入らなかった。

D 定　　義：

　D₉　資金

　資金は，資産，負債もしくは両者の財的カテゴリーからなる，貨幣単位で測定される計算対象の総称である。それは運動，在高および変動において表される。それに応じて，資金運動，資金在高および資金変動を区別しなければならない。重要な種類の資金は，例えば，現金資金，短期的名目資産および負債の資金（短期的に自由に使用できる純貨幣手段）およびすべての短期的資産および負債の資金（純流通資産）である。極限的事例として，全体の資産および負債は，企業の総資金を形成する。

　D₁₀　資金計算書

　資金計算書（資金貸借対照表）は，考察されている1つもしくは複数の資金をもっぱら適用する収支的貸借対照表（部分的貸借対照表）によって表される。D₉にしたがって，資金運動貸借対照表（総フロー貸借対照表），資金変動貸借対照表（純フロー貸借対照表）および資金在高貸借対照表が区別される。それらは，資金収入および資金支出，資金増加および資金減少，もしくは資金資産在高および資金負債在高からなる。総資金計算は，完全な収支的貸借対照表をカバーする。企業の生産過程および販売過程から導出される資金貸借対照表は，損益作用的運動もしくは変動に限定される。さらに，損益の影響を純粋な財務事象と特別な費用および収益に分離することも可能である。

　D₁₁　対照資金（Gegenfonds）

　対照資金もしくは補充資金（補完的資金）は，貨幣単位で測定され，総資金における1つまたは複数の資金の形成によって残っている計算対象の総称である。それによって，総資金は2つの構成要素に分割される。すなわち，考察されている資金と付属的対照資金である。期間利益は貸方として，期間損失は借方として計上される。全体的な損益量の代わりに，その構成要素（収益および費用）を計上することもできる。

　D₁₂　財務フロー計算書

　財務フロー計算書（対照資金計算書）は，もっぱら1つまたは複数の当該資金の対照資金に適用される。それゆえ，それは対応する資金計算書（資金貸借対照表）に対する補完である。重要な財務フロー貸借対照表は，例えば現金資

金貸借対照表に対応する D_9 に対する補完（補足）としての現金資金貸借対照表（現金対照資金貸借対照表）である。

D_{13}　完全な資金貸借対照表および財務フロー貸借対照表

計上された費用および収益を伴う完全な収支貸借対照表は，同時に，資金貸借対照表および対照資金貸借対照表（完全なフロー貸借対照表）として理解される。これらの貸借対照表の対象のすべてのクラスおよび下位クラスならびにすべての総称は，当該資金貸借対照表を伴う資金とみなすことができる。その場合，すべての残りの対象は，当該資金貸借対照表（対照資金貸借対照表）を伴う補完的対照資金である。

A　公　　理：

A_7　満期公理

すべての対象（資産および負債）に対して，それらの在高，運動および変動は，それらが将来再び現金となる時点を告げる，一意的で分配可能な満期日に提示される。資産は将来の現金収入における予測される再流動化であり，負債は将来の現金支出における支払い債務である。それによって，すべての対象を貸借対照表の資産側および負債側に同じ満期グループで配列することが可能である。

T　定　　理：

T_{13}　財務展開の因果分析

D_{13} による完全なフロー貸借対照表は，各対象，資金および資金複合体の運動および変動の財務分析を可能にする。それは，各対象，資金もしくは資金複合体に対する資金利用および資金源泉を示す。そのためには，各資金収入（資金支出）に対して，資金運動の源泉（利用）である，対置される資金もしくは対照資金支出（資金もしくは対照資金収入）を同じ額で提示することが必要である。当該資金の額が変化しない決済があり，さらに資金自体のなかでもしくは対照資金のなかで当該資金の額が変化しない決済がある。それは完全な総貸借対照表で分離することができ，自己のフロー貸借対照表で統合することができる。残りの項目はもっぱら，当該資金の額に影響を及ぼす部分的フロー貸借

対照表を形成する。

損益に影響を及ぼさない全体的に純粋な財務事象およびその他の決済項目を分離し，特別な資本フロー貸借対照表に統合することが，さらに可能である。他のすべての項目は，損益作用的事象のみを指定するフロー貸借対照表を提供する。

T_{14}　現金フロー貸借対照表

補足的な現金財務フロー貸借対照表と結びつく現金資金貸借対照表を利用する代わりに，それが損益作用的取引に基づく限り，現金資金変動を次のように決定することができる。

　　　期間損益（純損益）
　＋（非現金）非貨幣費用（費用支出）
　－（非現金）非貨幣収益（収益収入）
　＝損益作用的現金変動（増加または減少）

T_{15}　財務経済分析

財務経済的流動性分析および因果分析のすべての問題は，全体的に収支的貸借対照表および損益計算から導出されるフロー貸借対照表によって解決することができる。その分析は，運動および変動の詳細化，分類および配列の事柄のみである。フロー貸借対照表は，もっぱら運動貸借対照表および変動貸借対照表の変形である。

D_{13} による完全なフロー貸借対照表は，公理 A_7 による満期グループによって分類され，当該財務資金グループ（資金利用および資金源泉）の反対側の期日対応の貸借対照表（対応貸借対照表および補填貸借対照表）として利用することができる。

5　過去計算および将来計算

財務簿記の伝統的理解は，そこにおいて過去に関連する後計算のみに歴史的および記録的性質をみることにあった。この一面的な見方は正当でも根拠のあることでもない。それゆえ，それを強く拒否し，訂正することが示される。

前章で述べたように，コジオールによれば，収支的損益計算は時間から独立

である。すべての数値の時間的割当てに対して，過去から現在を通じて将来までの，時間次元の完全な延長が任意に続いている。特定の期間および時点に関連づけることは，それに矛盾しない。基準枠としての時間は方法論的にむしろ，それは特定の時間的座標軸を確立する計算の一意性を要求するというように，理解されなければならない。その限りでは，実現・収支的損益計算の過去的関係は，一意的な時間確定の大きなクラスの特別な場合としてのみ示される。それゆえ，収支的計算システムの計算は，より多くの時間的解釈に対して開かれている一般的な計算形式である。

経過した現在を含める過去計算において，すべての時点および期間は過去ないし現在に属する。他の時間指向は，将来的な期間および期日を導く。将来の経過を見通した収支的損益計算のこのモデルタイプは，真の将来計算を提供する。

それに対する若干の例は次のようである。すなわち，将来計算の現金収支は，ある将来の関連期間，例えば1年後における現金収支である。その場合，予測される前収支は，これらの期間の前把握，例えば来年にはじめて生じる債権に適用される。在庫に対応する将来期間における現金支出もしくは前支出は，この期間における戻し収入によって決済される。

このようにして，すべての数値は将来の関連期間に移動され，これらおよびそれらの時点に適用される。時間関係のみが時間的座標システムで変化してきた。計算の一意性はそれによって影響されない。計算は依然として実現した損益の決定である。相違は，実現の時点が当該将来期間にあるということだけである。取得原価はここでは，将来期間に実現する収入と支出をカバーする。過去計算においても将来的収益収入はあるが，それはすでに過去期間に実現したのである。

しかし，対象およびそれらの計算尺度の把握に関係する重大な相違を強調しなければならない。過去計算において，事実的に（歴史的に）経過した事象の数値が導出される。これらのデータは，資料，証拠資料，記録，記入および数値の収集によって得られる。この種の把握は簿記システムの構成要素である。

これに対して，将来計算の数値は簿記およびその基礎からは取り出せない。それはむしろ予測および計画の自己の方法によって決定されなければならな

い。このために，簿記や記録によってはもたらされない特別な予測モデルが役立つ。その場合，そのようにして決定される将来額は，簿記の著書において記載することができる。収支的計算システム自体は，数値を予測するのに適していない。

多くの論者が，過去指向的貸借対照表が将来計算も表すと主張するならば，それは少し誤解されるかもしれない。貸借対照表の数値は，明らかに当該計算期間を通じて後の期間に達する。事実，前収入ははじめて将来に現金収入となる。在庫はまず費消され，後の時点の販売において同様に現金収入となる。しかし，資産および負債は個々の将来時点および期間に伸び，それらは決して完結した将来の期間を把握しない。それはもっぱら予測や計画によってのみ可能であり，特別な予測貸借対照表もしくは計画貸借対照表の計算書および損益計画によってのみ可能である（Kosiol〔1976〕S.865-866）。

コジオールは，公理的システムを完全なものにするために，次にいくつかの構成要素を付け加え，予測の可能性を確定する公理をさらに定式化する。写像公理および運動公理ならびにいくつかの定義，とりわけ損益の定義も，補完もしくは修正によって将来の関係に適合することができる。その補完的公理システムの定義および計算規則は，次のとおりである（Kosiol〔1976〕S.867）。

D$_{14}$　過去計算および将来計算

収支的計算は時間関係から独立である。その計算期間は，観察者の時間的位置からみて，現在を含む過去もしくは将来にある。それゆえ，すべての数値（収支，在高，変動，資金および対照資金）は，選ばれた会計期間で関係枠として適用される。とりわけ，現金収支および前収支はこれらの期間を考慮して時間的に解釈されなければならない。実現の時点は同様にこれらの期間にある。収支的将来計算の問題は，過去のすべての公理的要素を将来に時間的変換することを意味するにすぎない。

R$_{10}$　把握（Erfassung）

把握は過去計算において，現実にすでに経過した事実的事象の資料および記録によって行われる。それらの数値は事実として記載される。

把握は，予測（予言，計画，プロジェクト）の将来計算において，期待されまだ生じていない事象を必要とする。それらの数値は特別な方法によって前も

って決定される。

これらは，コジオールによる収入支出観の会計理論における収支概念の拡張可能性であるということができる。前述したように，この収支概念の拡張可能性が彼の公理システムの特質であり，これによって，コジオールの収入支出観はすべての会計を一般理論として統一的に説明できることになるのである。

Ｖ　む　す　び

以上，本章では，収入支出観によって会計の体系を統一的に説明するために，さらには，収入支出観の内容を論理的に明確にするために，収入支出観の代表的論者であるコジオールの展開した公理システムを詳細に述べ，その特質を他の論者との比較において解明した。そこにおける公理システムの特質は次のようであった。

(1)　詳細な公理システムと全体損益計算

(2)　運動公理の重要性

(3)　収支概念の拡張可能性

まず，コジオールの公理システムは，定義，公理，計算規則および定理からなり，これらすべてを適用し，さらに自然言語を用いて収入支出観における会計理論を詳細に説明している。これは，一般的公理システムおよび収入支出観における公理システムの完成型に近いということができる。

そして，その出発点はシュマーレンバッハの会計理論を受け継いだ全体損益計算である。全体損益は企業の全存続期間の総収入と総支出との差額として認識することができ，ここに収入支出観の淵源を見出すことができる。期間損益計算はこの全体損益計算を各期間に区分したものであり，全体損益＝期間損益の合計という論理のもとに，シュマーレンバッハは期間損益計算に収入支出観を導入した。

コジオールはこの思想を受け継ぎ，全体損益計算から出発して洗練し，収入支出観の会計理論を構築した。そして，これを公理システムに組み込み，全体

損益を強調した。ここに，シュヴァイツアー等に比して，コジオールの公理システムの特質をみることができるとともに，収入支出観の会計理論における本質をみることができる。

次に，コジオールの公理システムにおいて運動公理が最も重要となる。運動公理を含む，定義としての「収支」および計算規則としての「運動の差額としての損益」から収支的運動貸借対照表が導き出される。そして，この収支的運動貸借対照表が，コジオールの収入支出観による会計理論において，貸借対照表の原型となり，最も重要な貸借対照表となる。この運動貸借対照表の導出源は運動公理であり，運動公理が彼の公理システムにおいて最も重要な公理となるのである。

ここまでにおいて，コジオールの公理システムはあたかも取得原価会計における公理システムであるようにみえるが，そうではない。コジオールの公理システムは取得原価会計に限定されるものではなく，資金計算（キャッシュ・フロー計算）はもとより，現在計算（購入時価計算，売却時価計算・公正価値計算）および将来計算（予算計算，現在価値計算）にまで収支概念を拡張しうることを示している。

前述したように，元来，コジオールの会計理論は収支概念を本来の現金収支のみならず，すべての会計対象に拡張したものであり，その具体例が計算収支である。これらは，過去の会計対象に対する収支概念の拡張であるが，彼はこれを，現在を含む将来に対しても拡張しようとする。過去の会計対象に対する収支概念の拡張は会計範囲の拡張であり，現在を含む将来に対する収支概念の拡張は時制的拡張であるということができる。

そして，これらを示すのが，コジオールの資金計算および財務フロー計算に関する公理システムであり，過去計算および将来計算に関する定義と計算規則の追加である。これらは，コジオールによる収入支出観の会計理論における収支概念の厳密化および時制的拡張であるということができる。そして，この収支概念の拡張が彼の公理システムの特質であり，これによって，会計観としての収入支出観はすべての会計を一般理論として統一的・普遍的に説明できることになるのである。

第9章

収入支出観の論理構造

I　はじめに

　これまで，会計の体系を首尾一貫して統一的・論理的に説明することを目的として，会計観としての「収入支出観」を提唱してきた。そこでは，主としてコジオール（Kosiol）の所論を参考として，収入支出観による会計が取得原価会計，購入時価会計，売却時価会計，資金会計，キャッシュ・フロー会計，予算会計および現在価値会計のすべてを一貫して統一的に説明可能であることを明らかにし，収入支出観の会計における普遍性を解明した。

　しかしこれまで，このような収入支出観の論理を体系的に説明してこなかった。そこで最後に，収入支出観がどのような論理構造を有しているのかを明らかにすることが必要となり，これを厳密に行うことが本章の目的となる。

　収入支出観の論理構造を厳密に解明しようとする場合，論理学とりわけ記号論理学の知識を必要とし，その助けを借りなければならない。後述するように，記号論理学は構文論，意味論および語用論の分野から成り立っており，これを会計理論に適用してみると，会計理論の構文論は会計構造論であり，意味論は会計概念論に相当し，語用論の中心は会計目的論である。それゆえ，収入支出観の論理構造を解明する場合，収入支出観における会計の目的，その会計構成要素の概念および会計構造を個別に明らかにする必要があり，さらにそれ

らの相互関係を解明して，収入支出観の全体像を明確にする必要がある。

そこで，以下ではまず論理学における構文論，意味論および語用論を説明し，これを会計理論に適用した場合に，会計理論の構文論は会計構造論であり，意味論は会計概念論に相当し，語用論の中心は会計目的論であることを述べる。これを踏まえて次に，収入支出観における会計目的論，会計概念論および会計構造論について言及し，会計目定論を中心としたそれらの相互関係を明らかにして，収入支出観の論理構造の全体像を浮き彫りにする。

そして最後に，このような収入支出観が会計の体系を首尾一貫して統一的・論理的に説明できることを改めて指摘する。同時に，これらの考察に基づいて，今後，会計を収入支出観から見ていくべきであり，会計理論構築や会計基準設定に際して，収入支出観を基礎におくべきことを強調したい。本章は本書の総括的役割を有している。

II 論理学と会計理論

会計理論を論理的・統一的に説明するために論理学の手法を適用しようとする場合，論理学の概要をまず説明しなければならない。ここで論理学というとき，主として記号論理学を指すが，この記号論理学は構文論，意味論および語用論の分野に分かれることになる。そこで，本節の目的は，まずこれらの領域がそれぞれどのような内容を有しているのかを改めて明らかにすることにある。そして次に，それらを会計理論に適用する際に，会計理論における構文論，意味論および語用論の分野を明確にし，最後に，これらのうち，経験科学としての会計理論において語用論が基本的な役割を果たすことを明らかにすることにする。

1 論理学における構文論・意味論・語用論

記号論理学では，3つの主要な因子が問題となる。それは，記号（言語）[1]，（記号の）指示対象および（記号の）解釈者であり，これらの関係を図示する

と，図表 9-1 のようになる（永井［1971］144 頁；［1979］89 頁）。

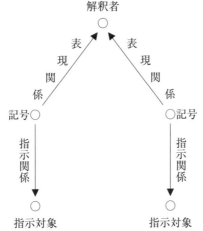

図表 9-1　記号・指示対象・解釈者の関係

　これらのうち，特に形式的関係を抽象して扱う部門を構文論（syntactics; syntax）とよび，特に指示関係を抽象して扱う部門を意味論（semantics）とよび，特に表現関係を抽象して扱う部門を語用論（pragmatics）とよぶ。
　すなわち，解釈者への関係や指示対象への関係を捨象し，ただ記号と記号との間の関係だけを抽象して考察する記号論の分野は構文論とよばれる。このように他の関係をまったく捨象し，記号や表現間の関係だけを抽象するとき，その関係は形式的関係といわれ，形式的関係に基づく表現の構造は形式的構造といわれる。構文論は表現の形式的構造の理論である。
　また，解釈者への関係は捨象するが記号間の関係も指示対象への関係も捨象

1　記号とは，大雑把にいえば，ある生物にある条件のもとで反応行動を起こさせる刺激のことであり，これにはシンボルとシグナルが含まれる。シンボルとは，解釈者が提出し，それと同義の他の記号の代用として働く記号をいい，シグナルとは，そうでないすべての記号をいう。例えば，パブロフの条件反射の実験において，解釈者犬にとっての記号ブザーの音はシグナルであるが，解釈者人間にとっての記号「食物」はそれと同義なシンボルである。このように，シンボルとは言語のことであり，人間だけに認められるものであるので，記号の特別なものが言語であるということになる。記号論理学では，この言語記号のみが記号として取り扱われる。

せず，指示対象への関係を中心とした抽象的考察は意味論とよばれる。記号と指示対象との関係を指示関係（指示するという関係）という。指示関係は意味関係であり，記号・表現の指示対象に対する指示関係が認識されるとき，記号・表現の指示的意味が理解されるといわれる。指示関係が捨象されないとき，記号間の関係はもはや形式的関係ではない。

さらに，記号過程について一切の捨象をせず，しかし記号と解釈者との関係を中心とした理論を語用論という。記号と解釈者との関係を表現関係（表現するという関係）というが，表現関係もまた意味関係である。記号・表現と解釈者との表現関係が認識されるとき，記号・表現の表現的意味が理解されるといわれる。一切の捨象が行われない語用論的視点においては，記号間の関係は単なる形式的関係ではなく，記号と対象との関係は単なる指示関係ではなくなっている。

以上のように，構文論は他の因子への関係を捨象して，もっぱら記号間の形式的関係のみを抽象した領域であり，意味論は指示関係の考察を主とし，表現関係を捨象する領域であり，語用論は表現関係の考察を主とする領域である。すると，構文論，意味論，語用論の間の関係は包含関係となり，図表9-2のように図示できるようになる。

これは次のことを意味している。すなわち，論理学としての構文論と意味論

図表9-2　構文論・意味論・語用論の関係

はそれぞれ相対的に独立した分野として成立しているが，認識の全体の視点に立つ認識論の見地から考察するとき，構文論は意味論によって補完されることを前提条件として，はじめて有意義な理論となる。意味論と語用論の間にもまったく同様の関係が成り立つ。語用論によって補完されるべく構成される適切な理論でないならば，その意味論は科学的認識として不毛な理論であるといわなければならない。

　これはさらに次のことをも意味している。すなわち，指示関係を考慮に入れた記号と記号との関係は，もはや形式的関係（構文論的関係）ではなく意味論的関係であるから，当然意味論に属することになる。また，表現関係を考慮に入れた記号と指示対象との間の指示関係は，もはや意味論的関係ではなく語用論的関係とみなすべきであるから，当然語用論に属すると解さなければならない。[2]

2　会計理論における構文論・意味論・語用論

　以上の記号論理学における構文論，意味論および語用論の諸規則を念頭において，それでは，会計理論における構文論，意味論および語用論の分野を明確

---

　[2]　これらのことを念頭におきながら，構文論，意味論および語用論をそれぞれ相対的に独立した分野として取り扱い，各分野における諸規則を概説すると次のようになる。
　構文論は形成規則と変形規則からなる。形成規則は文を形成する規則であり，変形規則は形成規則によって形成された文を変形する規則である。形成規則ではさらに記号と式が規定され，変形規則はさらに基本記号，定義，公理および推論規則からなる。
　意味論は形成規則と解釈規則からなる。形成規則は構文論のそれとまったく同じであり，解釈規則だけが異なる。これは，構文論における変形規則に代わって導入されたものであり，形成規則によって形成された記号と式に意味を与え，解釈するための規則である。解釈規則は，記述的記号である文定項に対する指示規則と，論理的記号である他の記号に対する文脈的定義に相当し，文の真理条件を規約する真理規則から構成されている。
　語用論においても，形成規則と解釈規則からなると考えられ，形成規則は構文論のそれとまったく同じであるが，解釈規則は意味論のそれとは異なる。意味論では，解釈規則は指示規則と真理規則から構成されているが，語用論における解釈規則は，意味論における指示規則および真理規則に対応して，記号と解釈者との間の表現関係を規約する表現規則と，文の検証条件を規約する検証規則からなる。検証条件とは文が検証または反証されたということのできる条件であり，真理表に類似した検証表によって，検証条件を明示することができる。

にしてみよう。

　前項で明らかにしたように，構文論は記号と記号との間の関係を抽象して考察する記号論の分野であり，会計理論において記号とは主として勘定と考えられるので，会計理論における構文論は勘定と勘定との間の関係を抽象して考察する分野であるということになる。これは一般に会計構造論としてこれまで研究されてきた分野である。

　次に，会計理論における意味論に関してである。記号論理学では，意味論は記号と指示対象との間の指示関係を抽象して考察する領域である。指示関係は意味関係であり，記号の指示対象に対する指示関係が認識されるとき，記号の指示的意味が理解されることになる。さらに，記号の指示的意味とは，記号が現実に存在する指示対象をもつための条件であり，記号の内包である。記号が指示する条件が満たされれば，記号は（空でない）外延をもつとか，現示するとか，真であるなどといわれる。したがって，記号の内包とは記号の指示する真理条件であり，記号の外延とは記号の指示する真理値（真と偽）である。空でない外延が真であり，空な外延が偽である[3]。

　これらのことを会計理論に適用すると，会計理論における主たる記号は勘定であるので，勘定の指示的意味，つまり内包を考察することが会計理論の意味論において最も重要な課題となる。勘定の内包は一般に会計構成要素の概念とよばれているので，会計理論における意味論の中心は会計概念論ということに

　3　内包および外延は概念に関係する。概念の形成は一般に，経験される多くの事物に共通の内容を取り出して抽象し，個々の事物にのみ属する偶然的な性質を捨象することによって行われる。例えば，「資産」といった一般概念は，類似した多くの事物を比較して，それらに共通な特徴を抽象し，総括することによって形成される。ここに，普遍は実在するとみなし，言語がそれを指示するとみなす実念論の考え方を受け入れる素地が生じることになる。

　そして，このようにしてある多くの事物のもつ様々な特徴のなかから取り出されてきた，それらの事物に共通な，しかもそれによってそれらの事物が他の事物から明瞭に区別されうるような本質的な特徴が，普通ある概念の「意味」とか「内容」といわれるものである。こうした概念の「意味内容」のことを，論理学では概念の「内包」とよぶ。これに対して，ある概念に適用しうる事物の集合，すなわち概念の「適用範囲」のことを，概念の「外延」（クラス）とよぶ。例えば，「資産」という概念の内包は資産の資産としての特徴であり，外延はそれを適用することによって認識されたあらゆる資産である。内包と外延とは，概念の基本的な構成契機をなすものであって，不可分の関連をもつ。ある概念の内包が確定すれば，必然的にその外延も確定する。

なる。

さらに語用論であるが，記号論理学では語用論は記号と解釈者との間の表現関係を抽象して考察する領域である。表現関係もまた意味関係であり，記号と解釈者との表現関係が認識されるとき，記号の表現的意味が理解されることになる。語用論では「検証」ないし「確証」という概念が重要となり，検証理論における「意味」は真理条件（内包）そのものではなく，真理条件（内包）の認識であり，検証条件（確証条件）である。

これらを会計理論に適用すると，会計理論における主たる記号は勘定であるので，勘定の表現的意味，つまり内包の認識を考察することが会計理論の語用論において最も重要な課題となる。勘定の内包の認識は主観と関係し，主観は会計目的と密接な関係を有するので，会計理論における語用論の中心は会計目的論ということになる。したがって，語用論においては，会計構成要素の概念は会計目的から導き出され，さらに会計構造も会計目的から導き出されるのである。

3　語用論の体系としての会計理論

以上によって，論理学および会計理論における構文論，意味論および語用論の領域を説明してきたが，それではこれらの分野を全体的に統合しようとする場合，どれが基本的な役割を果たすのかを最後に考えてみよう。

論理学としての構文論と意味論は，それぞれ相対的に独立した部門として成立している。しかし，認識の全体の視点に立つ認識論の見地から考察するとき，構文論は意味論によって補完されることを前提条件として，はじめて有意義な理論となる。例えば，構文論のみの視点に立ち，意味論による補完をまったく考慮しないならば，証明可能な式は，まったくでたらめな変形規則のもとに，勝手に選ばれた公理と公理から導出された式にすぎないから，当然分析的な式である保証はない。意味論と語用論の間にもまったく同様の関係が成り立つ。語用論によって補完されるべく構成される適切な意味論でないならば，科学的認識として不毛な理論であるといわなければならない（永井［1988］164-165頁）。

すなわち，構文論的方法は意味論的方法から分離しては論理学としての性格は失われる。そこで，構文論的方法は意味論的方法と統合される場合にだけ論理学の方法としての具体性が認められることになる。そして，両方法が統合されたものは，再び意味論的方法なのである。しかし，論理学の具体的全体を考えるとき，このような意味論はなお抽象的であり，語用論との統合を図らなければならない。そして，これらの方法が統合されたものが再び語用論的方法なのであり，これによって，論理学は具体化を完了するのである。

　語用論は解釈者との間の表現関係つまり主観との依属・相関関係の考察が中心に据えられるが，記号過程内のいかなる関係も捨象されないので，記号過程を考察する最も高次の具体的・全体的な視点である。したがって，論理学において，構文論，意味論および語用論の領域が相対的に独立しているとはいえ，これらを全体的に統合しようとするならば，語用論が最も重要であり，基本的な役割を果たすことになるのである。

　これとまったく同じことが，会計理論などの経験科学にも妥当する[4]。経験科学は技術を通じて人間の生活にとって拒否することのできない価値をもっている。そこで，経験科学を成立させるという目的が生じるが，これは価値判断であるから，価値論の領域に属する。この目的を実現する手段として，科学言語は経験主義的でなければならないという具体的価値判断が導かれ，この価値判断が経験主義的言語の要請であり，経験主義の原則である。したがって，経験主義の原則は，理論的立場から真理であると主張されるのではなく，実践的立場から実用的に価値が受け入れられるのである。経験主義的言語という枠組自体の妥当性は，真理値ではなく，有用性である（永井・黒崎［1962］124頁）。

　そこで，経験主義的言語という枠組の構成は，意味論の枠内では不可能であ

　4　とはいうものの，論理学と経験科学との相違もまた明確である。論理学の正しい知識は定理として定式化されるが，それは経験科学の正しい知識とは次のように異なっている。すなわち，論理学の定理は分析的な知識であるが，経験科学の正しい知識は総合的な知識である。さらに，語用論的視点から特徴づけると，前者はアプリオリな知識であるが，後者は経験的な知識である。つまり，論理学の定理は，真であるとして正当化するのに経験的な検証を必要としないという意味でアプリオリであるのに対し，経験科学の知識は，それが真であることを正当化するには経験的検証を必要とするのである。したがって，論理学の対象理論面は分析的理論であり，アプリオリな理論である。これに対して，経験科学の対象理論面は総合的理論であり，経験理論である。

り，語用論の領域に踏み込まなければならない。なぜならば，「経験」という概念は主観への関係を含む語用論の概念であるからである。そこでは，構文論は意味論を前提とし，意味論は語用論を前提として構成されることになる。そして，このような構文論および意味論は語用論に属すると考えることができ，これらの全体が語用論の理論となるのである。

これは，具体的には次のように行われる。すなわち，意味論的方法で解釈された理論を構成する場合に，明示的にか黙示的にか，経験主義の立場に立つ語用論的方法によって構成される理論と合致するように，形成規則と解釈規則が選択される。解釈規則は経験主義の立場に立つ検証規則と合致するように構成されるのである。経験主義の立場に立つというのは，言語を経験主義的言語に限るということである。経験主義的言語というのは，その言語に現れるすべての記述的記号が直接的にか間接的にか知覚的経験を表現している言語であり，したがって，知覚的経験に対して表現関係にあるような言語である。

そこで，経験主義的言語の構成は意味論の範囲を超え，語用論の観点に立たなければならないことになる。構文論はもちろんのこと，意味論自体は経験主義に対して中立的である。しかし，実際には，構文論は意味論を予想し，意味論は経験主義的な語用論を予想し，それと合致するように意図されるので，中立的ではない。つまり，科学は経験主義の枠組を仮定しており，科学言語は経験主義的言語なのであり，全体として語用論の領域に属するのである（永井[1971] 245-246 頁）。

したがって，経験科学としての会計理論では，個々の領域において構文論，意味論および語用論が相対的に独立しているが，全体的な観点からすると，経験主義的言語を使用する語用論が基本的な役割を果たし，語用論によって統合されるのである。具体的には，会計目的論が会計理論構成の前提であり，この会計目的論を基礎として，会計構造論および会計概念論が構築されるのである。そして，経験科学である以上，会計理論は経験主義的言語を使用し，全体として語用論の領域に属しているのである。会計理論は語用論の体系であるということを認識しておかなければならない。

そして，会計理論研究は，以上の思考方法に基づいて，会計ないし会計システムを研究対象とすることになる。その場合，会計理論は全体として語用論の

体系であるとしても，会計を厳密に考察しようとする場合，それらを構文論，意味論および語用論の分野別に考察していく必要がある。それによって，対象とする会計の理論的根拠および限界が浮き彫りにされるはずであるからである。

　これまでの会計理論研究ではこれらが混同されるきらいがあり，したがって，どの分野の議論をしているのかが不明確であり，その結論も厳密性に欠けるきらいがあった。それゆえ，厳密性を旨とする会計理論研究は，構文論，意味論および語用論の分野別かつ階層別に行う必要があり，最後に，一般理論を構築するためにそれらを語用論を中心として統合する必要がある。これが会計を論理的に研究していく基本であり，基礎である。

　そこで，以下では収入支出観の会計目的論をまず論じ，それを踏まえて会計概念論および会計構造論を論じることにする。論理学的にいえば，語用論的考察をまず行い，それに基づいて意味論的考察および構文論的考察を行うことになる。そして最後に，それらの領域間の関係を論じることによって，収入支出観の論理構造の全体像を浮き彫りにしたい。

Ⅲ　会計目的論

　会計目的論とは，会計に携わる人との関係で，会計の目的とは何かを論じるものであるが，これを別の観点からすると，会計は何を対象とするのかを論じることでもある。これまで，収入支出観を検討していたときには，その会計目的を暗黙のうちに収支の期間損益の決定とし，それを前提として議論を進め，会計目的自体をほとんど検討しなかった。しかしここでは，会計目的それ自体が考察の対象となるのである。

　収入支出観の代表的提唱者はコジオールであり，彼の収支的貸借対照表論はシュマーレンバッハ（Schmalenbach）およびワルプ（Walb）の提唱した収入支出観のさらなる展開である。それはもっぱら収支事象の記帳に由来し，それゆえ，シュマーレンバッハおよびワルプの基本的思考を統一し，これらの試みの首尾一貫した仕上げにおいて，体系的に完結した簿記理論，勘定理論，貸借対

照表論および評価論として損益計算の包括的な理論を統一的な収支的基礎に基づいて示すものである。

その表現は，簿記の形式的構成を現金収支および計算収支のシステムとして解釈することにおいて，計算目的を（比較可能な）収支的期間損益の決定として設定することにおいて，そこから規定される収支的価値をもつ基本的な取得原価計算の意味で実現計算として評価問題を解決することにおいて，そして，それに対応する資本維持の問題を（基本的な）名目資本維持として回答することにおいて，統一的な収支的計算理念を見出す。

収支的貸借対照表論の経験的主題は，企業の現実の生産過程である。その一般的目的設定は，この過程の数量的把握にあり，その価値的成果の表示にある。企業内において，（実質）財の受入れ（払出し）および名目財ないし貨幣の払出し（受入れ）が広範に並行し，さらに逆の運動方向で並行する。したがって，財の受入れ（払出し）ないし財の費消（集積）の把握は，財務簿記の収支的計算において，それに属する支出および収入の把握によって合目的な方法で間接的に行われる（Kosiol［1970a］S.279-280）。

これが会計を収入および支出によって統一的に説明しようとする理由である。そして，上記のことから，収入支出観の会計目的は収支的期間損益の決定であり，価値的成果の表示であるということができる。

この思考の出発点は全体損益計算である。全体損益計算は，全体損益＝現金収入の合計－現金支出の合計（利益配当を除く）という規則によって，純現金計算（現金計算）の形式で企業の全存続期間の損益を決定する。

しかし，実務においては，全体損益計算に比して，当面の中間計算および中間成果が必要となる。このために，その理論的推論は全体期間をある数の部分期間に思惟的に分解することから出発する。これらの部分期間に対して，その期間に対応する全体損益の部分，つまり期間損益を決定するために，期間損益計算が行われる。それゆえ，期間損益の合計＝全体損益という関係が妥当する（Kosiol［1970a］S.281）。

期間損益計算において，損益を収入および支出によって決定するために，コジオールは収支概念を全会計対象に拡張する。そこでは，組織的単式簿記（systematischen einfachen Buchhaltung）において，現金計算（Barrechnung）の

みならず，前計算（Vorrechnung）および償還計算（Tilgungsrechnung），戻し計算（Rückrechnung）および後計算（Nachverechnung）を期中において行うことによって，現金収支および計算収支をとらえる。すなわち，それはすべての会計対象を収入および支出によって常時把握し，収支概念を全会計対象に拡張する。

　ここにおいて，現金計算は文字どおり収入支出計算であり，そこには損益作用的収入および支出と損益非作用的収入および支出が計上される。損益作用的収入は「収益収入」とよばれ，損益作用的支出は「費用支出」とよばれる。そして，その他の計算は収支概念を拡張した計算収支によって行われる。

　まず，前計算および償還計算に関して，例えば売掛金や貸付金等の債権が発生する場合，それらは「前収入」として計上され，それらの債権が決済される場合，それらは「償還支出」として計上される。これに対して，買掛金や借入金等の債務が発生する場合，それらは「前支出」として計上され，それらの債務が決済される場合，それらは「償還収入」として計上される。その場合，売掛金の発生は損益作用的前収入となり，買掛金の発生は損益中性的前支出となる。貸付金や借入金の発生は損益には関係しない相関的前収支となる。

　戻し計算および後計算に関して，例えば商品や備品等の資産（在庫）を購入する場合，損益作用性を相殺するために，それらは「戻し収入」として計上され，それらの資産が費消される場合（売上原価，減価償却費），それらは「後支出」として計上される。したがって，戻し収入は損益非作用的であり，後支出は損益作用的ということになる。この後支出は費用支出となる。

　また，例えば前受金（留保）を受け取る場合（前受収益），損益作用性を相殺するために，それは「戻し支出」として計上され，後に売上等の収益が実現する場合，それは「後収入」として計上される。したがって，戻し支出は損益非作用的であり，後収入は損益作用的ということになる。この後収入は収益収入となる。

　これらを勘定形式で表すと5種類の勘定が成立し，それらは図表9-3のようになる（Kosiol［1970a］S.293-294）。

　さらに，このような計算関係に基づいて，コジオールの組織的単式簿記では，いくつかの計算表ないし貸借対照表が作成される。それは，収支的運動貸

第9章　収入支出観の論理構造　　287

図表9-3　組織的単式簿記における勘定タイプ

現金（Kasse）

現金収入	現金支出

債権（Forderungen）		債務（Schulden）	
前　収　入	償還支出	償還収入	前　支　出

在庫（Vorräte）		留保（Reservate）	
戻し収入	後　支　出	後　収　入	戻し支出

借対照表（Bewegungsbilanz），収支的変動貸借対照表（Veränderungsbilanz）お
よび収支的在高貸借対照表（Beständebilanz）である。

　ここまでは収支的貸借対照表論における組織的単式簿記であるが，計算シス
テムないし簿記システムを完成させるために，コジオールはこれに加えて収益
および費用を計上する複式簿記を構想する。そこにおける複式簿記は，理論的
に組織的単式簿記のさらなる展開として説明され，そこにおける計算表は損益
計算書である。

　このようにみると，収入支出観の会計目的は収支的期間損益の決定のみであ
るということになる。しかしながら，コジオールの収入支出観における会計目
的はそればかりではない。収入支出観における会計の第1の目的は上述した収
支的期間損益の決定であるが，この主目的に第2の目的が加わる。それは「財
務経済的分析」である。これは，過去期間の流動性の展開を立証し，統制し，
実現した財運動を手がかりとして，とりわけ企業の貨幣の流れを手がかりとし
て，財務手段の調達（資本源泉としての負債）およびその投資（資本運用とし
ての資産）を判断するものである。この分析から，財務経済的措置を決定する
ために必要な流動性の将来の展開に関する推論が引き出される。

　過去期間の流動性および財務手段の源泉と運用を認識するために，純粋な取
得原価原則に基づいた実現・収支的損益計算，その結果としての収支的運動貸
借対照表もしくは変動貸借対照表およびそれに付随する損益計算書が考慮され
る。これらの計算表は，貨幣的に実現した時点および評価に応じて，市場にお
ける販売によって実現した損益を確定し，さらに実際に発生した収支の流れの

みを期間損益に作用する財の流れの等価物として把握する（Kosiol［1976］
S.588）。

　収支的運動貸借対照表および変動貸借対照表は，企業損益を実現した収支運
動に基づいて確定するという前提のもとに，収支的損益計算を財務分析，財務
統制，さらには対応する分類方法による財務計画にも拡充する出発点を示す。
そこでは，これらの貸借対照表から適当な項目を分離し，固有の分離された決
算単位にまとめられ，財務フロー計算ないし資金計算が行われる。その場合，
これらの貸借対照表項目もしくは貸借対照表項目グループの全体は資金とよば
れ，ここに「資金会計」が生じることになる。

　そして，資金計算のために，運動貸借対照表および変動貸借対照表を拡張す
る必要性が生じ，拡張された運動貸借対照表および変動貸借対照表が作成され
る。これらにより，すべての資金会計を導出できることになる。

　そこでは，資金貸借対照表の基本型として，現金に対する資金運動貸借対照
表および資金変動貸借対照表が作成される。また，資金貸借対照表の混合型と
して，純流動資産に対する資金貸借対照表，短期的に自由に使用できる純貨幣
資産に対する資金貸借対照表，純設備資産に対する資金貸借対照表，純名目資
産に対する資金貸借対照表等が作成される。そして，キャッシュ・フロー会計
に関して，損益作用的収支事象の運動貸借対照表や，直接法および間接法にお
けるキャッシュ・フロー計算書などが作成される。

　このようにみてくると，収入支出観における会計の目的は収支的期間損益の
決定にとどまらず，非常に広いことが明らかとなる。そうすると，収入支出観
の会計は一体何を目的とし，何を対象としているのかということが改めて問題
となるが，それは，広い意味での「資金」つまり具体的な貨幣を背景とした
「資金の計算量」であり，その計算であると思われる。

　この考えでは，商品や備品のような物的資産も貨幣が化体した資金なのであ
る。資金は価格と数量との積として把握される概念であり，操作可能な概念で
ある。会計は操作可能性を重視しなければならないのであり，この意味で，収
入支出観は会計の対象を具体的な企業資金運動として把握すべきであると考
え，会計目的を企業の資金運動計算とするのである。これはいわば「資金的思
考性」である。

第9章 収入支出観の論理構造 289

このことから，収入支出観における会計目的を次のように示すことができる。すなわち，収入支出観の会計目的は，「企業の経済活動ないし企業資金運動を統一的・全体的に把握すること」である。

収入支出観における会計目的をこのように設定する場合，そこでは，インプットである取引からアウトプットである財務諸表までが会計の重要な要素となり，会計が企業資金の総合的な管理を行うための装置として位置づけられることになる。これはまさに「過程理論」である。[5]

Ⅳ　会計概念論

前節において，収入支出観の会計目的は企業の経済活動ないし企業資金運動を統一的・全体的に把握することであることを明らかにした。本節ではこれを受けて，収入支出観における会計構成要素（資産，負債，資本，収益，費用および利益）の各概念を明確に規定し，概念規定された各構成要素およびそれに基づく各勘定の言語的性質を解明することが主題となる。

1　会計構成要素の概念

会計構成要素の各概念を規定しようとする場合，この概念規定は会計目的に合致するように行わなければならない。会計を全体的な観点からみるとき，会計目的が会計概念の前提となるからである。上述したように，収入支出観の会

5　企業の経済活動ないし企業資金運動を統一的・全体的に把握することであるというこの会計目的は，会計の一般目的であるということができる。現実の会計はこの一般目的に基づいた個別計算目的を遂行するために行われる。それは例えば，損益計算目的，財政状態表示目的，キャッシュ・フロー計算目的，予算編成目的，財務分析目的等である。さらに損益計算目的に関していえば，名目損益計算目的，実質損益計算目的，経済的損益計算目的等であり，財政状態表示目的に関していえば，取得原価表示目的，公正価値表示目的，現在価値表示目的等である。これらは，会計の一般目的を前提として，各個別目的の達成のために行われるのである。会計目的の一般目的と個別計算目的を区別しておくこと，すなわち，会計目的と計算目的の相違を認識しておくことは，会計を論理的に考えていく上において非常に重要である。

計目的は企業の資金運動を統一的・全体的に把握することであるので，会計構成要素の各概念は「資金」を基礎としたものでなければならない。このことを念頭において，各概念を定義してみよう。

　資金概念に基づいて会計構成要素を統一的に定義するに際して，まず，各要素を資金の入りつまり資金収入と資金の出つまり資金支出とに大別することができる。資金収入とは，企業資金がどのような原因ないし源泉から調達されたかを示すものであり，これには，現金収入および計算収入があげられ，計算収入に関してさらに前収入，償還収入，戻し収入および後収入があげられる。さらに，収益は損益作用的収益収入の原因要素であるので，収益も資金収入と解することができる。

　これに対して，資金支出とは，このようにして調達された企業資金がどのように運用されたかを示すものであり，これには，現金支出および計算支出があげられ，計算支出に関してさらに前支出，償還支出，戻し支出および後支出があげられる。さらに，費用は損益作用的費用支出の原因要素であるので，費用も資金支出と解することができる。

　したがって，会計構成要素はまず図表 9-4 のように分類することができる[6]。

図表9-4　会計構成要素の分類

資金収入	資金支出
現金収入	現金支出
前　収　入	前　支　出
償還収入	償還支出
戻し収入	戻し支出
後　収　入	後　支　出
収　　益	費　　用

6　これを複式簿記的観点から説明すると，現金収入，前収入，償還収入，戻し収入および後収入の資金収入は借方に記帳され，現金支出，前支出，償還支出，戻し支出および後支出の資金支出は貸方に記帳されることになる。収益の資金収入は損益作用的収益収入の原因要素であり，「反対記帳の原則」（Prinzip der Gegenbuchung）により貸方に記帳され，費用は損益作用的費用支出の原因要素であり，これも「反対記帳の原則」により借方に記帳されることになる。これによって，図表 9-4 の会計構成要素は現金収入等や現金支出等から構成される運動貸借対照表と，収益および費用から構成される損益計算書に区分される。

これに基づいて，収入支出観における会計構成要素，つまり資産，負債，資本，収益，費用および利益を具体的に定義していかなければならないが，その場合，次の操作を行わなければならない。まず，収入支出観において，資金収入および資金支出が基本的概念であるので，収入および支出を定義しなければならない。

次に，資産，負債および資本の定義に関して，それらは上記の収入要素と支出要素の収入余剰または支出余剰としてとらえなければならない。そこでは，資産としての現金は現金収入の現金支出に対する現金収入余剰であり，債権は前収入の償還支出に対する前収入余剰であり，在庫は戻し収入の後支出に対する戻し収入余剰である。また，負債および資本としての債務（資本）は前支出の償還収入に対する前支出余剰であり，留保は戻し支出の後収入に対する戻し支出余剰である。

さらに，収益は損益作用的現金収入，損益作用的前収入，損益作用的後収入などの損益作用的収益収入としてとらえなければならず，また「反対記帳の原則」によりこれらの反対記帳要素として把握しなければならない。費用は損益作用的現金支出，損益作用的前支出，損益作用的後支出などの損益作用的費用支出としてとらえなければならず，またこれも「反対記帳の原則」によりこれらの反対記帳要素として把握しなければならない。

そして，1期間の利益は，その期間における収益の費用に対する余剰であるが，資金概念に関していえば，収益収入の費用支出に対する余剰となる。これらに基づいて収入支出観における会計の各構成要素を定義すると，次のようになる。

(1)　収入は，現金収入と計算収入からなり，計算収入は前収入，償還収入，戻し収入および後収入から構成される。

(2)　支出は，現金支出と計算支出からなり，計算支出は前支出，償還支出，戻し支出および後支出から構成される。

(3)　資産は収入余剰であり，それは現金収入余剰，前収入余剰および戻し収入余剰から構成される。

(4)　負債および資本は支出余剰であり，それは前支出余剰および戻し支出余剰から構成される。

(5) 1期間の利益は，その期間における収入の支出に対する余剰である。

(6) 収益は，損益作用的収益収入およびその反対記帳要素である。

(7) 費用は，損益作用的費用支出およびその反対記帳要素である。

これらの定義において重要なことは，会計の構成要素はすべて収入および支出によって構成されており，したがって，利益も1期間における収入から支出を控除して決定されるということである。そして，その特徴は，収支概念を全会計対象へ拡張したことおよび徹底的なフロー思考であることである。

そこでは，現金計算のみならず，前計算および償還計算，戻し計算および後計算を期中において行うことによって，現金収支および計算収支（前収支，償還収支，戻し収支，後収支）をとらえる。すなわち，それはすべての会計対象を収入および支出によって常時把握し，収支概念を全会計対象に拡張するのである。

また，徹底したフロー思考性に関して，収入支出観の会計において，最も重要なそして基本的な計算表は運動貸借対照表である。運動貸借対照表は，会計期間末において，様々な種類の収支によって構成される当該期間のすべての収入（借方）および支出（貸方）を包含するものである。これは，貸借対照表のある側の他の側に対する収支余剰として期間損益を示す。

この運動貸借対照表は貸借対照表の原型とよばれる。というのは，残高計算されていない（フロー量ともよばれる）収入および支出それ自体における貸借対照表の本来の内容がここにみられ，運動貸借対照表の形式がこの収支資料から直接導き出されるからである。それゆえ，運動貸借対照表は典型的なフロー思考に基づく貸借対照表である。

収入支出観による会計において，フロー思考は運動貸借対照表だけではない。これから導き出される変動貸借対照表もフロー思考により作成されるということができる。変動貸借対照表は，当該期間の収支運動（フロー量）から出発して，運動貸借対照表における相互に対応する収支の残高計算によって生じる。残高は収入余剰もしくは支出余剰の形式における運動差額である。それゆえ，変動貸借対照表を内容的に運動差額貸借対照表として説明することができる。ここに，変動貸借対照表のフロー思考性がある。

さらに，収入支出観における在高貸借対照表もフロー思考性を有していると

第9章 収入支出観の論理構造 293

いうことができる。在高貸借対照表は，繰越高の総括からおよびそれに対応する運動量から，正および負の構成要素の同時的残高計算のもとで生じる。これは収支的在高貸借対照表とよばれる。というのは，それは収支的事象（フロー事象）の記帳から生じ，それによって全体的な貸借対照表在高が収支的特質を担うからである。この収支的特質はフロー概念にほかならず，したがって，在高貸借対照表もフロー思考により作成されるのである。

　このようにみてくると，収入支出観における会計は徹底的なフロー思考であり，首尾一貫してフロー思考性を有しているということができるのである。[7]

2　勘定の言語的性質

　これらの収入支出観における会計構成要素の概念規定は，言語的にどのような性質を有しているのかが問題となる。というのは，言語には階層があり，言語レベルが異なると，会計構成要素の概念定義に論理的問題が生じるからである。

　一般に，言語には階層性があり，すべての言語は対象言語とメタ言語に区別される。これに関して，永井は次のように説明している。言語には対象言語とメタ言語の区別がある。対象言語は対象＝存在者について語る言語である。メタ言語は対象＝存在者について語る言語ではなく，言語について語る高次の言語である。すると対象言語はメタ言語の対象となっている。そこで，「対象言

---

[7]　ただし，在高貸借対照表は必ずしもフロー思考性を有しているとはいえないかもしれない。というのは，それは次のような形式を有しているからである。

資産	収支的在高貸借対照表	負債
Ⅰ　収入在高		Ⅰ　支出在高
1　現金在高（現金預金）		1　債　　務（支出見越）
2　債　　権（収入見越）		
Ⅱ　支出対価		Ⅱ　収入対価
3　在　　庫		2　留　　保

残高＝期間損益

　これらの各項目はストック概念であり，フロー概念ではない。しかし，第4章で述べたように，ここでは，収支的貸借対照表論における在高貸借対照表は，思考性としてはフロー思考であるが，結果としてストック概念が内在していると解釈することとする。

語」は「対象について語る言語」という意味と，「メタ言語の対象になっている言語」という意味との二重の意味を含んでいる。メタ言語はさらに高次のメタ言語の対象になる。

対象についての思考を対象的思考とよび，思考についての思考を反省的思考あるいは反省とよぶことにすれば，対象的思考の言語が対象言語で，反省的思考の言語がメタ言語である。言語によって了解されている表現の意味についてさらに反省的に語る言語はメタ言語であり，特に意味論的言語である（永井[1979] 68 頁）。

すなわち，言語は階層性を有しており，対象言語とは言語外の対象について考察する言語であり，メタ言語とは対象言語について語る言語であり，反省的思考に対応し，反省的思考の媒体となる言語である。換言すれば，対象的思考・認識（第 1 次的思考・認識）を表現する言語を対象言語といい，反省的思考・認識（第 2 次的思考・認識）を表現する言語をメタ言語という。第 2 次的思考・認識はさらに反省されて第 3 次的思考・認識となる。同様の繰り返しでいくらでも高次の反省的思考・認識が可能である。

それらの媒体となる言語の方からいえば，対象言語を起点として，第 2 次的言語であるメタ言語は，さらに一段高次の第 3 次的言語としてのメタメタ言語となり，同様に繰り返していくらでも高次のメタ言語が構成可能である。これが言語の階層性である。そして，対象言語で構成される理論を対象理論といい，メタ言語以上の高次の言語で構成される理論をメタ理論という（永井[1974] 24 頁）。

この言語の階層性を収入支出観における会計の各構成要素に当てはめてみるならば，そこにおける資産，負債および資本は会計が認識すべき言語外の経験対象，つまり資金および資金の運動を対象としており，これらは対象言語に属することは明らかである。収益および費用は対象言語である損益作用的収益収入および費用支出の原因要素であり，その事象を直接認識するものであるから，これらも対象言語に属することになる。ここで利益の言語的性質が問題となるが，これは収入の支出に対する余剰であり，対象言語たる収入の一部として企業資金が調達されたものであるので，利益も対象言語と解することができる。

現実の会計を行うためには，これらの会計構成要素に複式簿記を適用しなければならない。そこで，これらの言語を複式簿記の勘定記入に適用すると，対象言語に属する会計構成要素の勘定は「対象勘定」となり，メタ言語に属する会計構成要素の勘定は「メタ勘定」となる。これらは笠井によって命名されたものである。笠井によれば，勘定によって記録される対象は決して一様ではなく，経済活動（事実）という会計の経験対象を直接的に記録する勘定と，そのような経済活動を記録する勘定を対象としつつ，それを整理する勘定という2種の勘定が識別されるのである。会計の経験対象そのものに直接関わっている前者が対象勘定であり，この対象勘定を対象として会計の経験対象に直接関わらない後者がメタ勘定である（笠井［1994］434頁）。

そして，このメタ勘定の特質は次の3点にあるとされる（笠井［1994］436-438頁）。

(1) そこに記録された数値が，対象勘定間の差引き計算によって，もしくはある対象勘定に記入したものを再度記入することによって算出される。

(2) この勘定は，財・用役という会計の経験対象と直接的な関連をもっていない。

(3) この勘定は，もっぱらある計算目的を遂行するために用いられ，その計算目的を遂行しさえすれば，すでに機能を果たしたことになるので，個々の構成要素は示されない。

「メタ勘定」とは，このうち主として第2の特質に基づいて命名されたものであり，対象勘定を対象としてある計算目的の見地から再整理することにより生じた勘定である。それゆえ，経済活動の把握それ自体とはまったく切り離され，純粋に計算目的の達成に専念することになる。つまり，経済活動の把握と計算目的の遂行という，勘定の記録機能と計算機能の2局面が分離し，メタ勘定はそのうちの計算目的遂行という局面のみを分担するのである。したがって，論理的には，この計算目的勘定は経済活動そのものに関する情報を一切含んでいなくてもよいのである。

これらのことを要約すると，対象勘定とは，会計が認識すべき経験対象たる企業の経済活動を対象とする勘定である。そして，その特質は，経験対象たる企業の経済活動を一対一の対応関係によって反映するということである。これ

に対して，メタ勘定とは，ある計算目的のもとに対象勘定について説明する勘定である。その特質は，ある対象勘定から他の対象勘定を差引き計算することによって，もしくはある対象勘定に記入したものを再度記入することによって，経験対象たる企業の経済活動を逐一把握せずに一括して把握するということにある。ここで，前者のメタ勘定性を「差引き計算性によるメタ勘定性」とよび，後者のメタ勘定性を「再記性によるメタ勘定性」とよぶことにする。

このことを前提として収入支出観における各構成要素の勘定をみてみると，収入支出観における各会計構成要素はすべて対象勘定であることが明らかとなる。資産勘定，負債勘定および資本勘定はやはり会計が認識すべき言語外の経験対象たる資金および資金の運動を対象としており，これらは対象言語に属する勘定，すなわち対象勘定であることは明らかである。

さらに，収入支出観では，損益計算書における収益勘定および費用勘定も対象勘定であるということができる。収入支出観において，収益勘定および費用勘定は収益収入勘定および費用支出勘定を反対記帳したものであるが，この反対記帳は収益収入および費用支出の原因計算として，収益および費用を独立的に把握するのである。したがって，収入支出観における損益計算書の収益勘定および費用勘定も対象勘定であるのである。

このことから，収入支出観では，取引記録から計算表の作成に至るまでにおいて，すべての勘定が対象勘定であり，収入支出観は対象勘定の体系であるということができる。[8]ここに，収入支出観の論理性があり，会計の体系を統一的に説明しうる説明可能性があるのである。

---

8 ただし，収入支出観においてただ1つメタ勘定が存在する。それは利益勘定である。利益は運動貸借対照表において収入から支出を控除して決定され，実質的には，収益収入から費用支出を控除して算定される。また，損益計算書において，利益は収益から費用を控除して決定される。したがって，利益勘定は「差引き計算性によるメタ勘定性」を有し，メタ勘定ということになる。しかし，利益勘定はどの会計観においてもメタ勘定であり，これは利益勘定の会計固有の性質である。

第9章　収入支出観の論理構造　297

V　会計構造論

　前節では，収入支出観における会計の目的は企業の資金運動を統一的・全体的に把握することであるという命題のもとに会計概念論を展開したが，本節では，同じ命題のもとに収入支出観における会計構造論を展開してみよう。この場合問題となるのは，まずこのような目的観に相応しい会計等式の設定であり，次にこの会計等式に基づいてどのような計算表および財務諸表が導き出され，それらがどのような性質の表であるのかということである。そこで，これらを順を追って解明していくことにしよう。

1　会計等式

　会計目的観に相応しい会計等式を設定しようとする場合，会計目的を改めて明確にしておく必要がある。これまでしばしば述べてきたように，収入支出観における会計の目的は企業の資金運動を統一的・全体的に把握することであるが，ここでの鍵概念は，「企業の資金運動」および「統一的・全体的」である。これは企業の経済活動を資金運動と認識し，企業の経済活動を資金概念のもとに統一的に把握するということであり，さらに，企業取引の記帳から財務諸表の作成に至るまで，資金概念のもとに全体的に把握するということである。

　このような会計目的のもとでは，運動概念ないしフロー概念が重要となり，会計等式も運動を表したものでなければならない。この思考に基づいて収入支出観における各会計構成要素の会計等式を導出する場合，2つの方法が考えられる。その1つは，各要素の減少に「−」の構造記号を付し，会計等式において当該要素の本来の側に位置づける方法であり，他は，各要素の減少に「＋」の構造記号を付し，会計等式において当該要素の本来の側の反対側に位置づけ

9　記号論理学における構文論は形成規則と変形規則とに区分されるが，この区分を会計理論における構文論に適用してみると，形成規則における記号は，文記号として日付，借方，貸方，勘定科目および金額があげられるであろう。これらは記号論理学における文定項↗

る方法である。

前者の方法によれば，収入支出観における会計等式は次のようになる。

現金収入 − 現金支出 ＋ 前収入 − 償還支出 ＋ 償還収入 − 前支出

＋ 戻し収入 − 後支出 ＋ 後収入 − 戻し支出

＝ 収益 − 費用

後者の方法によれば，収入支出観における会計等式は次のようになる。

現金収入 ＋ 前収入 ＋ 償還収入 ＋ 戻し収入 ＋ 後収入 ＋ 費用

＝ 現金支出 ＋ 償還支出 ＋ 前支出 ＋ 後支出 ＋ 戻し支出 ＋ 収益

これらのうち，企業の資金運動を全体的に把握するためには，後者の方法を採用しなければならない。なぜならば，前者の方法では，各要素の増加に「＋」の構造記号を付し，減少に「−」の構造記号を付すことになり，両者は会計等式の同じ側に位置づけられるので，結局差額概念としてのストック概念のみを会計等式において表すことになるからである。会計等式において運動概念を表現するためには，増加と減少を反対側に位置づけ，両者に「＋」の構造記号を付す必要があるのである。したがって，収入支出観における会計等式は後者のようになり，これを「総資金運動等式」と命名することにする。

これは，企業の資金運動を統一的・全体的に把握する過程理論が会計において重要であることを再認識させる等式である。この総資金運動等式は，構造記号がすべて「＋」であるので均衡体系に属する会計等式である。このような会計等式の場合，簿記記帳規則はいたって簡単である。注9で述べたように，簿

＼に相当するものである。また，結合記号として，勘定形式としてのＴ字型フォーム，等式記号（＝），構造記号としての（＋，−）および増減記号としての（＋，−）が考えられる。

ここで，等式記号は会計等式の左辺と右辺とを結合する記号であり，左辺と右辺においてそれぞれ勘定系統を構成することになる。簿記記帳規則を説明する際に，この等式記号の左辺は借方を表し，右辺は貸方を表すので，それは記帳規則の基本的原則を規定する役割を果たしており，そこにおける借方および貸方を「借」および「貸」と示して「記帳基本記号」と名づければ，この等式記号は記帳基本記号を派生する役割を果たしている。

構造記号とは会計等式において各会計構成要素が構造的に有している「＋」または「−」の記号である。これに対して，増減記号とは各要素が増減するときに用いられる記号であり，当該要素が増加する場合には「＋」の記号が付与され，減少する場合には「−」の記号が付与されることになる。これらのうち，ここでは構造記号と等式記号に焦点を当てている。

第9章 収入支出観の論理構造　299

記記帳規則は一般に，会計等式，記帳基本記号，構造記号および増減記号から導き出されるが，この場合には，増減記号がなく，構造記号がすべて「＋」であるので，記帳基本記号のみが簿記記帳規則を決定することとなり，等式の左辺の項目はすべて借方に記帳され，右辺の項目はすべて貸方に記帳されることになる。

2　計算表・財務諸表

　次に問題となるのは，収入支出観の会計等式に基づく計算表および財務諸表の導出であるが，このように，会計等式として総資金運動等式を設定すれば，これに基づいて作成される計算表はいわゆる合計試算表であるということになる。合計試算表は総資金運動等式で示された項目をすべてしかも体系的に包含しているからである。通常複式簿記において合計試算表は企業の取引が正しく記帳されたかどうかを検算する単なる検算表にしか認識されないが，ここでは企業目的を最も正確に表現し，遂行する重要な計算表となる。そこで，この計算表を合計試算表という名称に代えて，その内容を最も適切に表していると思われる「総資金運動表」と命名することにしよう。

　そうすると，この総資金運動表は具体的に図表 9-5 のような内容になる。

図表 9-5　総資金運動表の内容

総資金運動表

現金収入	現金支出
前 収 入	前 支 出
償還収入	償還支出
戻し収入	戻し支出
後 収 入	後 支 出
費 用	収 益

　これによって明らかなように，この総資金運動表は企業の資金運動を統一的・全体的に把握しており，しかも運動概念ないしフロー概念を表している。すなわち，これは企業の経済活動を資金運動と認識し，企業の経済活動を資金

概念のもとに統一的に把握しており，さらに，企業取引の記帳を全体的に総括したものである。この意味で，総資金運動表は企業の経済活動を資金概念のもとに全体的に把握しており，最も重要で中心的な役割を果たす計算表なのである。企業の経済活動を資金収入と資金支出の活動と言い換えるならば，この総資金運動表はまた，企業資金の収入活動と支出活動とを統一的・全体的に表しているということができるのである。

さらに，この総資金運動表は会計手続の最終成果である計算表および財務諸表を作成するための基礎となる。そして，収入支出観におけるこの場合の財務諸表が運動貸借対照表および損益計算書にほかならず，これらは総資金運動表に基づいて作成されるのである。具体的には，総資金運動表のうち，現金収入，前収入，償還収入，後収入の収入要素および現金支出，前支出，償還支出，後支出の支出要素から運動貸借対照表が作成され，収益および費用から損益計算書が作成される。それゆえ，これらは依然として総資金運動表の性質を有しており，これらを示すと図表9-6のようになる。

図表9-6　運動貸借対照表と損益計算書

運動貸借対照表		損益計算書	
現金収入	現金支出	費　　用	収　　益
前 収 入	前 支 出	利　　益	
償還収入	償還支出		
戻し収入	戻し支出		
後 収 入	後 支 出		
	利　　益		

この運動貸借対照表がこれまでしばしば述べてきた収入支出観における収支的運動貸借対照表であり，これに損益作用的要素，損益中性的要素および相関的要素を加えると，図表9-7の収支的運動貸借対照表となる。そして，この収支的運動貸借対照表が貸借対照表の原型となる。

第9章 収入支出観の論理構造 301

図表 9-7 収支的運動貸借対照表

収入	収支的運動貸借対照表	支出
Ⅰ 現金収入		Ⅰ 現金支出
1 損益作用的現金収入		1 損益作用的現金支出
（現金収益収入）		（現金費用支出）
2 留保収入		2 在庫支出
3 債務収入		3 債権支出
4 決済収入		4 決済支出
Ⅱ 計算収入		Ⅱ 計算支出
1 前 収 入		1 前 支 出
a) 損益作用的前収入		a) 損益作用的前支出
b) 期間中性的前収入		b) 期間中性的前支出
（留保前収入）		（在庫前支出）
c) 相関的前収入		c) 相関的前支出
2 償還収入		2 償還支出
3 戻し収入		3 戻し支出
4 後 収 入		4 後 支 出

残高＝期間損益

この収支的運動貸借対照表から出発して，運動貸借対照表における相互に対応する収支の残高計算によって，図表 9-8 の収支的変動貸借対照表が生じる。この表を上記の総資金運動表との関係で，「総資金変動表」と命名することができる。

図表 9-8 収支的変動貸借対照表

収入余剰	収支的変動貸借対照表	支出余剰
（資産増加・負債減少）		（負債増加・資産減少）
現金収入余剰（現金在高増加）		現金支出余剰（現金在高減少）
前 収 入 余 剰（債権増加）		償還支出余剰（債権減少）
償還収入余剰（債務減少）		前 支 出 余 剰（債務増加）
戻し収入余剰（在庫増加）		後 支 出 余 剰（在庫減少）
後 収 入 余 剰（留保減少）		戻し支出余剰（留保増加）

残高＝期間損益

また，実務的に広く行われている在高貸借対照表は，繰越高の総括からおよびそれに対応する運動量から，正および負の構成要素の同時的残高計算のもとで生じる。これは収支的在高貸借対照表とよばれ，注7を再掲すると，図表9-9のように表される。これは「総資金残高表」としての性質を有することになる。

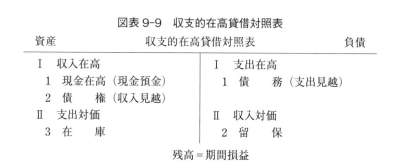

VI　会計理論統合の検証

　これまで，会計を体系的に首尾一貫して論理的に説明することを目的として，論理学の思考を借りながら，収入支出観の論理構造を解明してきた。その場合，論理学において各分野を全体的に統合しようとするならば，語用論が最も重要であり，基本的な役割を果たすという考えを会計理論に適用し，全体的な観点からすると，語用論たる会計目的論が基本的な役割を果たし，会計論理は会計目的論によって統合されるという思想のもとに，議論を展開してきた。
　具体的には，まず収入支出観における会計目的を設定し，この会計目的を基礎として，意味論たる会計概念論および構文論たる会計構造論を論じてきた。すなわち，設定した会計目的に適合するように各会計構成要素の概念を規定し，また，この会計目的を踏まえて会計等式を設定し，重要な計算表を明らかにした。したがって，これらによって，本章で展開した会計理論は会計目的を中心として統合されているはずである。本節の目的はこれまでのまとめも兼ねてこれを検証することであり，これまで導き出してきた各会計領域の結論を相

互に関係づけることによって，会計論理の首尾一貫した構築の完成を確証することである。

　まず，会計目的論と会計概念論との関係であるが，収入支出観の会計理論では，会計の対象は具体的な貨幣を背景とした「資金」であるという考えのもとに，会計の目的は企業の経済活動ないし企業資金運動を統一的・全体的に把握することであるという基本思考を打ち立てた。これは，インプットである取引からアウトプットである財務諸表までが会計の重要な要素となり，会計が企業資金の総合的な管理を行うための装置として位置づけられるという「過程理論」の目的観にほかならない。そして，この会計目的観に基づいて，収入支出観における各会計構成要素の概念を次のように定義した。

(1)　収入は，現金収入と計算収入からなり，計算収入は前収入，償還収入，戻し収入および後収入から構成される。

(2)　支出は，現金支出と計算支出からなり，計算支出は前支出，償還支出，戻し支出および後支出から構成される。

(3)　資産は収入余剰であり，それは現金収入余剰，前収入余剰および戻し収入余剰から構成される。

(4)　負債および資本は支出余剰であり，それは前支出余剰および戻し支出余剰から構成される。

(5)　1期間の利益は，その期間における収入の支出に対する余剰である。

(6)　収益は，損益作用的収益収入およびその反対記帳要素である。

(7)　費用は，損益作用的費用支出およびその反対記帳要素である。

　これらの各要素の定義をみてみると，会計の対象は資金であり，会計の目的は企業資金の運動を把握することであるという基本思考を首尾一貫して受け継いでおり，資金概念によって会計概念が統合されていることがわかる。ここにまず，会計目的論による会計概念論の統合をみることができる。

　次に，会計目的論と会計構造論との関係に関して，収入支出観の会計理論では，上記の会計目的における「企業の資金運動」および「統一的・全体的」という概念を重視して会計等式を設定し，次のような総資金運動等式を導き出した。

　　現金収入＋前収入＋償還収入＋戻し収入＋後収入＋費用

＝現金支出＋償還支出＋前支出＋後支出＋戻し支出＋収益

そして，この総資金運動等式に基づいて作成される計算表は総資金運動表であるので，この計算表を最も重要な計算表であると位置づけた。すなわち，総資金運動表は企業の経済活動を資金概念のもとに全体的に把握しており，さらに財務諸表を作成するための基礎となるので，会計において最も中心的な役割を果たす計算表であるのである。

計算表および財務諸表を作成するためにはまず，収入要素および支出要素から収支的運動貸借対照表を導出し，収益および費用から損益計算書を導出する。これらは依然として総資金運動表である。そして，この運動貸借対照表から出発して，運動貸借対照表における相互に対応する収支の残高計算によって，総資金変動表としての収支的変動貸借対照表が導出される。さらに，繰越高の総括からおよびそれに対応する運動量から，正および負の構成要素の同時的残高計算のもとで，総資金残高表としての収支的在高貸借対照表が生じる。

ここで重要なことは，損益計算書および各貸借対照表の基礎は総資金運動表にあるということである。そして，この総資金運動表は総資金運動等式から導き出されたものであり，さらにこの会計等式は会計目的に基づいて設定されたものである。ここに，会計目的論による会計構造論の統合をみることができ，資金概念および過程理論によって，会計論理が統合されているのである。

それでは最後に，収入支出観における会計概念論と会計構造論との関係を述べてみることにしよう。ここで問題となるのは，会計概念論における各勘定の言語的性質と会計構造論における計算表および財務諸表の損益計算可能性および財政状態表示可能性の問題である。

会計概念論において明らかにしたように，この会計理論では利益勘定を除くすべての勘定が対象勘定であり，各勘定間の言語レベルが統一されている。そして，会計構造論において明らかにしたように，会計構成要素のうち，収益および費用から損益計算書が構成され，収入要素および支出要素から運動貸借対照表が構成されることになり，企業の損益計算は損益計算書および運動貸借対照表によって行われ，在高貸借対照表は企業の財政状態を表示する役割を担うことになる。

これらのうち，損益計算では，差引き計算性（減法性）が問題となるが，こ

こでは収益勘定および費用勘定がともに対象勘定であるので，同じ言語レベルに属する収益から費用を控除することが論理的に可能である。さらに，これらの収益勘定および費用勘定は，経験対象たる企業資金の変動を一対一の対応関係によってその原因別に把握しているので，収益および費用の原因別計算が可能となり，この損益計算書は真の論理的な意味で企業の損益計算を可能としているのである。

損益計算に関して，運動貸借対照表も同じことがいえる。ここでは各収入勘定および各支出勘定がともに対象勘定であるので，同じ言語レベルに属する収入から支出を控除することが論理的に可能である。さらに，これらの収入勘定および支出勘定は，経験対象たる企業資金の変動を一対一の対応関係によってその原因別に把握しているので，収入および支出の原因別計算が可能となり，この運動貸借対照表は真の論理的な意味で企業の損益計算を可能としているのである。

財政状態表示に関しても，同様である。この場合には，対象勘定性，加法性および1時点計算性が問題となるが，ここでのすべての勘定が対象勘定であり，さらにすべての項目が期末時点における項目であるので，加法性が成立し，その在高貸借対照表は真の論理的な意味で企業の財政状態を表示しているのである。これらのことから，収入支出観の会計理論では企業の損益計算も財政状態表示も論理的に可能となり，両者の機能を真の意味で遂行することになるのである。

これらのことを踏まえて，ここで重要なことは，損益計算も財政状態表示も論理的に可能にしたのも，すべての勘定が対象勘定であったからである，ということである。すべての勘定が対象勘定であるがゆえに，会計構造を論理的に説明することができたのである。それゆえ，これは，会計概念論によって会計構造論が統合されたということを意味しているのである。

それでは，すべての勘定がなぜ対象勘定であるのかというと，それは，すべての会計構成要素が言語外の経験対象たる資金概念のもとに対象言語となるように規定されたからである。すなわち，会計目的に適合するように各要素が対象言語として定義されたからであり，これによって，会計目的論による会計概念論の統合が行われたからである。そしていま，収入支出観の会計概念論によ

り会計構造論が統合されていることが判明したのであるから，ここに，会計目的論による会計論理の全体的な統合をみることができるのである。

Ⅶ　む　す　び

　以上，本章では，収入支出観の論理構造を解明することを目的として，そこにおける会計の目的を企業の経済活動ないし企業資金運動を統一的・全体的に把握するということにおき，この基本思考に基づいて会計論理を体系的に解明し，このような会計目的観に基づいて会計論理の全体的な統合を図ってきた。

　まず，会計目的論と会計概念論との関係に関して，収入支出観における各会計構成要素の定義は，会計の対象が資金であり，会計の目的が企業資金の運動を把握することであるという基本思考を首尾一貫して受け継いでおり，資金概念によって会計概念が統合されていることを明らかにした。ここにまず，会計目的論による会計概念論の統合をみた。

　次に，会計目的論と会計構造論との関係に関して，ここでは，損益計算書および各貸借対照表の基礎は総資金運動表にあり，この総資金運動表は総資金運動等式から導き出されたものであり，さらにこの会計等式は会計目的に基づいて設定されたものであることを明らかにした。ここに，会計目的論による会計構造論の統合をみることができ，資金概念および過程理論によって，会計論理が統合されていることを解明した。

　さらに，会計概念論と会計構造論との関係に関して，ここでは，財務諸表の損益計算可能性および財政状態表示可能性を問題とし，収入支出観では，すべての勘定が対象勘定であるがゆえに，これらが可能であることを明らかにした。これは，会計概念論によって会計構造論が統合されたということを意味している。そして，これらによって，収入支出観において，会計目的論による会計論理の全体的な統合をみることができると結論づけた。

　これまで明らかにしてきたように，このような論理構造を有する収入支出観による会計は過去計算のみならず現在計算ならびに将来計算にも適用し，説明しうる会計である。それゆえ，収入支出観はすべての会計を一貫して統一的に

説明しうるということができる。すなわち，収入支出観は，これまで会計実務および会計理論において提唱されてきた取得原価会計，購入時価会計，売却時価会計，資金会計，キャッシュ・フロー会計，予算会計および現在価値会計のすべてを一貫して統一的に説明することができる。ここに，収入支出観の会計における普遍性がある。

そして，その究極的な原因は，収入支出観の会計目的にあるということができる。そこにおいて，会計の目的を企業の経済活動ないし企業資金運動を統一的・全体的に把握するということにおき，この基本思考に基づいて会計論理を体系的に解明し，会計論理を全体的に統合しうると同時に，すべての会計を一貫して統一的に説明できたのである。

この基本思考および会計目的観は，インプットである取引からアウトプットである財務諸表までが会計の重要な要素となり，会計が企業資金の総合的な管理を行うための装置として位置づけられるという「過程理論」の思考にほかならない。

現在の会計は財務諸表の情報利用者への役立ちに重点をおきすぎており，財務諸表を作成する過程を軽視する傾向があるが，元来会計は，二面性概念を前提として，取引把握から財務諸表作成を経て情報利用者に伝達するまでの一連の過程全体を意味するものである。そこでは，企業の日々の取引活動を資金概念および二面性概念のもとに記録していくことが重要であり，これによって，企業の取引活動を証拠づけ，後日の理由づけのためのデータベースを作成することによって会計責任を果たすとともに，企業資金の総合的な管理を行うための手段となるのである。

たとえ，現代会計の主流が財務諸表の情報利用者への役立ちに重点をおくいわゆる意思決定指向会計であるとしても，この会計目的観を変更する必要はない。意思決定指向会計は極端な場合には単式簿記による単式データでも可能であるが，意思決定のための十分なデータを作成するためにはその証拠づけおよび理由づけがやはり必要なのであり，そのためには過去および現在の広い意味での取引活動および資金運動を把握しておく必要があるのである。最近，未来データの重要性がさかんにいわれているが，事情は何ら変わらないのであり，この場合にも過去および現在の企業資金運動の把握が基礎となるのである。

そして，ここにおける「資金」は広い意味での資金概念であり，具体的な貨幣を背景とした「資金の計算量」である。会計の対象をこのように規定することによって，貨幣という共通尺度のもとに会計的操作が可能となり，具体的な企業活動を現実に把握することができるのである。会計は企業経済活動の資金運動的表現であることを再認識しておく必要がある。と同時に，今後，会計を収入支出観から見ていくべきであり，会計理論構築や会計基準設定に際して，収入支出観に基礎をおくべきである。

参考文献

井尻雄士［1968］『会計測定の基礎』東洋経済新報社。
井尻雄士［1976］『会計測定の理論』東洋経済新報社。
上野清貴［1995］『会計利益概念論』同文舘出版。
上野清貴［1998］『会計の論理構造』税務経理協会。
上野清貴［2001］『キャッシュ・フロー会計論―会計の論理統合―』創成社。
上野清貴［2012］『現代会計の論理と展望』創成社。
興津裕康［1978］『貸借対照表論の展開―ドイツにおける貸借対照表論の系譜―』森
　山書店。
興津裕康［1984］『貸借対照表論の研究』森山書店。
笠井昭次［1986］『会計構造論の研究』同文舘出版。
笠井昭次［1989］『会計的統合の系譜』慶應通信。
笠井昭次［1994］『会計構造の論理』税務経理協会。
田中茂次［1995］『会計言語の構造』森山書店。
永井茂男・黒崎宏［1962］『科学哲学概論』有信堂。
永井成男［1971］『科学と論理』河出書房新社。
永井成男［1974］『哲学的認識の論理』早稲田大学出版部。
永井成男［1979］『分析哲学とは何か』紀伊國屋書店。
永井茂男［1988］『現象主義と世界』世界書院。
新田忠誓［1987］『動的貸借対照表原理』国元書房。
土方久［1981］『近代会計の基礎理論―ディナミッシェ・ビランツの研究―』森山書
　店。
Chambers, R. J.［1966］*Accounting, Evaluation and Economic Behavior*, Prentice- Hall.
Chambers, R. J.［1980］*Price Variation and Inflation Accounting*, McGraw-Hill Book Co.
Edwards, E. O. and P. W. Bell［1961］*The Theory and Measurement of Business Income*,
　University of California Press.
FASB［1976］*Discussion Memorandum, An Analysis of Issues Related to Conceptual
　Framework for Financial Accounting and Reporting: Elements of Financial
　Statements and Their Measurement*, FASB.
FASB［2006］*Fair Value Measurements*, SFAS No.157, FASB.
IASB［2011］*Fair Value Measurement*: IFRS No.13, IASB.
Ijiri, Y.［1965］Axioms and Structures of Conventional Accounting Measurement, *The*

Accounting Review, Vol.40 No.1, pp.36-53.

Ijiri, Y. [1981] *Historical Cost Accounting and Rationality*, the Canadian Certified General Accountants' Research Foundation.

Kosiol E. [1954] Pagatorische Bilanz (Erfolgsrechnung) , in *Lexikon des kaufmännischen Rechnungdwesens*, hrsg. v. K. Bott, Stuttgart, S.2095-2120.

Kosiol, E [1964] *Buchhaltung und Bilanz*, Walter de Gruyter & Co.

Kosiol, E [1970a] Pagatorische Bilanztheorie, in *Handwörterbuch des Rechnungswesens*, hrsg. v. E. Kosiol, Stuttgart, S279-302.

Kosiol, E [1970b] Zur Axiomatik der Theorie der pagatorischen Erfolgsrechnung, *Zeitschrift für Betriebswirtschaft*, Jahr.40 Nr.3, S135-162.

Kosiol, E [1976] *Pagatorische Bilanz*, Duncker & Humblot.

Kosiol, E [1977] *Buchhaltung als Erfolgs-, Bestands-, und Finanzrechnung*, Walter de Gruyter.

Mattessich, R. [1964] *Accounting and Analytical Methods, Measurement and Projection of Income and Wealth in the Micro- and Macro-Economy*, Homewood.

Mattessich, R. [1970] *Die wissenscaftlichen Grundlagen des Rechnungswesens*, Bertelsmann Universitatsverlag.

Münstermann, H. [1969] *Unternehmungsrechnung*, Betriebswirtschaftlicher Verlag Dr. Th. Galber.

Paton, W. A. and A. C. Littleton [1940] *An Introduction to Corporate Accounting Standards*, AAA.

Schmalenbach, E. [1926] *Dynamische Bilanz*, 4.Auflage, G. A. Gloeckner, Verlagsbuchhandlung.

Schmalenbach, E. [1939] *Dynamische Bilanz*, 7.Auflage, G. A. Gloeckner, Verlagsbuchhandlung.

Schmalenbach, E. [1956] *Dynamische Bilanz*, 12.Auflage, Westdeutscher Verlag.

Schmidt, F. [1923] *Der Wiederbeschaffungspreis des Umsatztages in Kalkulation und Volkswirtschaft*, Berlin.

Schweitzer, R. [1970] Axiomatik des Rechnungswesens, in *Handwörterbuch des Rechnungswesens*, hrsg. v. E. Kosiol, Stuttgart, S.83-90.

Schweitzer, R. [1972] *Struktur und Funktion der Bilanz*, Dunker & Humblot.

Sterling R. R. [1970] *Theory of the Measurement of Enterprise Income*, The University Press of Kansas.

Sterling R. R. [1979] *Toward a Science of Accounting*, Scholars Book Co.

Walb, E. [1926] *Die Erfolgsrechnung privater und öffentlicher Betribe, Eine Grundlegung*, Industrieverlag Spaeth & Linde.

Walb, E. [1947] *Finanzwirtschaftliche Bilanz*, 2.Auflage, H E Visser Duisburg.

索　引

―事項索引―

〔あ　行〕

後給付·····················44
後計算·····················20, 96, 98, 286
後支出·····················20
後収入·····················20
在高貸借対照表·····················113

井尻の公理体系·····················258
一致の原則·····················35
一般的な収支価値·····················133
意味論·····················278

運動公理の重要性·····················261
運動貸借対照表·····················113
　　拡張された――·····················194, 225, 288
　　予測的――·····················227
運動と在高を伴う変動計算の公理システム
·····················246

〔か　行〕

会計概念論·····················280
　　――と会計構造論との関係·····················304
会計構成要素の概念·····················289
会計構造論·····················280, 297
会計等式·····················297
会計目的論·····················281, 284
　　――と会計概念論との関係·····················303
　　――と会計構造論との関係·····················303
会計理論における構文論・意味論・語用論
·····················279
概念的拡張としての取得原価·····················130
確実性の原則·····················39
拡張された運動貸借対照表·········194, 225, 288
拡張された変動貸借対照表·····················196
拡張した収支的貸借対照表論·····················126
過去計算·····················226
価値増加収益·····················170
価値的成果の表示·····················285
価値変動収益·····················142
価値変動損益·····················143, 171
価値変動費用·····················142, 170
過程理論·····················289, 307
加法性·····················16, 305
緩衝器·····················40

完全性·····················231
期間損益計算·····················19, 96, 285
期間比較·····················37
期間利益計算·····················34
企業資金運動の把握·····················307
企業の力の貯蔵·····················45, 52
キャッシュ・フロー会計·····················213, 288
　全体的――·····················218
キャッシュ・フロー計算書（間接法）·········222
キャッシュ・フロー計算書（直接法）·········221
キャッシュ・フローの計算·····················220
　3段階における――·····················220
給付·····················36, 40, 53, 66
給付・収支損益計算論·····················18, 65
給付系統·····················67
鏡像·····················71
共同経済的利益·····················33

経営比較·····················37
経営利益·····················137
計算規則·····················231
継続性の原則·····················35
現金計算·····················18, 20, 96, 285
現金に対する資金運動貸借対照表·····················199
現金に対する資金変動貸借対照表·····················199
現在の収支価値·····················133
減法性·····················16, 304

交換公理·····················260
構造記号·····················297
購入時価·····················129, 162
構文論·····················277
構文論・意味論・語用論の関係·····················278
公理·····················231
　交換――·····················260
　支配――·····················260
公理システム·····················231
　運動と在高を伴う変動計算の――·····················246
　資金計算および財務フロー計算の――·····················267
　資産および負債を伴う在高計算の――·····················242
　シュヴァイツァーの――·····················253
　収益費用計算の――·····················248
　収入および支出による運動計算の――·····················233
　補完的――·····················272

国際会計基準審議会（IASB）……………………3
語用論……………………………………………278
　──の体系としての会計理論……………281

〔さ　行〕

再記性によるメタ勘定性………………………12
財政状態表示不可能性…………………………88
財務経済的分析……………………………190, 287
差引き計算性によるメタ勘定性………………12
残高勘定…………………………………………74
3段階におけるキャッシュ・フローの計算
……………………………………………………220

時価…………………………………………129, 162
　購入──…………………………………129, 162
　時制的拡張としての──……………………132
資金会計……………………………………191, 288
　損益作用的──………………………………213
資金計算…………………………191, 197, 288
資金計算および財務フロー計算の公理システム
……………………………………………………267
資金支出…………………………………………290
資金収入…………………………………………290
資金貸借対照表の基本型……………198, 288
資金貸借対照表の混合型……………200, 288
資金的思考性……………………………………288
資金の計算量…………………………288, 308
私経済的利益……………………………………33
資産…………………………………………24, 291
資産および負債を伴う在高計算の公理システム
……………………………………………………242
資産負債観…………………………………3, 4
　──と収益費用観の統合概念………123, 125
　──の問題点…………………………………9
支出………………………………………………24
時制的拡張としての時価………………………132
実現・収支価値……………………………130, 162
実現可能原価節約………………………………138
実現可能利益……………………………………165
実現主義…………………………………………38
支配公理…………………………………………260
支払手段…………………………………………55
資本………………………………………………24
資本金……………………………………………55
シュヴァイツァーの公理システム……………253
収益………………………………24, 47, 53, 65, 291
収益収入…………………………………………20
収益費用観………………………………………3, 6
　──の問題点…………………………………8
収益費用計算の公理システム…………………248

収支………………………………………………66
収支概念の拡張……………………………66, 83
　──可能性……………………………………265
収支概念の全会計対象への拡張………………117
収支価値……………………………………130, 163
　──のシステム………………………………134
　現在の──……………………………………133
収支系統…………………………………………67
収支的在高貸借対照表…………19, 22, 100, 287
収支的運動貸借対照表…………18, 21, 99, 286
収支的勘定タイプ………………………………99
収支的期間損益の決定…………………………285
収支的購入時価会計………………………136, 142
　──論…………………………………………142
収支的全体損益計算……………………………103
収支的貸借対照表論………………………18, 94
　拡張された──………………………………126
収支的取引損益計算……………………………103
収支的売却時価会計………………………163, 171
　──論…………………………………………171
収支的変動貸借対照表…………18, 22, 102, 287
修正された収入・支出計算……………………76
収入………………………………………………24
収入および支出による運動計算の公理システム
……………………………………………………233
収入支出観…………3, 18, 29, 63, 93, 125, 229, 275
　──による会計…………………………157, 185
　──による購入時価会計……………………139
　──による売却時価会計……………………169
　──の会計における究極的な普遍性………228
　──の会計における普遍性…………………307
　──の論理性…………………………………296
収入支出計算……………………………………35
従来の購入時価会計……………………………136
従来の売却時価会計……………………………165
取得原価……………………………………129, 162
　概念的拡張としての──……………………130
取得原価会計……………………………………125
純貨幣手段に対する資金運動貸借対照表……206
純貨幣手段に対する資金貸借対照表…………205
純設備資産に対する資金運動貸借対照表……208
純名目資産に対する資金運動貸借対照表……209
純名目資産に対する資金貸借対照表…………208
純流動資産に対する資金運動貸借対照表……201
純流動資産に対する資金貸借対照表…………201
純流動資産に対する資金変動貸借対照表……203
償還計算………………………18, 20, 96, 97, 286
償還支出…………………………………………20
償還収入…………………………………………20
詳細な公理システムと全体損益計算…………261

索　引　313

将来計算······················226
真の（でない）収支価値···············130, 163

数量公理······················260

静的貸借対照表··················30
設備資産に対する資金運動貸借対照表·······207
全体損益計算··············19, 95, 285
全体的キャッシュ・フロー会計···········218
全体利益計算·····················34

総資金運動等式·················298
総資金運動表···················299
総資金残高表···················302
総資金変動表···················301
組織的単式簿記·······18, 96, 113, 151, 179, 285
損益
　——の演算機能················85
　——の間接的決定··············70
　——の検算機能················85
　——の直接的決定··············70
　——の二面的計算··············73
損益勘定······················74
損益計算上上主義················87
損益計算書·····················116
損益作用的現金流入（間接法）·········217
損益作用的現金流入（直接法）·········216
損益作用的資金会計··············213
損益作用的資金貸借対照表··········214
損益法的損益計算性··············84

〔た　行〕

貸借対照表における非利益計算性·······58
貸借対照表の原型················100
対象勘定·················11, 295
対象言語··················9, 293
対流関係性···················82, 86

追加記帳·······················69
追加計算支出···················70
追加計算収入···················70

定義························231
定理························232
徹底したフロー思考性··············24
徹底的なフロー思考·······121, 158, 186, 292

当期営業利益···················138
動的貸借対照表··············30, 45, 52
——論····················18, 30

独立性·······················231

〔な　行〕

二元的貸借対照表················30

〔は　行〕

売却時価···················129, 162

比較性の原則····················37
費用···············24, 36, 40, 47, 65, 291
費用支出······················20

複式簿記········23, 103, 114, 154, 182, 287
負債························24
負債および資本··················291
フロー思考············121, 158, 186, 292
フロー思考性····················83
　徹底した——················24

米国財務会計基準審議会（FASB）········3
変動貸借対照表··················113
　拡張された——···············196

補完的公理システム··············272
簿記記帳規則·················71, 298

〔ま　行〕

前給付·······················44
前計算··············18, 20, 96, 97, 286
前支出························20
前収入························20

未実現・収支価値··············130, 163
未実現損益要素·················141

無矛盾性······················231

名目的資金貸借対照表の段階的構築······212
メタ勘定··················11, 295
メタ言語··················9, 293

戻し記帳······················69
戻し計算··············18, 20, 96, 98, 286
戻し支出······················20
戻し収入······················20

〔や　行〕

予測的運動貸借対照表·············227
　——および在高貸借対照表·········227

〔ら　行〕

利益………………………………24, 291

連結帯……………………………………43
論理学における構文論・意味論・語用論……276

―人名索引―

井尻雄士………………………………253
エドワーズ＝ベル（Edwards and Bell）……137
笠井昭次………………………………11, 295
コジオール（Kosiol）………18, 94, 284
シュヴァイツアー（Schweitzer）………253
シュマーレンバッハ（Schmalenbach）
　………………………………18, 29, 284

シュミット（Schmidt）……………137
スターリング（Sterling）……………165
チェンバース（Chambers）……………165
土方久………………………………57
ミュンスターマン（Münstermann）……55
ワルプ（Walb）……………18, 64, 284

〈著者紹介〉

上野　清貴（うえの　きよたか）

（略　　歴）

1950 年　和歌山市に生まれる。
1973 年　中央大学商学部卒業
1977 年　中央大学大学院商学研究科博士前期課程修了
1980 年　神戸大学大学院経営学研究科博士後期課程単位取得
　　　　　九州産業大学経営学部専任講師
1986 年　九州産業大学経営学部助教授
1988 年　ユタ大学経営学部客員研究員（〜 1990 年）
1992 年　九州産業大学経営学部教授
1994 年　長崎大学経済学部教授
1995 年　博士（経済学）（九州大学）
2001 年　税理士試験委員（〜 2003 年）
2008 年　中央大学商学部教授

（主要著書）

『スターリング　企業利益測定論』（訳）同文舘出版，1990年
『会計利益測定の理論』同文舘出版，1991年
『会計利益測定の構造』同文舘出版，1993年（日本公認会計士協会学術賞受賞）
『会計利益概念論』同文舘出版，1995年
『会計の論理構造』税務経理協会，1998年
『キャッシュ・フロー会計論』創成社，2001年
『公正価値会計と評価・測定』中央経済社，2005年
『会計利益計算の構造と論理』（編著）創成社，2006年
『公正価値会計の構想』中央経済社，2006年
『現代会計基準論』中央経済社，2007年
『企業簿記の基礎（第 2 版）』中央経済社，2012年
『現代会計の論理と展望』創成社，2012年
『簿記のススメ』（監修）創成社，2012年（日本簿記学会学会賞受賞）
『会計測定の思想史と論理』中央経済社，2014年
『連結会計の基礎（第 3 版）』中央経済社，2014年
『会計学説の系譜と理論構築』（編著）同文舘出版，2015年
『人生を豊かにする簿記』（監修）創成社，2015年
『財務会計の基礎（第 4 版）』中央経済社，2015年
『現場で使える簿記・会計』（編）中央経済社，2017年
『会計理論研究の方法と基本思考』中央経済社，2017年
『全国経理教育協会　公式簿記会計仕訳ハンドブック』（共編著）創成社，2017年
『スタートアップ会計学（第 2 版）』（編著）同文舘出版，2018年

《検印省略》

平成30年6月20日　初版発行　　略称：収入支出会計

収入支出観の会計思考と論理

著　者　　上　野　清　貴

発行者　　中　島　治　久

発行所　**同文舘出版株式会社**
東京都千代田区神田神保町 1-41　〒 101-0051
電話　営業(03)3294-1801　編集(03)3294-1803
振替 00100-8-42935　http://www.dobunkan.co.jp

ⓒK. UENO　　　　　　　　　　印刷：萩原印刷
Printed in Japan 2018　　　　　製本：萩原印刷

ISBN 978-4-495-20771-7

[JCOPY] 〈出版者著作権管理機構 委託出版物〉
本書の無断複製は著作権法上での例外を除き禁じられています。複製され
る場合は，そのつど事前に，出版者著作権管理機構（電話 03-3513-6969,
FAX 03-3513-6979, e-mail: info@jcopy.or.jp）の許諾を得てください。